Heinrich Albrecht

Der Segler auf der Niederelbe (1919)

Mit Aufnahmen des Verfassers, fünf Spezialkarten der Elbe und Kartenskizzen;

zweite vervollständigte Auflage

Heinrich Albrecht

Der Segler auf der Niederelbe (1919)

Mit Aufnahmen des Verfassers, fünf Spezialkarten der Elbe und Kartenskizzen; zweite vervollständigte Auflage

ISBN/EAN: 9783954270026
Erscheinungsjahr: 2012
Erscheinungsort: Bremen, Deutschland

www.maritimepress.de | office@maritimepress.de

Der Segler auf der Niederelbe

Nach Erfahrungen und Erinnerungen
von
Heinrich Albrecht.

Mit Aufnahmen des Verfassers,
fünf Spezialkarten der Elbe und Kartenskizzen.

Zweite, vervollständigte Auflage.

Hamburg
Druck und Verlag von Broschek & Co.
1922.

VORWORT.

Seit alten Zeiten geht die Sehnsucht des Hanseaten auf das Meer. Wie viele Wandlungen die rinnende Zeit auch hervorgebracht hat, ein Gefühl ist in den Menschen hier oben an der Wasserkante unverändert lebendig geblieben: die Liebe zum Wasser. Die alte Wikingerfreude am Kampf mit Wogen und Wind treibt den Hamburger noch jetzt fort vom Kontorsessel und von dem Behagen einer gediegenen Häuslichkeit. In freier Luft und Sonne, im Sturm und Wetter wird er froh und sammelt neue Kräfte zur Tätigkeit im beschiedenen Lebenskreise.

Ihnen allen, vornehmlich aber auch unserer Jugend, die nach schwerer Kriegszeit in die Vaterstadt zurückgekehrt ist, allen den neuen Anfängern des herrlichen Segelsports, aber auch den Gästen von auswärts will das vorliegende Werk ein Führer, Berater und Begleiter sein.

Das Buch ist hervorgegangen aus einem s. Zt. in dem Jahrbuch des Norddeutschen Regatta-Vereins erschienenen Aufsatz über: „Orte der Unterelbe und ihre Ansegelung". Die kleine Schrift ist gänzlich neu bearbeitet, um viele Themen bereichert und mit umfassendem Bilderschmuck und Kartenmaterial ausgestattet. Diese vorliegende erste Ausgabe beschränkt sich auf die Niederelbe und ihr Mündungsgebiet, doch sollen diesem Material in späteren Ausgaben noch die zahlreichen Seereisen des Verfassers, die sich bis in den hohen Norden erstrecken, angegliedert werden.

An dieser Stelle möchte ich allen denen meinen Dank abstatten, die an dem Zustandekommen des Buches, das eine schon oft schmerzlich gefühlte Lücke auszufüllen bebestimmt ist, mitgearbeitet oder mir Anregungen gegeben haben, an erster Stelle Herrn Philipp Berges für seine Arbeit als Mitherausgeber des Buches und Herrn Verleger Albert Broschek für sein Entgegenkommen bei der Herausgabe und für die verständnisvolle Ausstattung des Werkes, ferner meinem hochverehrten Navigationslehrer Herrn Professor Dr. Bolte, der einen Beitrag über Navigation „Die Prüfungen für den Befähigungsnachweis für Küstenfahrt und kleine Fahrt" beigesteuert hat, endlich noch Herrn Baurat Wendemuth für sein stets hilfsbereites Entgegenkommen gegenüber den Seglern.

Die in meinem Buch niedergelegten Gedanken sind das Ergebnis jahrelanger Erfahrungen und hingebender Arbeit. Trotzdem wird das Buch, wie alles Menschenwerk, von Mängeln nicht frei sein, und der Verfasser, der selbst zu jeder Auskunft gern bereit ist, würde andrerseits berichtigende oder ergänzende Mitteilungen mit Dank entgegennehmen.

Im Frühjahr 1919.

H. Albrecht.

„Sophie" in Finnland.

Wahl und Beschaffung des Bootes.

Die Beschlagnahme und Enteignung von Bleikielen, Metallen und Segeln war für die Seglerwelt des Jahres 1918 die beunruhigende Losung und stellte sie vor eine verschleierte, wenig hoffnungsfreudige Zukunft. Mit der Liquidierung des Krieges ist ein Lichtblick, ein Aufatmen durch diese Sportskreise gegangen. Die Enteignungen gehören glücklicherweise der Vergangenheit an. Soweit sind wir! Aber was nun? Welche Bootstypen werden sich in Anbetracht der mit bescheidenen Mitteln heimgekehrten Segler entwickeln? Werden es in der Mehrzahl offene Einhandnachmittagsboote? Mit Kiel oder Schwert? Oder beides? Oder gedeckte Kielkreuzer für Niederelbe und Ostsee mit selbstlenzendem Kokpit und Motor? Und welche Takelage wird der Fahrtensegler bevorzugen? Kutter- oder Yawltakelung? Alle diese Fragen sind von so eminenter Wichtigkeit für die Zukunft unseres Segelsports, daß hierüber unter Segelgelände und Bootstypen ein besonderes Kapitel zu Worte kommt.

Infolge des Fehlens von Baumaterialien und Rohstoffen wird für einige Zeit nach dem Kriege der Segler meistens noch auf den Kauf von fertigen, gebrauchten Booten angewiesen sein. Er wird sich, und besonders der Erfahrene, der auch Neulinge gern bei Kaufverhandlungen mit in Schlepp nehmen wird, von dem Grundsatz leiten lassen, daß nicht nur Schönheit der Formen und Schnelligkeit*), sondern vor allem der Stabilität Rechnung zu tragen ist, mit Rücksicht auf die Tücken und Gezeitenphänomene der Niederelbe. Ruhige Überlegung, Sachverständnis und Ge-

*) Seglers Handbuch Belitz 1913.

duld bei Kauf eines gebrauchten, zweckdienlichen Bootes werden die besten Richtlinien einstweilen abgeben müssen*).

Der Segler, der den augenblicklich kostspieligeren Weg des Bauens wählt, hat andrerseits auch die Freude, ein Boot nach seinem persönlichen Geschmack zu erhalten. Dieser Weg birgt jedoch nicht selten eine Quelle von Enttäuschungen und Ärger in sich. Diese lassen sich sehr mildern, wenn sich der Segler zuerst einmal im klaren ist, was er will. Seine Wünsche überträgt er daher vorteilhaft zunächst einem Konstrukteur, der Zeichnungen ausarbeitet, die, wenn geprüft und genehmigt, zwecks Bauausführung einer modernen, vertrauenswürdigen Werft übertragen werden. Zur Vermeidung von Differenzen wird tunlichst vorher ein schriftlicher Vertrag festgelegt: Der Bau nach Zeichnung unter eventueller amtlicher Aufsicht, Baumaterialien nebst Zubehör, Ablieferungstermin mit eventueller Nachfrist, Zahlweise und Garantie für etwa eine Segelsaison. Auch Spezialwünsche, die sich während des Baues herausstellen, müssen berücksichtigt werden können. Wenn dann das Boot nicht den Anforderungen entspricht, liegt die Schuld nicht am Besteller!

Segelgelände und Bootstypen.

Uns von der Wasserkante liegt ein Betätigungsfeld sozusagen vor der Tür, worauf sich der Wassersport in wahrhaft vielseitiger Form betätigen kann. Elbauf können wir mit Kanu, Ruder-, Segel-, Motorboot durch den Elb-Trave-Kanal zur Ostsee. Elbauf können wir weiter die Berliner Gewässer, das Mecklenburgische Seengebiet usw. erreichen (siehe Karte Kreuzer-Yacht-Verband 1916). Elbab haben wir zwei leidlich geschützte, wenn auch bescheidene (bis heute leider wenig bekannt gebliebene) Verbindungswege zur Weser (siehe Text und Kartenmaterial unter Abt. 5). Die Weser wiederum eröffnet dem Wassersport wahrhaft weite Ausblicke (weserauf Mitteldeutschland, Weser-Hunte-Ems-Kanal, Holland, Belgien, Frankreich usw. Siehe Übersichtskarte der deutschen Schiffahrtsstraßen mit Anschlußstrecken. Eckardt & Meßtorf, Hamburg). Die beiden Elb-

*) Vergleiche auf „Havel und Spree, Elbe und See“; Segelerinnerungen von Paul Conström.

Weser-Wasserwege, die durch das fast noch unberührt herrliche Land Wursten und Hadeln (Bederkesa mit See usw.) führen, dem Wassersport zu erschließen, soll, durch Text, Karte und Lichtbilder gefördert, ein Teil der Aufgabe dieses Werkes sein. Die Ortsbeschränkung, die uns der Krieg gebracht hat, soll uns segensreich die engere, eigene Heimat, die Fülle und Reize unserer herrlichen Flüsse nebst Um-

Hamburger Hafen.

gebung näher bringen. Wenn die Preise für Fahrzeuge auch heute noch wahnsinnig hoch sind (später ist ein Abbau erst möglich), so wird die Nachfrage trotzdem eine große werden, denn durch die starke, angespannte Arbeit werden weite Volkskreise Ablenkung und Erholung im Wassersport suchen, so daß die Vorbedingungen des Aufschwunges gegeben sind, die auch noch gefördert werden durch die Vereinigung des Deutschen Seglerverbandes mit dem Kreuzer-Yacht-Verband. Das Ziel scheint somit ein sportgerechtes, die Verbreitung des Segelsportes ersprießlich zu werden.

Da wir hier über ein hinreichend tiefes Segelgelände verfügen, können wir eine größere Jacht gut ausnutzen. Naturgemäß liegt ein großer Teil des Genusses darin, mit Familie, Freunden und Kameraden allein den Sport auszuüben, vorausgesetzt, daſz sich genügend hilfsbereite Hände finden, die auch die unangenehmeren Arbeiten, wie Kochen, Reinigen usw. übernehmen. Man soll diese Art täglicher Arbeiten nicht unterschätzen. Sie kann mächtig anwachsen, je gröſzer die Jacht und die Zahl der Mitsegler ist. Ist dieses nun für die Jugend, die sich trainieren will, durchaus nicht zum Schaden, so wird sich

In der Takelage.

doch der Geschäftsmann, der sich auf seinen Wasserfahrten entspannen und erholen will, mit der Bootsmannsfrage beschäftigen müssen, die bisweilen recht schwer zu lösen sein soll. Verfasser, der sich aus den bescheidensten Anfängen entwickelt hat, hat selbst jahrelang auf seinen Jachten mit Bootsleuten die verschiedensten Erfahrungen gemacht.

Auf die Unterschiede zwischen flachen und tiefen Booten, Konstruktion, Takelage usw. soll nachstehend nur andeutungsweise eingegangen werden: Ein breiter Rumpf mit tiefgelagertem Ballast hat auf dem Wasser die Wirkung gröſzerer Widerstandskraft, so daſz sich die Jacht, wenn sie sich noch so sehr krängt, doch leicht wieder aufrichtet. Breite, flache und leichte Fahrzeuge werden ungünstig vom

Seegang beeinflußt, sie schlagen aufs Wasser wie eine hohle Geige und haben meistens schlechte An-den-Wind-Eigenschaften, die durch einen Kiel entsprechend verbessert werden können.

Ein zu langer, tiefer Kiel wendet meistens langsam. Zweckmäßig achterlich getrimmter Ballast fördert das Drehen und erhöht die Geschwindigkeit. — Von der Außenhaut (Beplankung) der Jachten nennen wir drei Arten: Der Klinkerbau ist am billigsten und für leichte Boote geeignet. Die Karwelbeplankung empfiehlt sich wegen ihrer glatten Außenhaut. Die Diagonalbeplankung ist am festesten, dichtesten und dauerhaftesten, aber auch am teuersten. — Durch Raumtiefe wird den Jachten der Wohnraum gegeben. Aufbauten hoch über Deck wirken unschön.

Takelage.

Während Jachten auf Binnengewässern größere Segelfläche tragen, um damit Geschwindigkeit zu erzielen, ist für die Niederelbe mit ihren Gezeiten, schnellen Wetterumschlägen und Schwell eine mäßige, einfache Besegelung für Fahrtenzwecke angebracht.

Die einfachste Betakelung finden wir auf Jollen in Gestalt des sogenannten Einsegels (Lugger, Lateiner usw.), — oben

Jachthafen bei frischer Brise.

angeschlagen an die Räa, unten am Baum. Die Sloop-Takelage (Boot mit Pfahlmast und einem Vorsegel) ist für Binnengewässer brauchbar; für die Niederelbe und Ostsee ist das Auswechseln des Vorsegels bei schlechtem Wetter für den Vordermann meistens eine nasse Arbeit, die bei Kuttertakelung (geteilte Vorsegel, Pfahlmast, Stänge usw.) dadurch gemildert wird, daſz wir hier die Möglichkeit haben, durch Werfen eines Vordersegels die Windpressung zu vermindern. Eine einfache, vielseitige und praktische Betakelung bietet für Tourenboote die Yawltakelage (Ketsch bei uns weniger). Daſz sie für die Niederelbe und See gleich vorzüglich ist, beweisen uns die Finkenwärder Fahrzeuge, von denen kaum eines existiert, das nicht als Yawl getakelt ist. Und in der Tat, die Auswahl bezüglich Segelwegnehmens und -hinzusetzens, je nach der Situation, ist groſz. Böen, ein aufziehendes Gewitter usw. können wir z. B. mit Besahn und Vorsegel allein abwettern. Einen Sturm bei halbem Wind nur mit Fock und Besahn. Kreuzen tut eine Yawl allein mit Klüver und Groſzsegel vorzüglich. Wir haben bei der Yawltakelung den Vorteil, bei Sommerwetter fast gar nicht reffen zu brauchen.

Nachdem wir diese Frage zuvor kurz gestreift haben, gehen wir auf die Bootstypen selbst über. Es ist bekannt, daſz zahllose, tüchtige Segler im sogenannten Einhandboot (Boot, welches nötigenfalls ein Mann bedienen kann) und in der Segeljolle ihrem Vergnügen nachgehen, teils weil die groſzen Kosten ihnen keine Regattaboote gestatten, teils weil das Segeln mit bezahlten Mannschaften ihnen nicht die richtige sportliche Wertschätzung der einzelnen Person gewährleistet. Vielfach sind die Ansprüche und Wünsche des Fahrtenseglers. Er will Erholungs- und Vergnügungsfahrten im bequemen Boote machen; dann soll es zwar ein gutes Tourenboot sein, doch will er bei gelegentlichen Regatten nicht gerade Letzter sein. Der Verfasser denkt sich ein Einhandboot, gleicherweise passend für Elbe, Binnengewässer und gelegentliche Ostseefahrten, wie folgt: Gröſze: 6—7 Segelmeter, Tiefgang mäſzig, Besegelung einfach (Vorsegel geteilt), Wohnraum für 2 Personen im Salon, für eine Person vorne, Kokpit selbstlenzend (unkenterbar). Motor: fest, auſzenbords oder im Beiboot. Daſz edle Formen und Schnelligkeit wohl in Einklang mit Sicherheit und Wohnlichkeit zu bringen sind, beweisen manche Jachten. Die „Gudrun" (Herr

Otto Gätjens), ein Tourenkreuzer von 6—7 Segelmetern, vereinigte Eigenschaften, die ältere Segler noch heute bewundern. Fernere Typen derart sind: „Glück im Winkel" (Herr Johannes Haupt), „Liselotte" (Herr van Groningen) und noch manche andere.

Nicht jeder, besonders nicht der mit bescheidenen Mitteln aus dem Felde zurückgekehrte Segler, ist in der Lage, die heutigen Phantasiepreise für einen Kielkreuzer zu

Blankenese.

bezahlen. Da leistet auch ein Schwertboot gute Dienste. Es bietet sogar manche Vorteile gegen das tiefe, schwere Kielboot. Man nutzt in flachen Gewässern mit einem Schwertboot beim Kreuzen jeden Fußbreit aus; das Schwert warnt rechtzeitig vor Gefahr, überall kann das Boot landen, ihm erschließt sich manche einsame Uferschönheit. Auch der Versand mit Bahn oder Schiff ist möglich. Nur wegen des Hauptverwendungsgebietes müssen wir zwischen leichten und schweren Typs einen Unterschied machen. Wenn auch leichte Schwertboote durch Ballast stabiler werden können, so bleibt ihr Hauptgebiet doch immerhin nur das seichte Gewässer. — Volles Vertrauen können wir jedoch zu unserem bekannten, völligen und hochbordigen Elbjollentyp haben, der auch zum gelegentlichen Besuch der Ostsee verwendbar ist. Praktisch bewährt hat sich dabei ein über gebogene Stäbe zu ziehendes Persenning. (Notbehelf für Wohnzwecke und Spritzer.) Ein Vertreter solchen Typs ist z. B. die Küstenjolle „Hoffnungsglück" (Herr Hans Borné). Mit diesem Boot kreuzten wir noch im Spätherbst 1918 bei rauhem Wetter erfolgreich gegen See und Tide. Auch „Karausche" (früher Herr Dr. Max Förster) ist der Vertreter eines steifen Elbjollentyps. Das Boot verträgt viel Zeug, ohne erheblich zu krängen. Ein Vertreter eines gedeckten Schwertkreuzertyps mit Kajüte ist z. B. „Seebär" (Besitzer Herr Marxsen). Dieser Typ ist passend zugleich für Hauptstrom und Nebengewässer. — Bei raumem und mäßzigem Wind ist ein Boot mit hochgezogenem Schwert schneller als ein schwerer, tiefer Kielkreuzer. Daß Boote mit Schwertern im allgemeinen nicht seetüchtig sein sollen, ist ein Vorwand, der nicht zutreffend ist. Das Gegenteil beweisen z. B. die holländischen Jachten. In den flachen holländischen Gewässern kann ja fast nur ein Schwertkreuzer verkehren. Unsere Frachtenschiffe mit Schwertern durchkreuzen seit jeher die Nord- und Ostsee. Amerikanische Jachten und gewerbliche Fahrzeuge mit Schwertern haben durch bewegte Überseefahrten ihre Seetüchtigkeit bewiesen.

Welche Ideen und Zukunftspläne in England, als dem Mutterlande des Sportes, jetzt nach dem Kriege im Werke sind, davon zeugt ein Artikel aus der „Jacht" Nr. 6 1919, überschrieben:

Der Schrei nach Einheitsjachten in England.

Wir hatten schon kürzlich darüber berichtet, daß führende englische Jachtkreise Bestrebungen unterstützten, die zur Belebung der eigenen Jachtindustrie Einheits-Jachten und Einheits-Motore schaffen wollen. Die Einheitsgedanken, die Normalisierung, der Reihenbau, sind höchst zeitgemäß und nehmen ihren Siegeslauf durch alle Kulturländer. In Ergänzung dieser Ausführungen bringen wir nachstehend eine Betrachtung der englischen Zeitschrift „The Motor Ship and Motor Boat" über die voraussichtliche Entwicklung der englischen Jachtindustrie. Es heißt dort unter anderem:

„Die Holzpreise werden sicher wieder fallen, wenn auch nicht bis auf die Friedenssätze; auch die Arbeitslöhne werden wesentlich heruntergehen, und nach Verlauf von ein bis zwei Jahren wird es möglich sein, Jachten mit Hilfsmotoren verhältnismäßig billig zu bauen im Vergleich zu den unerhörten Preisen, die jetzt im Kettenhandel der Spekulation entstehen.

Ein anderer Gesichtspunkt, der zur Verbilligung der Segel- und Motorjachten führen muſz, ist die Normalisierung der Schiffskörper, der Ausrüstung, der Motoren und des Zubehörs; hierbei werden die Preise sinken trotz hoher Löhne und Preise für Holz. Ein engerer Zusammenschluſz

Lustiges Ankern.

in der Jacht- und Bootsmotoren-Industrie würde eine derartige Bewegung unterstützen, die unbedingt zu gewissen Verbilligungen in der Herstellung führen muſz. Einheitsjachten können sogar fabrikmäſzig angefertigt werden. Natürlich muſz es verschiedene Typen und Gröſzen geben, die dann je nach den örtlichen Verhältnissen auf die einzelnen Werke verteilt werden."

Auch die englische Zeitschrift „The Yachting Monthley" stimmt der „Einheitsjacht" aus vollster Überzeugung zu, sieht in ihr die einzige Rettung aus der jetzigen schwierigen Lage der englischen Jachtindustrie und fährt dann fort, wie folgt:

„Von maßgebender Seite ist der Plan der Einheitsjacht gutgeheißen worden. Die Werften bekommen auf diese Art Arbeit und die Segler Boote; der Plan ist also gut. Nun können damit natürlich nicht wieder die alten unfruchtbaren, persönlichen Kämpfe anbrechen um „den Ideal-Kreuzer" Wir haben jetzt viele Boote verloren, von denen wir manch eines schmerzlos entbehren können. Wir liebten es nur, weil es uns gehörte. Wir stehen an der Schwelle einer neuen Zeit, die vielleicht für den Bootsbau nicht die schlechteste sein wird. Die Not drängt und die Aufgabe der Einheitsjacht muß so geschickt wie nur möglich gelöst werden. Laßt uns unsere besten Konstrukteure zur Beratung zusammenrufen, wir wollen sie fragen, wie wir die entgegenstehenden Schwierigkeiten überwinden können. Ein gütiges Geschick gab uns fähige Führer, auf deren Bereitwilligkeit zur Hilfe wir rechnen können. Geben wir ihnen die gesamte Angelegenheit in die Hände, denn Eigner und Laien würden sie von dem eigentlichen Ziel ihrer Beratungen nur ablenken, und das wäre in den heutigen Zeiten der Not nichts als Geldverschwendung."

Wann werden wir uns in Deutschland zur Erkenntnis der Notwendigkeit eines gleichen oder ähnlichen Vorgehens in dieser Angelegenheit durchringen?

Imperatorboje.

Der eigentliche Jollenfahrer.

Vor Jahren erschienen im „Wassersport“.

Zählt der Mensch zu den
bequemen,
Muß er große Schiffe nehmen,
Wo er sänftiglich kann ruhen
In den weiß bezog'nen Truhen,
Die der Seemann Kojen nennt
Und worin sich's fürstlich pennt.
Wo in des Salons Gemächern
Er sich kühlend kann befächern,
Wo aus eines Eisschranks Spalte
Eine Pulle lugt, 'ne kalte,
Wo im Vorschiff an dem Herde
Schwitzend spricht der Koch:
„Es werde!“
Und dem Herren seiner Wahl
Brät ein wahres Göttermahl.

Aber ist's dem Erdensohne
Gleich, ob unter Deck er wohne,
Ob ihn nachts der Tau befeuchte
Und der Mond zum Mahl ihm
leuchte,
Statt daß die Kardansche Lampe
Strahlet von der Skylights
Rampe;
Daß, wenn er zur Ruh' sich
strecket,
Ihn ein Regenguß erwecket,
Und der Bodenbretter Fasern
Ihm den Rücken arg zermasern;
Daß er morgens sich beim
Waschen
An die Schwertducht fest muß
laschen,
Und des Oberkörpers Teile
Außenbords biegt eine Weile —
Ist ihm dieses alles gleich,
Dünkt es ihm ein Königreich,
Wenn er eine Jolle hat,
Sei sie noch so klein und platt,
Sei das Segel noch so ältlich
Und in seinen Bahnen fältlich,
Sei der Mast auch schief gerichtet
Und die Planken schlecht
gedichtet,
Sie sei eine Kenterklitsche,
Oder naß, mitunter pitsche —
Alles dieses stört ihn nicht.
Freudig leuchtet sein Gesicht,
Hat er Zeit für ein'ge Tage,
Abzutun des Lebens Plage,
Und auf einer Segeljolle,
Sei sie zierlich, sei sie volle,
Macht auf seine eig'ne Art
Eine kleine Jollenfahrt.

Gut ist's nie, daß ganz allein
Ist der Mensch — er sei zu zwei'n!
Auch beim längern Tourensegeln
Halt dies hoch vor allen Regeln.
Erstlich hat man Luvballast,
Zweitens einen Mann vorm Mast,
Der den letzteren, wenn nötig,
Umzulegen ist erbötig.
Ferner kann man mit ihm
sprechen,
Und womöglich mit ihm zechen,
Falls er ist kein Temperenzler
Oder gar noch Abstinenzler.
Hüte dich vor einem solchen,
Der mit Fröschen und mit
Molchen

Wasser um die Wette trinkt
Da, wo ihm der Bierkrug winkt.
Prüfe drum vorher den Freund,
Ob er dir auch tauglich scheint,
Da in unsern heut'gen Tagen
Viele sich des Trunks ent-
schlagen.
Löblich ist's — doch diese Art
Paßt nicht für die Jollenfahrt.

Auch sollst du nicht Leute
nehmen,
Die man zählt zu den bequemen,
Die nur lieben leichten Wind
Und dem Pullen abhold sind,
Die im Wirtshaus lieber speisen,
Wo auf ihren Wink, dem leisen,
Tänzelnd kommt der Wirt
gezogen,
Glättend ihres Magens Wogen.
Diese Leute laß in Ruh,
Denn sie drückt auch sonst der
Schuh.
Beispielsweise, wenn am Abend
Sich die Sonne senkt und labend
Kühl und milde naht die Nacht,
Sprechen sie: „Jetzt Halt
gemacht!
Dort der Wirt hat warme Betten,
Und ich möchte alles wetten,
Sicher auch noch guten Rum,
Den in Grog man setzet um."
Protestierst du, bleibt er kalt,
Murmelt weinerlich sein „Halt!
Bester Freund, o schelte mich,
Aber ich erkälte mich!"

Diese guten Leute lasse
Still bei ihrer Kaffeetasse
Und in ihrem Federbett,
Denn es wäre wenig nett,
Wollte man, wenn früh die Sonne
Sich erhebt zu unsrer Wonne,
Sie aus schwerem Schlummer
wecken
Und ob ihres Gähnens necken,
Da sie, ungewohnt der Härte
Eines Bodenbretts am Schwerte,
Alle Glieder arg geschunden,
Eben erst den Schlaf gefunden.

Hast du aber einen Freund,
Der dir abgehärtet scheint,
Der aus diesen kleinen Sachen
Keinen Elefant tut machen,
Der sich selbst tut Kaffee kochen
Und mit Spiritus kann stochen
Eine kleine Spritmaschine,
Der mit froh bewegter Miene
Hinblickt auf ein Spiegelei,
Das er briet sich, eins — zwei —
drei,
Und der stolz ist, wenn der Erden
Äpfel zu gebrat'nen werden,
Und der traurig ist beim Essen,
Hat zu salzen er vergessen,
Der an eines Dorfes Pumpen
Füllt die leeren Wasserhumpen,
Bei dem Wirt des Bieres Krug —
Und hierbei die Hosen trug,
Die er schon an Bord getragen,
Die entstammen ältern Tagen,
Die mit Flecken übersät
Und diverse Mal vernäht,
Der zum Schlachterladen wandelt
Und dort zähes Fleisch erhandelt,
Das auf seine zarten Bitten
Noch geklopft wird und
zerschnitten,
Dieser Mann, ha, der ist wert,
Auszufüll'n den Platz am Schwert,
Diesen seh'n der Sonne Strahlen
Morgens schon beim Kaffee-
mahlen,
Dieser weiß, wie schön die Welt,
Wenn der Mond sie nachts erhellt,
Und ein lustig schmetternd Lied
Zeigt, wie froh sein leicht Gemüt.

Weißt du solchen Freund zu
finden,
Tu' dich schnell mit ihm ver-
binden,
Denn ein Mann von dieser Art,
Der ist wert der Jollenfahrt.

Ausrüstung für die Reise.

Wollen wir reisen, lieber Elbsegler, so machen wir uns vom Lande möglichst unabhängig. Vor Antritt der Reise müssen wir uns überzeugen, ob alles Notwendige an Bord ist, denn unterwegs Vergessenes zu ergänzen, kann sich bitter rächen, zumal heute, wo Deutschland einem ausverkauften Warenhause gleicht. Wollen wir nur eine Tagesfahrt unternehmen, so braucht naturgemäß die Ausrüstung nicht so umfassend zu sein wie bei längeren Reisen. Außer an Proviant denken wir zunächst an Frischwasser, wozu meistens ein Holzfaß oder ein umflochtener sogenannter Demijon (Korbflasche) verwendet wird. Wichtig ist ferner ein Kocher (Primus, Spiritus usw.), einschließlich eines Reservekochers, da einer seine Mucken haben kann, ferner eine Kochkiste, Geschirr, ein Ausschöpfgefäß, eine Pumpe zum Lenzen, Dweul für Deck- und Plankenwaschen. Für den Fall der Flaute sind in Ermangelung eines Motors unbedingt notwendig ein Paar handliche Riemen mit Gaffeln und ein sogenannter Peekhaken, der bei einem kleinen flachgehenden Boot durch Markierungsstriche auch zugleich als Peilstock benutzt werden kann. Größere Boote bedürfen selbstredend eines Lotes mit gemarkter Leine. Von welcher Bedeutung auf der Niederelbe ein zuverlässiges Ankergeschirr (Anker, Kette und Spill) ist, beweist, daß wir hierüber in einem besonderen Kapitel berichten. Schlepp- und Festmacheleinen, Reservetauwerk, Schäkel, ein gutes Nacht- und Wetterglas, Ölzeug, wobei wir bemerken, daß praktische Bordarbeiten am zweckmäßigsten in Öljacke und Ölhose verrichtet werden, während ein langer Ölmantel für Ruhelagen (Steuermann usw.) verwendet wird, Wollzeug, wollene Decken (siehe Artikel Kleidung), Fluidkompaß (Trockenkompaß pendelt zu unruhig im Seegang), Positionslaternen, Ankerlicht (hierüber Näheres unter Seestraßenordnung), Kartenmaterial (siehe Artikel Kartengebrauch und -lesen), von Karten das Neueste und Genaueste an Bord gerade gut genug, bilden eine fernere notwendige Ausrüstung. Bei Regen und in der Nacht findet man in einem offenen Boot, dessen Deck durch ein Persenning überspannt und durch gebogene Stäbe gestützt wird, angenehmen Unterschlupf und Ersatz für die fehlende Kajüte.

Ein Elbsegler, von dem man Vielseitigkeit und eine gewisse Fertigkeit voraussetzt, hat einen Handwerkzeugkasten an Bord. Das Vorhandensein von Hammer, Kneif-, Beiſz- und Mechanikerzange, diversen Bohrern, Schraubenziehern, allen Sorten von Nägeln, möglichst verzinkt, und

Auf der Alster.

Schrauben. möglichst von Gelbmetall, Beil zum Kappen, Dichteisen, Werg, Kratzeisen, Stahl- und Reiſzbürsten, Hobel, Brustbohrer, Abziehklingen, Farben und Firnis nebst Pinseln macht den Segler unabhängig vom Land und sieht ihn nicht wegen jeder Bagatelle beim Handwerker. Auch durch Führung eines Tagebuches wird man später an manche fröhliche oder gefährliche Stunde erinnert. Dasselbe kann man von einem Kodak, dem Meister der edlen Schwarzkunst und zugleich dem objektivsten Bordbegleiter, sagen.

Apotheke und Rettungsgeräte.

Eine Apotheke mit dem Nötigsten in einem dichten Behälter verschlossen, sollte stets, besonders bei größeren Reisen an Bord, uns schnell zur Hand sein; denn auch auf Lustfahrzeugen wohnen Freud und Leid oft dicht beieinander. Davon einige Beispiele: Eben vor Antritt einer längeren Seereise hatte sich mein Bootsmann auf dem Liegeplatz im Finkenwärderfleth einen sogenannten Dreikant in seine Ferse getreten (der behandelnde Arzt sah die Wunde als unerheblich an und gestattete daher die Ausreise). In der Ostsee hatte sich die Wunde jedoch so verschlimmert, daß ich, um dem Mann Erleichterung zu verschaffen, operativ eingreifen mußte.

Lebhaft steht auch noch in meiner Erinnerung, wie meine Tochter auf See abends damit beschäftigt war, Schwarzbrot zu schneiden und dann, infolge des Schwankens mit dem Messer abglitt und sich quer über die ganze Hand schnitt. Noch wochenlang nach Rückkehr zeigte ein Verband das noch glücklich abgelaufene Begebnis. Ferner gedenke ich meines Mitseglers Herrn Karl Köhnke, der vor den Felsenküsten Gotlands in schwerem Seegang beim Anholen der Großschot mit dem Hinterkopf gegen eine Ecke des Kompaßkastens schlug und sich blutig verletzte*).

Um Mißgeschick zu erleben, braucht man jedoch gar nicht so weit zu reisen. Passierte es mir doch kurz vor der Einfahrt in den Hamburger Jachthafen, daß plötzlich mein Zeug in Brand geriet. Vom Rauchen war ein Funken in die Jacke geflogen und hatte sich beim Aufkreuzen gegen frischen Südost unbemerkt zur Flamme entfacht. Nur das schnelle Eingreifen meiner Tochter verhinderte das Verbreiten des Feuers, und sofortiges Auflegen von Leinöl linderten meine immerhin nicht leichten Brandwunden. Es sollte daher stets genügend und reines Verbandmaterial an Bord sein, besonders gegen Blutungen, Schrammen und Quetschungen, die sich sehr leicht ereignen können. Ebenso sollten Karbol, Lysol, Essigsaure Tonerde, Heftpflaster, Guttaperchapapier, Mullbinden, Nadel, Zwirn und Schere nicht an Bord fehlen.

---

*) Mit „Sophie" nach Rußland von H. A. Jahrbuch des Norddeutschen Regatta-Vereins 1914.

Wie wichtig es ist, Rettungsgeräte, wie Schwimmgürtel und -Westen, ferner Rettungsringe, die an einer ca. 50 m langen Leine zum Wegwerfen jederzeit zur Hand sein sollen, an Bord zu haben, illustrieren folgende Vorkommnisse: Es war auf einer Fahrt nach Norwegen. Wir erkreuzten bei gutem Wetter Langeland, als nach Eintritt der Dunkelheit Brise aufkam und mein Bootsmann, der mit Geschirr im Arm aus der Kajüte kam, das Gleichgewicht verlor und um ein

Auf der Fahrt zur Oste.

Haar über Bord ging. Ein zweites Beispiel: Der heiße Sonnensommer 1911 sah uns auf der Fahrt nach Finnland.*) Bei Bornholm hatte sich das leichtfertigerweise nicht an Bord genommene Beiboot durch den Seegang nach und nach mit Wasser gefüllt. „Soll ich lenzen?" fragte der Bootsmann. Ich gab mit dem Vorbehalt meine Zustimmung, daß er sich ein Tau um die Brust legen sollte, um mit der Jacht in Verbindung zu bleiben. Er sprang hinein, als ein seitlicher Brecher über das Boot ging und den Mann glatt mit sich riß. Er wurde jedoch im Kielwasser vom Tau gezogen, wir drehten schnell bei und er konnte noch unbeschädigt an Bord gezogen werden.

---

*) Wassersport, Fluß und See Nr. 18, 1912. Mit der 9-m-R-Yacht „Sophie" die Ostsee durchquert von H. A.

In Anlehnung an diese Begebnisse halte ich daher auch die Anleitung zur Behandlung scheinbar Ertrunkener, welche dem Anhang beigegeben ist, am Platze.

Die Bekleidung beim Segelsport.

Von der Bekleidung des Seglers gilt dasselbe wie von so vielem: Das Einfache und Praktische ist auch zugleich das Vornehme und Elegante. Es hat sich nun im Laufe der Zeit in Anlehnung an die Marineuniform herausgebildet, daß die Kleidung unter den beiden Farben blau und weiß steht, und erst in den letzten Jahren, in denen sich hier in Deutschland auch die Damen mehr am Segelsport beteiligen, sah man, von der Mode begünstigt, mehr Farbenfreude sich entwickeln, — bunte Jacken, leuchtende Mützen.

Im allgemeinen ist es üblich, daß die Herren im blauen Cheviotanzug auf die Fahrt gehen. Wenn sie Mitglieder eines Vereins sind, tragen sie dann meist die entsprechenden Knöpfe des Klubs. Zum Anzug gehört die blaue Seglermütze mit der Kokarde des Vereins. Bisweilen sieht man Mützen, die tadellos mittels Einlage oder eines dünnen Reifens gespannt sind. Sie sind nun aber dadurch recht unpraktisch geworden; denn der steife Kopf bietet dem Winde viel zu viel Widerstand, und so sind sie durchaus nicht stilecht. — Wenn der Segler seine Jacht betritt, ist es sein Erstes, daß er sich umzieht. Vor allem vertauscht er die Straßenstiefel mit Bordschuhen. Diese sind gewöhnlich aus Segeltuch, braunem Boxcalf oder Wildleder hergestellt, am besten mit Gummisohlen. Tennisschuhe mit sogenannten Chromosohlen sind für den Segler durchaus nicht geeignet. Sobald das Deck naß ist, entwickeln sie eine Glätte, durch die der Fuß, besonders bei Seegang, jeden festen Halt verliert. Da es nun augenblicklich schwierig sein dürfte, Schuhe mit Gummisohlen zu beschaffen, kann man beim Schuster aus Leinen oder Segeltuch noch recht praktische Schuhe mit Ledersohlen herstellen lassen.

Da das blaue Zeug in Wind und Sonne auf dem Wasser leicht verbleicht, besonders auf längeren Fahrten auch oft recht schmutzige Arbeit vorkommt, vertauscht der Segler seinen Landanzug mit Bordzeug, das größere Bewegungsfreiheit gibt und leicht gereinigt werden kann. Man sieht meist weiße Beinkleider und ebensolche Sportshemden, diese aus Panamastoff, Leinen, bisweilen auch aus Rohseide.

Vom Kartengebrauch und -lesen.

Wir haben diesem Buche die neuesten (vom Reichsmarineamt Ende Dezember 1918 bezogen) Karten beigefügt. Die durch die „Nachrichten für Seefahrer" veröffentlichten Berichtigungen können handschriftlich nachgetragen werden. Wollen wir Küstenstrecken ansteuern, wo wir noch nicht

Kallmar in Schweden.

waren, so betrachten wir sie mit kritischer Vorsicht, besonders in engem Fahrwasser oder dicht unter Land. Bei der Veränderlichkeit des Fahrwassers und des Wanderns der Sände, haben die Tiefenangaben der Karten nur bedingten Wert, mag die zugrunde gelegte Vermessung auch noch so neu und genau sein. Wir müssen uns daher vorher durch Loten von der Richtigkeit überzeugen. Zu große Sorglosigkeit ist häufig Ursache von Strandungen. Die angegebenen Tiefen beziehen sich auf mittleres Springniedrigwasser, und zwar in Metern. Wir werden meistens am sichersten gehen, wenn wir die ungünstigeren Angaben der Karten als die richtigen annehmen. Untiefen, Watten, Klippen, Feuerschiffe und Betonnung sind durch augenfällige Zeichen dargestellt. In der unteren Niederelbe und der Mündung zeigen Strompfeile die Stromrichtung, die beigefügten Zahlen die Stundengeschwindigkeit an. Von der Küste ist alles dasjenige in die Karten eingetragen, was den Segler interessiert, u. a., ob sie steil oder flach verläuft; die hügelartigen Erhöhungen landeinwärts sind in Metern angegeben. Ferner sind Laub- und Nadelwald, Gebüsche, Wiesen, Kirchen, Windmühlen, Leuchttürme (letztere zum Teil in typischer Wiedergabe) gekennzeichnet. Haben wir ein mit der Karte nicht stimmendes Ergebnis festgestellt, so ist die nautische Abteilung des Reichsmarineamts, Berlin, dankbar für berichtigende Mitteilungen.

Abkürzungen.

Abkürzung	Bedeutung
Adm-Krt.	Admiralitätskarte
B-B.	Backbord
bl.	blau
Blk.	Blinkfeuer mit Einzelblinken, weiß
Blk. Grp.	Blinkfeuer mit Gruppen, weiß
Blz.	Blitzfeuer mit Einzelblitzen, weiß
Blz. Grp.	Blitzfeuer mit Gruppen, weiß
Br.	Breite (geogr.)
N-Br.	Nordbreite
S-Br.	Südbreite
bzw.	beziehungsweise
cm	Zentimeter
dcm	Dezimeter
el.	elektrisch
F.	Festfeuer, weiß
F. m. Blk.	Festfeuer mit Blinken, weiß
F. m. Blz.	Festfeuer mit Blitzen, weiß
Gasl.	Gasolin
geogr.	geographisch
gn.	grün
^{h}	Stunde
Kblg	Kabellänge
km	Kilometer
Lg.	Länge (geogr.)
O-Lg.	Ostlänge
W-Lg.	Westlänge
m	Meter
Mi.	Mischfeuer
^{m}	Minute (Zeit)
mm	Millimeter
mt.	mittlerer, e, es

Abkürzung	Bedeutung
Nm.	Nachmittag, nachmittags
N	Nord
N-lich	nördlich
Nr.	Nummer
O	Ost
O-lich	östlich
Petr.	Petroleum
r.	rot
rw.	rechtweisend
S	Süd
S-lich	südlich
s.	schwarz
^{s}	Sekunde (Zeit)
Sm	Seemeile
s. S.	siehe Seite
St. St^{e}	Sankt
St-B.	Steuerbord
u.	und
Ubr.	Unterbrochenes Feuer mit Einzelunterbrechungen, weiß
Ubr. Grp.	Unterbrochenes Feuer mit Gruppen, weiß
u. s. w.	und so weiter
ungf.	ungefähr
Vm.	Vormittag, vormittags
vgl.	vergleiche
W	West
W-lich	westlich
w.	weiß
Wchs.	Wechselfeuer mit Einzelwechseln
Wchs. Grp.	Wechselfeuer mit Gruppen

Wewelsfleth.

Eine Kreuzpeilung.*)

Im Seewesen verstehen wir unter Peilen die Richtung, in der wir einen Gegenstand erblicken. Wir peilen z. B. einen Leuchtturm, d. h. wir bestimmen den Winkel, den eine vom Kompaſz aus dorthin gezogene Linie mit dem magnetischen Norden macht. Wenn wir nun gleichzeitig zwei Gegenstände, deren Lage durch die Seekarte gegeben ist, peilen können, so erhalten wir die sogen. Kreuzpeilung; denn das Fahrzeug befindet sich entgegengesetzt von den beiden Gegenständen, im Schnittpunkt der beiden Linien, die wir auf der Karte von den beiden gesichteten Gegenständen gezogen haben. Am zuverlässigsten ist das Resultat, wenn der Winkel zwischen den beiden gepeilten Linien einem rechten Winkel nahe kommt; aber auch bei wesentlich spitzeren oder stumpferen Winkeln können noch einigermaſzen zuverlässige Resultate erzielt werden. Nehmen wir an, wir kommen von Krautsand her die Elbe herauf und auf der Süd bei der Gabelung des Fahrwassers ist die Asseler Tonne vertrieben. Wir wollen aber auf der Karte unseren Schiffsort feststellen. Wir peilen nun die beiden gleichzeitig sichtbaren an der Nord befindlichen Leuchttürme, den von Bielenberg, nehmen wir an, im Norden, den von Kamperreihe, angenommen im Osten. Die Kurse von den beiden Gegenständen zurück sind dann Süd und West, so daſz wir uns in der Karte im Treffpunkt dieser beiden Linien, also hart an der 6-m-Grenze des Fahrwassers, zwischen der nördlich belegenen Stelle der Asseler Tonne und der südlich belegenen roten Spierentonne „G" befinden. Bei Zuhilfenahme der Karte wird man dieses ohne weiteres erkennen.

---

*) Mit wieviel Lust und Liebe zur Sache auf See die Navigation von uns Fahrteseglern gehandhabt wird, davon berichtet mein Mitsegler Herr Rob. Nicolas im Jahrbuch von 1910 des Hamburger Segel-Vereins, Seite 55: Meine Ferienreise auf der Segeljacht „Sophie" nach Schweden.

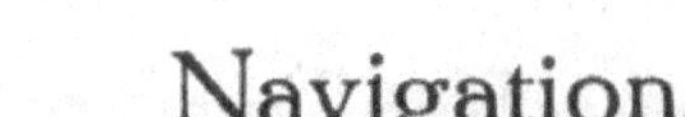

Navigation.

Von Prof. Dr. **Bolte.**

Auf Flußläufen und andern der Schiffahrt dienenden Binnengewässern genügt den Interessen der Sicherheit neben der in technischer Beziehung unerläßlichen Erfahrung in der Bootsführung die Kenntnis der Seestraßenordnung (siehe „Seestraßenordnung“ im Anhang), welche die Vorschriften der Lichterführung und des Ausweichens der Schiffe enthält. In navigatorischer Beziehung genügt hier die Fähigkeit, die Karte mit ihren Angaben lesen und danach den unter Berücksichtigung des Tiefganges einzuschlagenden Weg bestimmen zu können.

Wer aber, der Anziehungskraft der See folgend, die Flußmündungen hinter sich läßt, hat die Pflicht, sein navigatorisches Rüstzeug zu erweitern und sich mit denjenigen Methoden vertraut zu machen, die der Ortsbestimmung in der Küstenfahrt dienen. Obgleich die Erläuterung dieser Methoden nicht Gegenstand dieser kurzen Ausführungen sein kann, mag doch zur Begründung ihrer Notwendigkeit das Folgende Erwähnung finden: Unbedingt erforderlich ist eine gute Küstenkarte des betreffenden Gebietes. In diese wird der nach Kursen und Distanzen bestimmte Weg an der Hand der an verschiedenen Stellen der Karte eingezeichneten Kompaßrosen mit dem Lineal eingetragen. Die hieraus sich ergebende Orientierung über den jeweiligen Schiffsort außerhalb der Küstensicht kann aber auf Genauigkeit keinen Anspruch erheben, weil die Ungenauigkeiten des Steuerns, die Einwirkung des nach Richtung und Stärke veränderlichen Windes auf Kurs und Fahrt sowie die nicht genau bekannten Strömungen eine „Versetzung“ des Schiffes zur Folge haben. Daher bedarf die genannte „Besteckführung“ einer stetigen Kontrolle, die auf hoher See durch Lotungen an hierfür geeigneten Stellen, beim längeren Aufenthalt außerhalb Landsicht durch sehr einfache Bestimmung der geographischen Breite aus einer Mittagshöhe der Sonne, in der Nähe der Küste dagegen durch terristrische Ortsbestimmung vermittels Peilungen und Abstandsbestimmungen von charakteristischen Landobjekten (Feuertürmen, Kirchtürmen, Schornsteinen u. dergl.) gewonnen wird.

Die Prüfungen für den Befähigungsnachweis für Küstenfahrt und kleine Fahrt.

Von Prof. Dr. Bolte.

Auf Grund des § 31 der Gewerbeordnung ist der Befähigungsnachweis der Seeschiffer und Seesteuerleute sowohl hinsichtlich der Dauer der Seefahrzeit als auch in bezug auf die Prüfungsvorschriften geregelt durch die Bekanntmachung des Bundesrats vom 16. Januar 1904. Nach der Bekanntmachung vom 21. Mai 1909 finden diese Vorschriften auf Sportsegler keine Anwendung mehr, und die Ausübung des maritimen Segelsports ist seit dieser Zeit tatsächlich von jedem Befähigungsnachweis befreit. Da aber selbstverständlich bei der Ausübung des maritimen Segelsports sowohl die seemännischen Fähigkeiten als auch die navigatorischen Kenntnisse ebensowenig entbehrlich sind wie im Betriebe der Handelsschiffahrt, so beruht die Befreiung der Sportsegler von einem Befähigungsnachweis auf der Voraussetzung, daß jeder Segler aus sich heraus die Verpflichtung empfindet und betätigt, sich die erforderlichen Kenntnisse anzueignen. Diese Verpflichtung, die hinsichtlich der Seestraßenordnung sich auch auf den Segelsport auf Flußläufen bezieht, ist auch von den Vertretern der Sportsegelvereine auf dem 6. Deutschen Seeschiffahrtstage i. J. 1914 in vollem Umfange anerkannt worden, und es sind in vielen Vereinen diesem Zwecke dienende Ausbildungskurse eingerichtet worden. Darüber hinaus haben sehr viele Sportsegler das Bedürfnis empfunden, den Nachweis dieser Kenntnisse durch die Ablegung einer Prüfung vor einer staatlichen Prüfungskommission zu erbringen. Da vor 1909 den Mitgliedern deutscher Seglervereine die Führung von Segellustfahrzeugen in der Küstenfahrt ohne Befähigungszeugnis zustand, so konnte nach der damaligen Auffassung der Reichsregierung eine Zulassung der Sportsegler zur Küstenschiffahrt nicht erfolgen. Aus diesem Grunde konnten die Vereinsmitglieder nur die Prüfung zum Schiffer auf kleiner Fahrt ablegen, nachdem für die Zulassung ein Dispens von der sonst vorgeschriebenen Fahrzeit erteilt worden war, obgleich den Bedürfnissen der reinen

Küstenschiffahrt die Prüfungsanforderungen der Küstenschifferprüfung vollkommen genügen. Da aber die Vorbereitung auf die Kleinschifferprüfung eine erheblich längere Zeit in Anspruch nimmt, so ist hierin die Ursache dafür zu finden, daſz für die jüngeren Sportsegler die Ablegung einer Prüfung nicht schon längst zur Regel geworden ist. Nachdem aber auch nach Freigabe des ganzen maritimen Segelsports ohne Befähigungsnachweis die Zulassung von Sport-

Ein Segelkamerad.

seglern zu der Kleinschifferprüfung genehmigt worden ist, ist nunmehr auch der Weg für die Ablegung der Küstenschifferprüfung frei. Da diese im Gegensatze zu der neun schriftlich zu bearbeitende Fächer umfassenden Kleinschifferprüfung nur eine mündliche ist und sich neben der autodidaktischen Aneignung zugänglichen Seestraſzenordnung und der Kenntnis der Rettungsmaſzregeln bei Strandungen und andern Seeunfällen nur auf die Benutzung der Seekarten im Bereich der Küstenfahrt erstreckt, so ist den jüngern Seglern die Ablegung dieser Prüfung dringend zu empfehlen. Wer dann später das Bedürfnis nach Ausdehnung seiner Fahrten und nach Erwerbung der hierfür erforderlichen navigatorischen Kenntnisse empfindet, kann seine Studien bis zur Ablegung der Kleinschifferprüfung ergänzen.

Die Gezeiten (Flut und Ebbe).

Während sich für den gelegentlichen Besucher häufig Flut und Ebbe als ein Buch mit sieben Siegeln darstellt, sind diese Erscheinungen für die Bewohner der Wasserkante etwas Alltägliches. Ich will daher auch hier keine breite Abhandlung geben, sondern nur dasjenige herausheben, was für den praktischen Gebrauch in Frage kommt.

Unter Gezeiten oder Tiden versteht man das Heben und Senken des Wasserspiegels. Das Steigen des Wassers von Niedrigwasser bis Hochwasser heißt Flut, das Fallen des Wassers von Hochwasser bis Niedrigwasser Ebbe. Die bei Neu- und Vollmond auftretenden Tiden heißen Springtiden, die beim ersten und letzten Viertel auftretenden heißen dagegen Nipptiden. Der Hub, also der Niveauunterschied zwischen Hoch- und Niedrigwasser, ist bei Voll- und Neumond größer als bei dem ersten und letzten Viertel*). Die Höhe und Dauer der Tiden werden auch von augenblicklichen Umständen, wie Windrichtung und -stärke, stark beeinflußt. Die Kalendertiden stimmen daher mit denen der Praxis durchaus nicht immer überein. Da kann z. B. starker, anhaltender Ostwind längere Ebbe erzeugen, so daß die neue Flut um mehr als eine Stunde verspätet eintreten kann oder „versetzt" wird, wie man an der Wasserkante sagt, während bei Westwind die Tide in unsrer Gegend noch bei weitem mehr und häufiger „versetzt" wird, und zwar aus dem einfachen Grunde, weil hier Westwinde vorherrschen. Bei anhaltendem Ostwind ist der Wasserstand überhaupt ein sehr viel niedrigerer als normal. Dieses macht sich für die Schiffahrt besonders stark auf der Oberelbe und in den Nebenstraßen bemerkbar. Da die Elbe in der Hauptsache SO/NW läuft, ist bei Sturm, z. B. aus Richtung NW ein Abfluten des Wassers unmöglich. Es „stauen" sich, wie man hier sagt, die Tiden auf, wodurch sogenanntes „Hochwasser" entsteht, welches nicht selten acht Meter über Mittel ausmacht und dann an die Elbdeiche und deren Anwohner oft Ansprüche stellt, die fast über Menschenkraft gehen. Die Zeit der Springtiden ist jedem erfahrenen Seemann als kritisch bekannt, da um Neu- oder Vollmond herum sich das Wetter häufig (nicht selten zum Schlechten) verändert, wie

*) Neues Handbuch der Schiffahrtskunde von Prof. Dr. Bolte, S. 310.

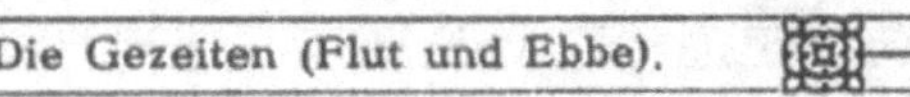

Lustige Bootsmannschaft.

auch ich das in meiner Praxis nur zu häufig erlebt habe. Wenn auch die Wissenschaft diesen Standpunkt nicht teilt, so kommt doch der Seemann immer wieder durch seine Erfahrungen auf diese alte Wetterregel zurück.

Um nun eine gute Übersicht zu ermöglichen, berichte ich über die speziellen Eigentümlichkeiten der Gezeitenströme immer unter den betreffenden Abschnitten des Elb-

Auf dem Begleitdampfer.

stromes. Erwähnt sei jedoch, daß im allgemeinen die Geschwindigkeit des Flutstromes auf der Elbe schwächer (im Mittel 1,5—1,8 Sm., max. bis 4,1 Sm. die Stunde), die der Ebbe dagegen stärker (im Mittel 2,4—3,6, max. 5,5 Sm.) ist*). Wer über Entstehung und Zusammenhang der Gezeiten mit Mond und Sonne wissenschaftliche Belehrung und Vertiefung sucht, mache sich die darüber bestehende Fachliteratur (z. B. Dr. Bolte, Neues Handbuch der Schiffahrtskunde, Hamburg, 1914) zunutzen.

*) Vgl. Nordsee, Handbuch, östlicher Teil. Von Hanstholm-Terschelling 1911. Elbe: Die Gezeiten.

Stromlauf.

Es wird jedem Segler begreiflich erscheinen, daß ein künstlicher Wasserweg, wie z. B. der Seeweg von Kronstadt nach Petersburg oder der „Nieuwe Waterweg" durch die regulierte Maas nach Rotterdam einen andern Charakter hat, als ein Fluß mit seinen natürlichen Biegungen. Diese entstehen dadurch, daß der Fluß nicht den kürzesten, wohl aber den bequemsten Weg im Gelände sucht. Wo ihm auf seinem Laufe Hindernisse begegnen, wie etwa in Gestalt von festem Vorland oder Sänden, weicht er zur entgegengesetzten Seite aus. Die Strömung „schart" in den Strombiegungen, wie Prof. Dr. Linde so treffend in seinem Buch „Die Niederelbe" sagt. Dies zeigt deutlich das benagte Ufer oberhalb Schulaus, von wo sich der Strom dann hinüber zu der von festen Steindeichen geschützten Lüheseite wendet. Von hier zur holsteinischen Seite geworfen, wälzt er sich an Twielenfleth und dann an der Insel Pagen vorbei, um sich dem Elsflether Steindeich zu nähern, wo er sich von der Glückstädter Bank aus dann am langen Norddeich über Hollerwettern, Brookdorf, Schelenkuhlen, Brunsbüttel wieder nach drüben am Osteriff und an Altenbruch entlang mit immer größer werdender Heftigkeit an den Deichen bis nach Cuxhaven „schart".

Vom Seemann am meisten gefürchtet wird er dann an den gefährlichen riffigen Wänden von „Scharhörn", wo sich der Strom noch einmal im äußersten Mündungsgebiet der Elbe mächtig „schart". Im kleinen erkennt man dieselben Erscheinungen am Stromlauf in den Nebenflüssen, besonders in der Stör und in der Oste mit ihren vielen Stromknien. Will der Segler hier mit seinem Boote flott bleiben, so gilt für ihn die kurze Regel, stets die Buchten auszusegeln. Es ist immer an dem großen Bogen tiefes Wasser. Der innere Bogen hingegen ist infolge der geringeren Strombewegung seicht. Die Schiffer bezeichnen den tiefen Priellauf mit „luv", die seichte Seite mit „lee".

Als ich einst in der Stör infolge Sturmes vom Ankerplatz vertrieb, wurde „Sophie" nachts von einem Schleppzug angerannt. In den späteren Verhandlungen verteidigte sich der Schiffer damit, daß er darlegte, ich hätte zu Unrecht mit meinem Fahrzeug zu „luv" geankert. — Zusammenfassend komme ich zu dem Schluß, daß es für jeden, der die Niederelbe befährt, von großer Wichtigkeit ist, den Stromlauf gründlich zu kennen. Diese Kenntnisse sind aus Büchern kaum herauszulesen. Jeder ist vielmehr in der Hauptsache auf seine eigenen Beobachtungen und Erfahrungen angewiesen. Und doch gibt es für den Sportsegler auch noch einen anderen Weg, und zwar keinen unedlen, der zur wertvollen Ergänzung seiner Kenntnisse beiträgt. Wie ich ähnlich unter Kapitel „Gewitter" ausführte, rufe ich auch hier allen denen, die auf diesem schwierigen Gebiete ihr Können bereichern wollen, zu: „Beobachtet die gewerblichen Segler!" Besonders die Finkenwärder Fischer! Sie haben sich ihren Weltruf in bezug auf Schneid, Kühnheit und seglerische Führung unter Anpassung und Ausnutzung oft schwieriger Verhältnisse gewiß nicht umsonst verdient!*)

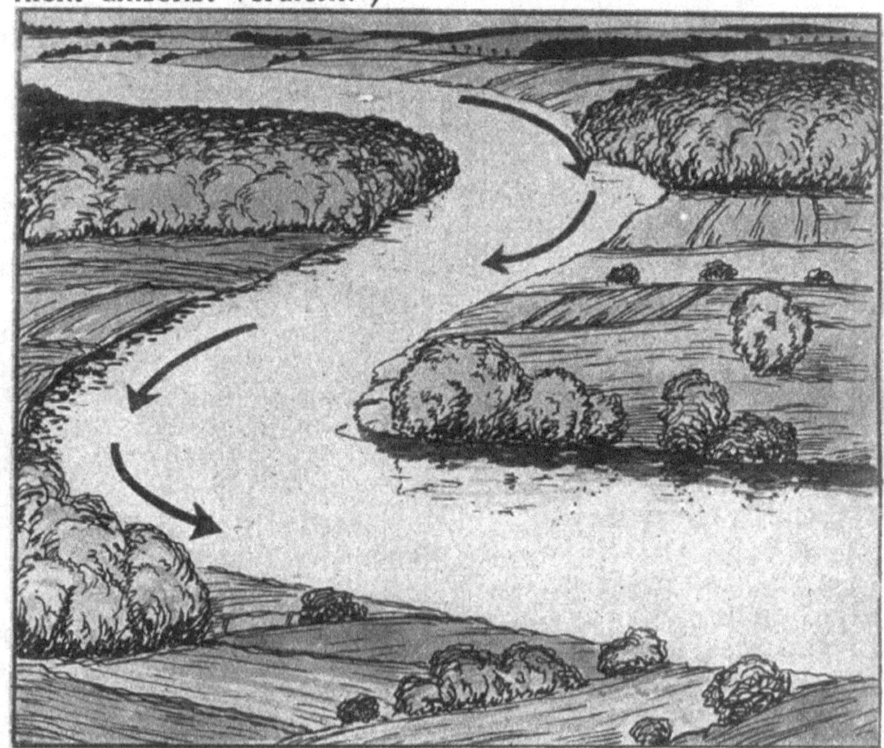

Flußlauf.

*) Gute Kenner der Elbstromverhältnisse unter den Sportseglern sind auch die Herren Ernst Schneider und Rud. W. Holm, beide vor dem Krieg Vorstandsmitglieder vom Hamburger Segel-Verein, ferner viele namhafte Övelgönner und Blankeneser Sportsegler.

Sonntag auf der Elbe.

Betonnung auf der Elbe.

Da Lust- und Erholungssegler die Elbe in der Hauptsache während der Sommermonate aufsuchen, sei hier von der Beschreibung der Winterbetonnung, die des Eisgangs wegen ausgelegt wird, abgesehen. Bei der Betrachtung der sommerlichen Betonnung fällt uns sofort eins auf. Kommen wir von See, die Elbe hinauf, so liegen rechter Hand rote Spierentonnen, die die Steuerbordseite, linker Hand schwarze, spitze Tonnen, die die Backbordseite bezeichnen. Der Schiffer benennt, einkommend, das Steuerbordfahrwasser (rote Tonnen) die „Süd" und die Backbordseite (schwarze Tonnen) kurz die „Nord". Sehen wir nun von einigen Spezialtonnen in der Elbmündung, wie: die Ansteuerungstonne „Elbe", „Grofz Vogelsand", „Scharnhörn

N", „Westertill N" und eine schwarze Heultonne ab, so treffen wir weiter einkommend am Ost- und Westende des Mittelgrundes, der das Hauptfahrwasser vom sogenannten Kugelbakenfahrwasser trennt, eine rote und schwarze Bakentonne mit Kreuztoppzeichen, bezeichnet mit „O" bzw. „W"; zwei schwarze spitze Tonnen ohne Bezeichnung liegen an der Südseite, die roten Spiertonnen „A" und „B" an der

Ablösung kommt.

Nordseite dieses Mittelgrundes. Bakentonnen mit oder ohne Toppzeichen sind ferner an den Eingängen derjenigen Fahrwasser und Flüsse stellenweise ausgelegt, die sich von dem Hauptfahrwasser der Elbe abzweigen. Alle Tonnen sind gut erkennbar und in angemessener, dem Bedürfnis entsprechender Entfernung von einander ausgelegt. Bis Freiburg liegt die sogenannte Seebetonnung, von da aufwärts eine kleinere Betonnung. Von Nienstedten ab gelangen statt der roten Spieren nur noch rote stumpfe Tonnen in Anwendung. Über die weiteren Spezialtonnen, Feuerschiffe usw. und deren Lage, ferner über die Tiefenverhältnisse und Befeuerung der Elbe*) geben die diesem Buch beigegebenen Spezialkarten abschnittweise erschöpfende Auskunft.

* Siehe auch Leuchtfeuerverzeichnis im Anhang.

Stillwasser und Schwoien.

(Kentern des Stromes.) Nach amtlichen Quellen.

Der Flutstrom, in der Hauptrichtung SO laufend, nimmt bis zur Unmerklichkeit ab, dann tritt Stillwasser von sehr verschiedener Dauer ein, worauf die Ebbe, nordwestlich laufend, einsetzt. Beim Wechsel zwischen Ebbe- und Flutstrom findet das Entgegengesetzte statt. Auch diese Zeit

Unter Segel.

des Stillwassers ist von sehr unregelmäßiger, meist kurzer Dauer*). Das Kentern des Stromes erfolgt im allgemeinen in der Richtung der Uhrzeiger. Bemerkenswert ist, daß von Cuxhaven bis weit in den Elblauf hinein noch etwa 1½ Std. nach Eintritt des Hochwassers Flutstrom läuft, obgleich das Wasser bereits fällt und umgekehrt noch Ebbstrom wahrnehmbar ist, obwohl das Wasser schon steigt. Wir können dies jederzeit beobachten; wenn z. B. auf der Krautsander Seite die Tonnen noch auf Flut stehen, haben sie auf der Glückstädter Seite schon geschwoit. Daher gewährt das Schwoien der Schiffe keinen Anhalt dafür, daß die Flut eingetreten ist, was beim Abwarten derselben, z. B. um flache Stellen zu passieren, zu beachten ist. Wenn die Schiffe sich in ihrer Richtung umlegen, d. h. von Flut auf Ebbe und umgekehrt, so nennt man dies „schwoien“.

*) Nordsee-Handbuch. Die Elbe, Seite 291.

Reffen (Segelverkleinern).

Äußerst wichtig auf jedem Segelfahrzeug ist eine sicher funktionierende Reffeinrichtung. Die auf Flüssen gebräuchlichere Art ist das Patentreff. Ist es notwendig, während der Fahrt damit zu reffen, hält sich das Fahrzeug zweckmäßig zu luv (woher der Wind kommt) des Fahrwassers. Nachdem die Jacht oder das Boot an den Wind gedreht ist, werden die Mastringe resp. die Reihleine vom Vorlik gelöst und die gewünschte Verkleinerung unter gleichzeitiger Lüftung von Großschot, Piek- und Klaufall durch Aufdrehen vermittels des Patentreffs vorgenommen, wobei darauf zu achten ist, daß sich das Großsegel faltenlos um den Baum legt, ferner, daß die Sperrklinke am Reffer auch fest einhakt, da sonst das Segel durch Winddruck resp. Seegang sich leicht wieder abrollt. Schotenring, Dirken und Flaggenleinen müssen selbstredend vom Einrollen frei bleiben. Beim Seesegler ist das Patentreff nicht sehr beliebt, da im Falle des Versagens das Reffen illusorisch gemacht wird, wie es mir nächtlich vor der Südspitze von Öland einst erging. Beim Verkleinern der Segelfläche brach die Sperrung vom Reffer und weiter infolge der Windpressung die Luvwant. Während ich durch schnellstes Überstaggehen die Takelage rettete, übersegelte mich auf dem andern Bug um ein Haar ein mir entgegenkommender Schoner, der infolge meiner plötzlichen Wendung nicht so schnell ausbiegen konnte. Beim Bindereff, üblich bei größeren Fahrzeugen, löst man während der Fahrt am Winde ebenso wie zuvor die betreffenden Teile, befestigt, nachdem das Segel bis zur gewünschten Tiefe niedergeholt ist, Schothorn und Hals vermittels der am Vor- und Achterlik befindlichen Kauschen am Baum und bindet dann die Reffbändsel des Großsegels möglichst gleichmäßig um diesen. Nachdem dies geschehen, wird durch Piek- und Klaufall das Großsegel zu gewünschter Höhe reguliert. Praktischer und einfacher ist jedoch statt der Bändsel eine Reffleine, die von der Mitte her nach beiden Enden zu durch die im Großsegel eingenähten, durch Metallkauschen versicherten Öffnungen gleichmäßig angezogen wird. Dies Verfahren geht schneller und das Großsegel steht unter Pressung glatter.

Böen.

Wenn auf der Niederelbe der Strom gegen auffrischende Böen steht, hat besonders der Segler im offenen Boot seine volle Aufmerksamkeit auf das aufgepeitschte Wasser, auf seine Segel und die Stärke des dahinein stoßweise einsetzenden Windes zu richten. In einem kleinen, offenen Boot muß es der Erfahrung und Sachkenntnis des Kleinseglers überlassen bleiben, ob er die Großsegelschot an der Klampe belegt und die Windstöße durch geschickte Steuermanöver „ausluvt", oder ob er die Großschot nicht aus der Hand läßt, um zu steuern und zugleich blitzschnell wegfieren zu können. Eines ist bequemer, das andere für den Handrücken auf die Dauer schmerzhaft, dafür aber sicherer. Bei größeren und gedeckten Jachten, besonders solchen mit selbstlenzendem Kokpit bilden Böen bei Sommerwetter keine große Gefahr, vorausgesetzt, daß Segelfläche und Windverhältnisse im Einklang zueinander stehen. Die Situation sieht sich bei schlechtem Wetter auf dem Lande meistens gefährlicher an, als sie auf dem Wasser ist.

Auf der Fahrt.

Gewitter.

Welchem Segler ist bei einem ihm entgegenkommenden oder ihn überholenden Gewitter nicht schon unbehaglich zumute geworden? Auf der Reise sehen wir in solchem Fall, wenn irgend möglich, zu erforschen (eventuell durchs Glas), welche Maßregeln gewerbliche Segler ergreifen, jedenfalls

Regatta.

habe ich mich in meiner Praxis bei dieser Methode stets gut gestanden, auch auf See. Ist es jedoch so unsichtig geworden, daß ein Umherspähen keine Anhaltspunkte gibt, so machen wir uns lieber die Mühe, das Großsegel zu werfen, um mit kleinen Segeln das weitere abzuwarten. Welche Kraft in solch einer Gewitterbö steckt, davon erfuhr ich 1913 im Hochsommer ein Beispiel. Es war kurz nach Pfingsten, an einem Sonnabendnachmittag. „Sophie" lag an der Verholboje im Jachthafen. Der Bootsmann hatte sämtliche Segel gesetzt (leider mit belegten Schoten!) und war im Begriff, uns mittels Beiboot herüberzuholen, als sich aus Südwest ein Gewitter von solcher Heftigkeit entlud, daß nicht allein das Beiboot mit Insassen schleunigst an den Schlengel zurück mußte, nein, sogar die dicke Trosse, die die Jacht hielt, zerbrach, wodurch „Sophie", aller Fesseln ledig, selbständig zur offenen Elbe unter Segel ging. Ich jagte mit einem zufällig am Ponton liegenden Schlepper hinterher, sprang in die segelnde Jacht und steuerte sie erst einmal an Land, um weiteres Unheil zu verhüten. Die Gewitterbö hatte bald ausgerast, und der Schlepper holte die Jacht zum Jachthafen zurück. Es war nur der Großbaum gebrochen. Mein Mitsegler Herr Th. Nagel und ich improvisierten aus dem Groß- ein Loggersegel, indem wir die Schot ohne Baum am Schothorn führten und erkreuzten noch selbigen Tages Grauerort, wodurch wir einen aufregend begonnenen Nachmittag mit schönem, seglerischen Erfolg krönen konnten!*)

---

*) Gorch Fock berichtet über Gewitter auf der Elbe in „Seefahrt ist Not" (Seite 130) wie folgt:

. . . . Denn die Gewitter sind schwer auf der Elbe, sehr schwer, sie liegen wie verankert über dem Eiland und sitzen wie in einer Mausefalle, die von den Blankeneser und Harburger Bergen und den Häusern und Türmen von Hamburg gebildet wird. Sie können weder vorwärts noch seitwärts: wie wirbeln sie da hin und her; wie gefangene Tiere toben sie und bleiben stundenlang liegen. Sie müssen sich über dem Eiland austoben, das flach wie ein Teller und naß wie ein Keller ist und keinerlei Ausstrahlungspunkte hat. Der Wind vermag sie nicht zu vertreiben, sie liegen steinfest, ja, sie ziehen mitunter trotzig gegen die Luft. Nur die Flut hat Gewalt über sie: die nimmt sie mit und drängt sie mit Gewalt über Hamburg hin; aber bis es Flut ist, oft stundenlang, weicht und wankt selten ein Gewitter.

Auf Entdeckungsreisen.

Havarie.

Strandungsfall, Havarie, Versicherung.

Beim Stranden geht es wie in der Politik. Es gibt keine Sentimentalität. Berühren wir bei angehender Flut Grund, so ist wenig Gefahr. Mit höchstem und fallendem Wasser ist die Sache jedoch schon kritischer. Haben wir auf einer Fahrt in eben besprochener Situation dieses Miſzgeschick, welches fatal ist, aber dem Erfahrensten und Vorsichtigsten passieren kann (wo man hobelt, fallen eben Späne), so verlieren wir nicht lange Zeit mit unnötigem Diskutieren; denn jede verlorene Minute fällt das Wasser mehr, und das Boot sitzt um so fester. Nützen schnelle Segelmanöver nichts, so werfen wir die Segel, um den Winddruck zu vermindern, wodurch eine noch heiklere Lage abgewendet wird. Häufig bringt ein schnell im Beiboot ausgefahrener sogenannter Warpanker, den wir eventuell mit Hinzunahme von Spillkraft einholen, die Jacht wieder in flottes Wasser, andernfalls müssen wir eben wieder steigendes Wasser abwarten. Jedenfalls sollten aber die Insassen inzwischen versuchen, daſz sich das Boot nach der dem tiefen Wasser der Unfallstelle entgegengesetzten Seite zu hinkrängt, was wir dadurch erreichen können, daſz der Groſzbaum mitsamt des Groſzsegelgewichtes rechtwinklig von der Jacht weggefiert wird, eventuell noch durch Dranhängen des Beibootes, welches, falls eine noch gröſzere Belastung nottut, mit Wasser gefüllt werden kann. Das Krängen des gestrandeten Bootes bei fallendem Wasser nach der weniger gefährlichen Seite hin, ist besonders für offene Fahrzeuge und Jachten ohne selbstlenzendes Kokpit von großer Bedeutung, da andernfalls bei wiederkommender Flut das Boot voll Wasser laufen kann, das heißt, nicht wieder aufsteht, was z. B. beim Stranden auf Stacks und auf sogenannten Mahl- oder Quicksänden erbarmungslose Folgen haben kann. Vor allem behalten wir in jeder Lage, auch der heikelsten, kühles Blut und ruhige Überlegung. Besonders wenn sogenannte „Piraten" als Helfer erscheinen. Man lasse sich mit diesen unbekannten, häufig im Trüben fischen wollenden Leuten wegen etwaiger Hilfeleistung nur unter vorheriger Zugrundelegung eines klipp und klar verabredeten Vertrages ein. Dieser gilt dann selbstredend auch in einem etwaigen Prozeßweg. Ich bin gerne bereit, Seglern in letzterer Lage mit Rat aus eigenen mehrfach erlebten Fällen zur Hand zu gehen. Doch sei erwähnt, daß dies vielseitige Thema in Vorstehendem nur notdürftig gestreift wurde! Fern sei mir, erschöpfende Unfallverhütungsvorschriften und hier Maßnahmen dafür geben zu wollen. Der beste Lehrmeister für jeden Elbsegler wird stets die Praxis bleiben. Ich verweise noch auf einen diesbezüglichen allerdings harmlos verlaufenen, leichten Unfall vor Kallmar in Schweden*). Bei der Mannigfaltigkeit des Risikos ist es für den Segler ein einfaches Rechenexempel, das Risiko für alle Schäden einschließlich auf und von Land nehmen, Winterlager, Blitz, Feuer, Einbruch, Motor und Beiboot einer vertrauenswürdigen kulanten Versicherungs-Gesellschaft zu übertragen, wobei jedoch betont wird, daß für Unfälle, z. B. durch angefaulte Spieren, Segelschäden infolge schadhafter Liken usw. die Versicherung keine Deckung übernimmt.

*) Mit „Sophie" die Ostsee durchquert. Von Fluß und See 1912 Nr. 18, Seite 144.

Gestrandeter Dreimaster.

Vom Loten.

Während Segelfahrzeuge mit wenig Tiefgang beim Fahren über Flachs oder beim zu Anker gehen sich, wie ich schon unter „Ausrüstung" sagte, eines gemarkten sogen. Peekhakens als Peilstock bedienen können (evtl. auch Riemen oder sonstige Spiere), bedürfen größere Jachten infolge ihres Tiefganges eines Handlotes mit gemarkter Leine, die meterweise geknotet, von zehn zu zehn Metern besonders kenntlich gemacht wird durch Einfügen von

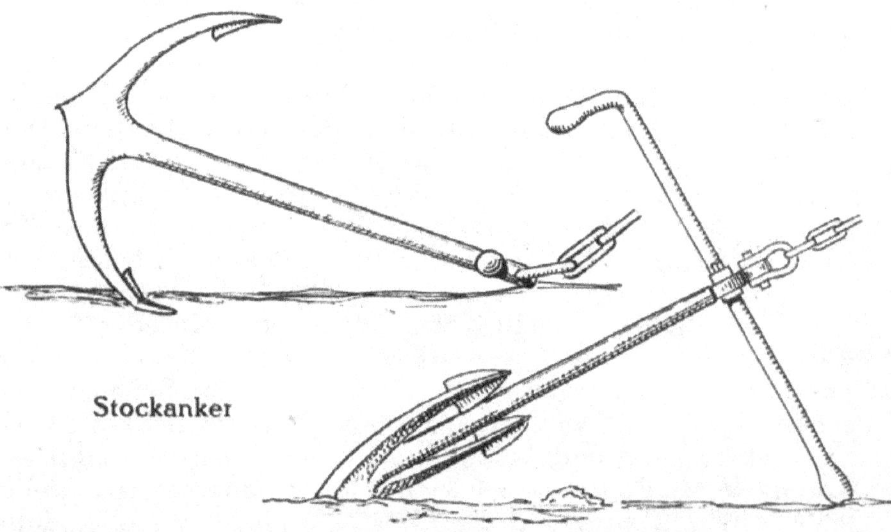

Stockanker

Bändseln oder Flaggentuch. Größere, tiefgehende Fahrzeuge sollten in schwierigen Tidengewässern das Lot stets zur Verfügung haben; besonders ist beim Aufsuchen von unbekannten Ankerplätzen vorher die Tiefe zu prüfen, da auf der unteren Niederelbe einschließlich Stör und Oste das Wasser etwa drei Meter wegfällt. Je geringer die Wassertiefe und die Fahrt des Schiffes ist, desto leichter ist das Loten! Das Handlot wird an der Luvseite so weit vorausgeworfen, daß der Grund erreicht ist, ehe der Lotende sich über dem Lot befindet. Steht es senkrecht, lassen wir es auf und nieder an den Grund stoßen und lesen dann beim Einholen die Tiefe ab. Um ein Überbordgehen zu verhüten, legen wir den Tampen der Lotleine vorher an einer Klampe fest.

Anker und Ankern.

Da der Segler oft gezwungen ist, im ungeschützten, freien Strom zu ankern, ist ein starkes, zuverlässiges Ankergeschirr von größter Wichtigkeit. Wir wollen uns nachstehend mit drei Arten von Ankern befassen:

1. sogen. Stockanker,
2. Patent- oder Klappanker,
3. sogen. Draggen.

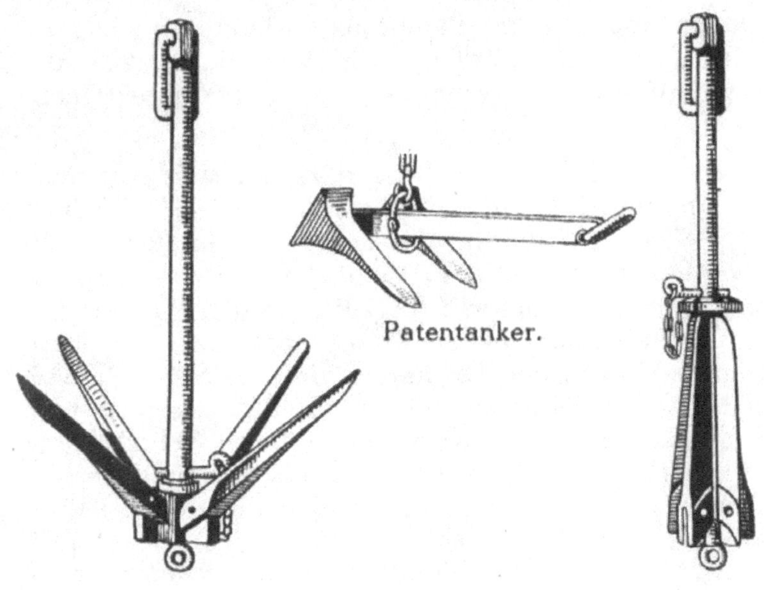

Patentanker.

Draggen. Draggen.

1. Da dem Alter der Vortritt gebührt, prüfen wir zunächst die Verwendung des

Stockankers

für Jachten und Boote auf der Niederelbe. Während sich bei diesem nur ein Flügel in den Grund einbeißt, bildet der andere aus dem Ankergrund aufragende Flügel im Verein mit dem Querstock für die beim Schwojen oder Seegang daran vorbeistreifende Kette so viele Verwicklungsgefahren zum Unklarwerden, daß die Möglichkeit des Vertreibens eintreten kann. Ein fernerer Nachteil ist, daſz speziell in seichten oder engen Gewässern sein oberer Flunken das Vorbeischwojen verhindern kann und ihn beim Senken des Wassers so mit dem Schiffsboden unangenehm in Berührung bringt, resp. ein Leck in die Planken drückt.

2. Patent- oder Klappanker.

Dieser ist schon praktischer. Er wird meistens für Dampfer verwendet. Er beiſzt, ohne hervorstehende Teile zu haben, in den Grund; nur müssen die beiden beweglichen Flügel auch die Möglichkeit haben, sich eingraben zu können; daher muſz beim Patentanker immer mehr als normal Kette „gesteckt" werden. Ein Vorteil ist sein Anpassen an bekniffene Platzverhältnisse auf oder unter Deck.

3. Draggen.

Last not least! können wir von ihm sagen und auch hier nochmals auf die Finkenwärder Fischer hinweisen. Was sie durch Generationen hindurch für gut und praktisch befunden, dem können wir Sportsegler ohne Nachteil nacheifern. Wir werden kaum ein Finkenwärder Fahrzeug beobachten, das nicht seinen Draggen führt. Und in der Tat hat er viele Vorteile. Seine Arme sind scharf und beiſzen auch in Schlickgrund schnell und gut ein. Das Gewicht ist mäſzig und der Schaft kann von einem geschickten Ankerschmied so verjüngt hergestellt werden, daſz die Kette nebst Schäkel ihn in die Klüse ziehen kann, so daſz nur der igelartige, vierzinkige Teil auſzenbords hervorragt. Zum Verstauen an Deck lassen sich von den vier Zinken zwei beweglich und so zum parallelen Zusammenklappen machen.

Ankern. Gehen wir (möglichst luvwärts) zu Anker, so werfen wir nicht gleich die ganze Kette auſzenbords, sondern lassen den Anker an kurzer Kette erst einmal fest einpicken. Erst dann geben wir Kette nach. Die Norm, wieviel, ist wohl bei normalem Ankergrund die, daſz wir die dreifache Kettenlänge zur Wassertiefe, also bei sieben Metern Tiefe etwa 20 m Kette auslassen. Liegen wir bei auflandigem Wind etwa vor Kollmar oder in der schlickigen Stör oder Oste, müssen wir bis zur fünf- und noch mehrfachen Kette „wegstecken", um das Fahrzeug „elastisch" im Seegang zu erhalten. Um möglichst „stüttig" zu ankern, legen wir die Pinne etwas über Steuer fest. Dadurch paſzt sich das Fahrzeug dem Strom und Wind an und verhindert gleichzeitig, daſz das Wasserstag beschädigt wird. Über das Ankern in Oste und Stör liegen besondere Vorschriften vor. Hierüber berichte ich unter den entsprechenden Abschnitten. Zu der Frage, in welchem Verhältnis stehen Gröſze und Gewicht des Ankers zur Gröſze des Bootes, sei bemerkt, daſz ein Anker mit etwa einem Meter Schaftlänge schon eine ganz stattliche Jacht hält. Man rechnet in stehenden Gewässern ca. 2½ kg Ankergewicht auf jedes laufende Meter Wasserlinie vom Boot, womit wir in Tidengewässern natürlich nicht auskommen. Noch etwas, um ein „Slippen" des Ankers nebst Kette zu vermeiden. Es kommt vor, daſz das Ankereinhiven infolge irgend eines Hindernisses im Grund nicht möglich ist. Wir warten, wenn die Umstände danach angetan sind, tiefstes Wasser ab, setzen dann die Kette steif, und die beginnende Flut sorgt dann für ein allmähliches „Auffluten" des Ankers.

Vor Sonderburg zu Anker.

Beiboot, Flaute, Motorfrage.

Aus dieser scheinbar kraus gewählten Überschrift nehmen wir zuerst das Beiboot heraus. Diese winzige Nußschale soll jederzeit bereit sein, Jacht und Besatzung Hilfe zu spenden. Die sachgemäße Behandlung des Beibootes verdient daher unsere volle Aufmerksamkeit. Während der Fahrt legen wir zunächst die Riemen fertig zum Gebrauch hinein (auch während der Fahrt durch den Nord-Ostseekanal ist dies Vorschrift), jedoch nicht so, daß sie unterwegs über Bord hüpfen können. Die Fangleine wird am vorteilhaftesten eben über der Wasserlinie mittels eines durch den Vordersteven angebrachten Schäkels befestigt. Dadurch wird das Boot während der Fahrt mit dem Vorderteil aus dem Wasser herausgehoben und so die Bremswirkung erheblich vermindert, was besonders bei längeren Fahrten nicht ohne Bedeutung ist. Die Länge der Leine bemessen wir so, daß das Beiboot in Fahrt und in eventuellem Seegang elastisch hinterherschleppt, um ein Vollschlagen zu verhüten. Bei schlechtem Wetter und auf See hat das Boot seinen sichersten Platz auf Deck. Als wir dies einmal unterlassen hatten, mußten wir unsere Unvorsichtigkeit auf einer für alle Beteiligten denkwürdigen Fahrt nach Norwegen sehr büßen. Bei Skagen, in einem Kuhsturm, nahm das Beiboot seinen eigenen Weg. Wir fingen den Racker jedoch schließlich mittels eines hineingeworfenen Ankers wieder, was keine Kleinigkeit war*). Nun zum Kapitel Flaute!

Nimm di nix vor, dann sleit di nix fel! Wie oft hat mein Segelfreund Willi Mülder (†) dies Wort an Bord der „Sophie" ausgesprochen, wenn bei Windstille alle Seglerweisheit und -Pläne sanft ins Reich der Illusionen entschwebten. Wenn die Jacht z. B. unweit des Jachthafens nach vollbrachter schöner Tagesfahrt liegen bleiben mußte, kamen nicht zu guter Letzt noch ein schleppgeneigtes Kraftboot oder Wind als Retter in der Not daher**). Ein Elbneuling wird nun

*) Aus dem Tagebuch der 9-m-R.-Jawl „Sophie", „Nach Norwegen", Jahrbuch des Norddeutschen Regatta-Vereins 1912, S. 51.

**) Es sei betont, daß, wenn wir beim Kentern (Schwoien) des Stromes unser Reiseziel nicht erreicht haben, und der Wind ist nicht stärker als die zuerst nur schwach, dann aber immer stärker einsetzende Gegentide, wir uns nicht verführen lassen sollen, nutzlos dagegenan zu segeln, evtl. sogar zurückzutreiben, sondern dann lieber die neue Tide vor Anker ruhend abzuwarten.

„Sophie“ Ende Juli 1914 im Hafen von Dünkirchen (Frankreich).

glauben, daß, wenn Wind als treibende Kraft fehlt, ihm noch immer der Strom an sein Ziel führen wird. Dies ist nur bedingt richtig. Der Strom, der in der oberen Niederelbe zum Teil mit zwei Seemeilen Geschwindigkeit läuft, nimmt seine eigenen, dem Fremdling meistens nicht bekannten Wege. Er kann das willenlos treibende Boot auf ein Stack oder einen Sand setzen, besonders leicht dort, wo sich das Fahrwasser gabelt. Auch besteht die Gefahr, quer vor die

In der Kajüte.

Ketten eines Baggers zu treiben. Wie wir es bei gewerblichen Seglern sehen, müssen wir uns in solchen Fällen Hilfsmittel bedienen, um im Fahrwasser zu bleiben, entweder durch Riemenkraft oder durch Vorspannen des Beibootes. Je größer und tiefer das treibende Fahrzeug ist, mit desto mehr Sorgfalt müssen wir es lenken, und zwar rechtzeitig. Ist z. B. da ein Bagger in Sicht, so beobachten wir, wie sich das Hindernis zum treibenden Boot verhält, wie es wandert. Besonders im sogenannten Lühe- und Pagenloch ist Vorsicht geboten! Daß es nicht zu den Annehmlichkeiten gehört, eine Segeljacht im Sonnenbrand mit den Riemen zu lenken, hat „Sophie" auf ihrer England-Fahrt am 10. Juli 1914 erfahren, als sie drei Tiden gebrauchte, nur um von Hamburg nach Cuxhaven zu gelangen. In all diesen Fällen kann nur ein Motor helfen.

Aber während nun besonders ältere Wassersportler ihre Segeljacht nicht durch Motorkraft — wie sie sagen —

profanieren mögen, hat eine stets zur Verfügung stehende Maschine zweifellos ihre groſzen Vorteile, indem sie den Fahrtensegler unabhängig macht von Wind, Wetter und Strom, so daſz er zuverlässig zur berechneten Zeit sein Ziel erreichen kann. — Es würde nun weit aus dem Rahmen dieses Buches führen, wollte ich die technische Seite über die Verwendung von Motoren hier erschöpfend behandeln. Nur andeutungsweise sei daher gesagt, daſz wir zur Benutzung eines Motors für Wasserfahrzeuge drei Wege beschreiten können: 1. Durch Einbau in die Jacht. Hierbei ist geräumiger Platz für Wartung und Lüftung der Maschine notwendige Voraussetzung. 2. Durch Einbau in ein Beiboot*). 3. Durch Anhänge- oder Auſzenbordmotor. Letztere sind in den letzten Jahren sehr vervollkommnet. Bei Anschaffung einer Maschine sehen wir vor allem auf Zuverlässigkeit, und nehmen sie nicht schwächer, als es das Objekt erfordert. — Über die Vorzüge der Jachten, die mit Motorkraft ausgestattet sind, habe ich interessante Beobachtungen gemacht, die ich schon seinerzeit in der Abteilung Elbe des Norddeutschen Regatta-Vereins vorgetragen habe, und die ich auch hier nicht unerwähnt lassen möchte. „Sophie" war gemeinsam mit dänischen Jachten auf der Reise von Middelfard nach Assens. Abends vorm Ziel wirds mäuschenstill, und wir hätten so gern noch den Hafen erreicht. Da! welche Freude! Eine Auxiliarjacht pufft daher, nimmt die ganzen Bummler in Schlepp und heidi waren wir in Assens! Ähnliches erlebte ich einmal auf dem Wannsee, wohin ich zum Segeln eingeladen war. Es war gleichfalls kurz vor dem Ziel, als uns Flautenfahrer eine Auxiliarjacht einbrachte. Da edle Uneigennützigkeit nicht gerade immer die gröſzte Stärke der Seglerwelt ist, erkundigte ich mich später über den Zusammenhang, und siehe da! Das war des Pudels Kern! In den Klubs existierte ein Preisausschreiben, wonach derjenige, der die meiste Hilfe geleistet, im Laufe des folgenden Winters prämiiert wurde! Lieſze sich dies nicht auch bei uns, selbst dann, wenn die Vereine eine Barkasse einstellen sollten, zur Hebung der Kameradschaft untereinander, einführen?

*) Hierüber ein beachtenswerter Artikel in „Die Jacht", Jahrgang 1918, Nr. 44, S. 414.

Der Hamburger Jachthafen.

Wie ich schon in meiner kleinen Schrift: „Orte der Unterelbe" ausführte, haben die Jachtsegler durch den neuen Jachthafen einen Stützpunkt erhalten, der der Fahrtensegelei auf der Elbe erst das richtige Fundament gegeben hat. Wenn diesem neuen Hafen nun auch manche Mängel anhaften (wie es meiner Meinung nach z. B. die Einfahrt von Norden her ist, wodurch Schlick, Sog und Nordwestbrise unliebsam eindringen), so ist die Anlage dennoch im großen und ganzen als vorbildlich anzusehen. Gedacht ist der Betrieb in der Weise, daß die großen Jachten an der Westseite, die mittleren an der Ostseite liegen, die kleineren und die Beiboote ihre Liegeplätze hinter den Schlengeln haben. Für den ordnungsmäßigen Betrieb sorgt ein Hafenwart (siehe Hafenordnung Seite 126), der den Seglern auch jederzeit Hilfe beim Fortsegeln, bei der Ankunft und dem Verholen leistet. Auch kleine Reparaturen, Trocknen der Segel, Auf- und Abtakeln usw. werden von ihm unter Berechnung des ortsüblichen Lohnes in der Reihenfolge der Bestellung erledigt. Auf der Ostseite ist später ein Slip zum Überwintern von Fahrzeugen und zur Ausführung von Reparaturen in Aussicht genommen. Unter dem Kran können Masten und Spieren ein- und ausgehoben werden. Dort ist auch eine geeignete Stelle zum Trockenfallen für die Fahrzeuge vorhanden. Der Verkehr nach dem Jachthafen geschieht mittels der Finkenwärder Dampfer. Seit einiger Zeit legen diese auf Wunsch auch an dem neuen Ponton des Jachthafens an. Will man von hier aus abfahren, so muß der rote Ball vorher gehißt werden. Im übrigen ist geplant worden, daß auch noch eine Privat-Barkasse eingestellt wird, um Segler, die es eilig haben, ans Övelgönner Ufer zu bringen.

Der ganze Jachthafen wird nach Süden hin durch das hochliegende Seglerheim abgeschlossen. Sobald dieses in Betrieb gestellt ist, wird der Verkehr gewiß noch lebhafter werden. Es wird sowohl der Praxis als auch der fröhlichen Geselligkeit Rechnung tragen können. Das Heim gewährt den Seglern Unterkunft in hellen Zimmern mit wundervoller Aussicht auf Finkenwärder und den breiten Elbstrom. Im Winter sind die ganzen Räume heizbar. Badegelegenheit ist im Hause, und die Küche sorgt für die Lösung der

Hamburger Jachthafen.

Magenfrage. Auf dem großen Boden können Masten, Spieren, Segel usw. lagern. Spinde werden für Kleidung eingerichtet. Im Erdgeschoß befindet sich ein großer Saal für gesellige Zusammenkünfte. Ein großer Teil des Verkehrs wird sich an schönen Sommertagen auf dem Vorbau des Hauses abspielen. Weit schweift der Blick von hier aus über unsern Strom, über die sonnenüberfluteten Höhen von Blankenese. Wie große Vögel ziehen die weißen Jachten mit der letzten Flut den Strom herauf. Leuchtend stehen die Segel gegen den blauen Himmel, die grünen Ufer und ziehen in den Jachthafen hinein. Und unten winddurchwehte, sonnenverbrannte Menschen. Der Wind trägt helles Lachen herauf, — ein Lachen, daß noch manchen bis in den grauen Alltag begleitet.

Leuchtturm von Norderney.

Neue Ziele?

Wir haben in den letzten Jahren häufiger Gelegenheit gehabt, zu hören, daß Damen es bedauerten, bei Wettfahrten nicht die Pinne führen zu dürfen, da sie nicht anerkannte Mitglieder eines Segelvereins werden konnten und in Hamburg keine Damensegelklubs bestanden. — Nun ist eine neue Zeit heraufgezogen. Mehr als jemals wird die Frau in die Öffentlichkeit, ins Berufsleben, in die aufreibenden Kämpfe der Politik gedrängt werden. Mehr als jemals werden wir sie für den Sport anregen müssen, in dem sie sich das wieder erkämpft, was ihr draußen im Leben so leicht verloren geht, jene Frische der Gesundheit, eine starke Freude am Leben. Wir werden auch beim Segelsport großzügig sein müssen und dort Schranken fallen lassen, durch die unsere Damen als freie Kameraden zu uns treten können. Es geht ein neuer Zug durch Deutschland. Möge er auch hier alte Vorurteile hinwegfegen, daß wir in dieser unsagbar schweren Zeit den Ausblick haben auf ein neues, starkes, freies Geschlecht. —

Im Ausland ist man in diesen Fragen schon weiter als wir, wie aus einem kürzlich erschienenen Artikel über Dänische Sportauffassung in der „Yacht" Nr. 3 (vom 17. Januar 1919) zu erkennen ist. In Kopenhagen wurde anläßlich der Hauptversammlung des Königl. Dänischen Yacht-Clubs ein „Programm" aufgestellt, daß neben neuen Gesichtspunkten über Damensegeln auch sonst noch interessante neue Ziele aufstellt. Es wurde danach gefordert:

Bessere Verhältnisse für die Abhaltung von Damenwettfahrten. Der Vorstand wird aufgefordert, in nähere Verbindung mit den segelnden Damen zu treten und zu versuchen, im Sommer mindestens zwei Damenwettfahrten zu veranstalten und nicht wie jetzt nur eine im September, wenn das Wetter kalt und unruhig ist. Der Klub hat zur Zeit über 400 Damen als Mitglieder und es ist daher absolut notwendig, daß der Vorstand die Veranstaltung von Damenwettfahrten in die Hand nimmt. Man kann nicht verlangen, daß teilweise ungeübte Damen gegen Segler starten sollen, die seit 20 Jahren Rennen segeln. Wir müssen das Äußerste tun, um die Damen für unseren Sport zu interessieren, damit sie in ihm nicht mehr einen ihrer ärgsten Feinde sehen. —

Bessere Verhältnisse für die Presse. Ein kleineres Fahrzeug, Segel-, Dampf- oder Motorboot muß der Presse und den Pressephotographen zur Verfügung gestellt werden. Mir scheint, daſz der Vorstand nicht ein ausreichendes Verständnis für die Bedeutung der Presse für den Segelsport bewiesen hat. Ich meine, daſz es von auſzerordentlicher Bedeutung sein würde, die Presse für unseren Sport zu gewinnen. —

Bessere Verhältnisse bezüglich der Versendung von Wettfahrtergebnissen. Es möge ein Bote angestellt werden, der den Blättern die Ergebnisse überbringt, sobald sie vervielfältigt vorliegen. Ergebnisse ausländischer Wettfahrten, die von Interesse für die dänischen Segler sind, mögen telegraphisch beschafft werden. —

Bessere Verhältnisse für das segelsportlich interessierte Publikum am Lande sowie auf den Fahrzeugen, die den Wettfahrten als Schlachtenbummler beiwohnen. Programme und Aufklärungen über die teilnehmenden Fahrzeuge, deren Eigner und ev. deren Steuerleute mögen in den Kopenhagener Zeitungskiosken sowie an Ort und Stelle der Wettfahrten ev. durch eigene dazu angestellte Verkäufer zum Verkauf gestellt werden.

Bessere Verhältnisse für die Wandersegelei. Es möge vom Vorstand ein Ausschuſz eingesetzt werden, der lediglich die auf die Wander- und Geschwadersegelei bezüglichen Interessen der Mitglieder wahrnehmen soll.

Bessere Verhältnisse im Geschäftszimmer des Klubs. Es möge ein Herren-Geschäftsführer angestellt werden, der imstande ist, den Klub vollständig zu vertreten, z. B. beim Empfang von Gästen. Ein Mann, der mindestens drei Sprachen spricht und eine Schreibhilfe für Maschinenschreiben etwa zur Seite hat.

Bessere Verhältnisse für fremde Segelkameraden auf den groſzen Festen.

Sturmsignale der deutschen Seewarte.

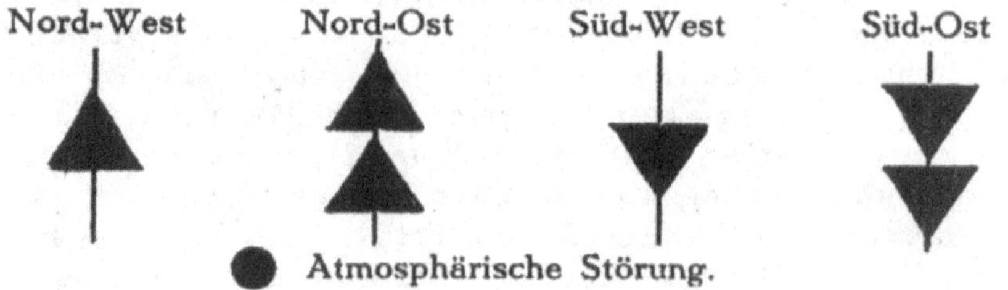

Regatta.

Tourenfahrten.

Die Elbe ist nachstehend in sechs Text- und Kartenabschnitte zerlegt. Die Nebenkarten sind fest eingeheftet. Die fünf großen Elbkarten dagegen sind der besseren Bedienung halber lose beigefügt. Aufbewahrung: die Elbkarten 1 und 2 am vorderen Umschlagdeckel, die Karten 3, 4 und 5 am hinteren Umschlagdeckel in einer Leinentasche.

Abteilung I.

Die Elbe*) bis Tinsdahl.

Am Tage.

Von Ostseite Köhlflethmündung (Neue Hafenlotsen-Station) bis Wittenbergen (Unterfeuer). Kurs: WNW½W rw. 275° ca. 4½ Sm.

Entfernung und Kurse zwischen Tonnen (Südseite des Hauptfahrwassers):

A—M	= Kurs	WNW½W,	Entfernung	ca.	0,4 Sm
M—L	= „	WNW	„	„	0,3 „
L—K	= „	NWzW	„	„	0,7 „
K—I	= „	WNW	„	„	0,5 „
I—Kreuztonne . .	= „	NWzW¾W	„	„	0,7 „
Kreuztonne bis H	= „	NWzW½W	„	„	0,8 „
H—G	= „	NWzW¾W	„	„	0,6 „
G—F—E	= „	WNW½W	„	ca.	0,5, 0,7 Sm

Mittlere Flutdauer 4 h 39 m, mittlere Ebbedauer 7 h 46 m.

Mittlerer Tidenhub 1,95 m Springtide, 1,77 Nipptide.

---

*) Den Angaben bezügl. Tiefen, Nebenfahrwasser, Betonnung, Ansegelung, Baken usw. sind meistens nachgeprüfte, amtliche Quellen zugrunde gelegt.

Bei Nacht.

(Siehe Leuchtfeuerverzeichnis im Anhang.)

Niederelbe- und Oberelbe-Übergang.

Hierbei müssen wir eine Natur- und eine Verkehrsbegrenzung berücksichtigen. Die Naturgrenze ist etwa Elbstorf, unweit Geesthacht, bis wohin die Gezeiten ihren Einfluſz ausüben. Die Verkehrsgrenze bilden die Elbbrücken. Der Unterschied ist ein scharfer. Unterhalb der Weltbetrieb der

„Sophie I." Mit eigener Kraft im Elbe-Trave-Kanal.

groſzen See- und Hafenstadt Hamburg. Oberhalb stille Landwirtschaft, weite Wiesengelände.

Diese unterschiedlichen Verhältnisse bleiben auf den Wassersport nicht ohne Einfluſz. Auf Takelage (Mastlegen wegen Brücken) und Tiefgang muſz Rücksicht genommen werden. Motorkraft leistet beim Besuch der Oberelbe gute Dienste, macht uns bewegungsfrei und unabhängig von Strom, Wetter und Wind.

Die Oberelbe kann sehr gut mit Schwertboot oder Kielkreuzer bis ca. 1 m Tiefgang besucht werden. Sie eignet sich nicht nur für Eintagsausflüge bis etwa Tesperhude-Lauenburg, sie vermittelt auch den Wasserweg zur Ostsee. Um im Zollinland zu verbleiben, biegen wir bei dem in der Ostverlängerung der St.-Pauli-Landungsbrücken abzweigenden Zollkanal ein, der uns am Stadtdeich vorbeiführt. (Hier

Mündung der Bille.) Sodann geht es links an Rothenburgsort mit seinem typischen, die Gegend beherrschenden hohen Wasserturm und an Kaltehofe mit seinen großartigen Wasserwerken vorbei. Rechts weiter hinauf, an der Spitze von Moorwärder, liegt „Buntehaus", wo sich Norder- und Süderelbe vereinigen.

Weiter geht's dann aufwärts vorbei an den gesegneten „Vierlanden", der Frucht- und Gemüsekammer Hamburgs. Rechtsseitig grüßen in der Ferne die Silhuetten der Harburger Berge. Bis Zollenspieker stehen uns etwa 3 m Wassertiefe zur Verfügung. Dann sagen Tafeln (Ufermarken, die bei Veränderung des Elbprieles stets mit reguliert werden) dem Schiffer in leicht verständlicher Weise das weitere. Wir halten uns jedoch nicht genau in der Linie der Baaken, sondern ca. 200 m unterhalb, um nicht festzukommen, was bei östlichen Winden und Unaufmerksamkeit, selbst bei Booten von nur 1 m Tiefgang, besonders in der Gegend eben vor und hinter Geesthacht vorkommen kann. — Die hohen, waldbedeckten Ufer bei Tesperhude bieten dem Wassersportler ein wundervolles, den Blankeneser Höhen nicht unähnliches Bild. Etwas weiter hinauf liegt rechts das alte Städtchen Lauenburg. Gegenüber, etwas unterhalb, mündet der Elbe-Trave-Kanal (bis Mölln reizlos, von da ab bis Lübeck jedoch zum Teil überaus anziehend), der durch Schleusen zur Trave und zur Ostsee führt*). Wie ich schon erwähnte, können von Hamburg bis etwa Tesperhude und zurück reizende eintägige Ausflüge unternommen werden. An langen Sommertagen fahren wir bei Sonnenwetter abends auf der Rückfahrt bis Zollenspieker (wo wieder tiefes Wasser kommt) möglichst l a n g s a m; denn die aus NW-Richtung entgegenstehende Abendsonne blendet oft so sehr, daß ein Erkennen der Strommarken elbab bei schneller Fahrt Schwierigkeiten bereitet.

Nachdem wir einen Blick jenseits der Verkehrsgrenze getan haben, kehren wir zurück zu unserem eigentlichen Sportgebiet: zur Niederelbe. Die Beschreibung der

---

*) Eine 14 tägige Ferienreise mit der 7 m Auxiliarjacht „Sophie I" (erbaut 1904 bei H. Heidtmann) elbabwärts durch den Nordostseekanal über Kiel, Hohwachtbucht, Fehmarn, Travemünde, Lübeck, Elbe-Trave-Kanal, Lauenburg, Hamburg, steht den Teilnehmern noch heute in herrlichster Erinnerung.

Seeschiffhäfen von Hamburg-Altona mit ihren Dockanlagen dürfte sich erübrigen, da diese kein Gelände zur Ausübung des Wassersports sind. Wer sie trotzdem besuchen will, dem gibt die Karte hinlänglich Auskunft. Den wassersportlichen Anfang bietet im allgemeinen unser Jachthafen, dessen Einfahrt nachts gekennzeichnet ist durch Befeuerung mit rot und grün. Wollen wir nun einen Ausflug unternehmen, so stehen wir zunächst vor der Frage: Wie verhalten wir uns praktisch zu Ebbe und Flut?

Während der mit Zeit Gesegnete unbeschränkt ist in der Ausübung seines Sportes, ist der mit bescheidenen Erholungsstunden ausgestattete Week-End-Segler meistens auf Sonnabendnachmittag und Sonntag angewiesen. Er mufz nun allerlei erwägen und berechnen, um seine Zeit gut zu benutzen. Haben wir, nur um eine Norm zu geben, am Sonntag morgens früh Hochwasser, so kann der Tag prachtvoll ausgenutzt werden für eine Fahrt elbabwärts. Die Ebbe läuft 7 Stunden. Je weiter wir jedoch elbabwärts segeln, desto früher trifft uns die entgegenkommende Flut. Beträgt doch der Unterschied der Gezeiten zwischen Feuerschiff Elbe I und Hamburg 5½ Stunden, zwischen Cuxhaven und Hamburg 4 Stunden, zwischen Krautsand, Glückstadt und Hamburg 2 Stunden, zwischen Lühe—Schulau etwa 1 und zwischen Jachthafen und St. Pauli etwa ½ Stunde. Ist also in Hamburg morgens um 8 Uhr höchstes Wasser, so war dies beim Jachthafen schon um ½8 Uhr, in Schulau um 7, bei Glückstadt um 6, bei Cuxhaven um 4 und in der Elbmündung bei Feuerschiff Elbe I um ½3 Uhr vormittags der Fall. Wer also gegen meist herrschenden Westwind elbab kreuzt, kann normal etwa die Gegend Kollmar/Krautsand mit einer Ebbtide erreichen. Wir haben aber auch schon Brunsbüttel bei lebhaftem Ost- oder Südwind und nur Schulau bei Flaute und Nebel erreicht.

Sind nun elbabwärts mit Ebbe der Fahrt Grenzen gezogen, so ist es aufwärts mit der Flut anders. Bei günstigen Windverhältnissen habe ich schon Helgoland mit beginnender Flut verlassen und Hamburg mit derselben Flutwelle erreicht. Der Unterschied ist augenfällig.

Wir kommen jetzt zurück auf den Sonntag, an dem es elbab mit Hochwasser pafzt. Wie wir schon sagten, segeln wir normal etwa bis Kollmar und können mit der nächsten Flut mit meist raumem Wind abends rechtzeitig im Jachthafen zurück sein. Gewiſz eine schöne Ausnutzung des einen Sonntags elbab.

Nun kommt aber der nächste Sonntag. Auch jetzt will der Elbsegler sein Boot und die Zeit ausnutzen. Aber die Tide paſzt nicht. Statt elbab läuft am andern Sonntag der Strom elbauf, was daher kommt, daſz die Tide jeden Tag um etwa eine Stunde später einsetzt. Aber auch hier hilft

Jachthafen im Winter.

sich der Elbsegler. Vorausgesetzt, daſz sein Boot bis etwa 1 m Tiefgang oder ein Schwert hat, können auch umgekehrt noch Tagesfahrten ausgeführt werden, wenigstens solange die immer mächtiger vorwärtsschreitende Entwicklung des Hafengebietes von Hamburg-Altona-Harburg dieses zuläſzt. Wir wählen daher diesmal stromauf den Weg zum Köhlbrand, dem neuen Seeschiffahrtsweg nach Harburg, dessen Einfahrt am Tage durch einen roten sechsseitigen Turm an der Ostseite der Einfahrt gekennzeichnet ist.

Der gut ausgetonnte und nachts ebenso befeuerte Köhlbrand, bis zur Mündung der Süderelbe etwa 3½ Sm lang, stellt seglerisch keine Anforderungen, zumal wir bei den meist vorherrschenden Westwinden (Stromlauf Nord-Süd) mit halbem Wind segeln können. Von der Einfahrt hinauf führt der Weg rechts vorbei an der Insel Waltershof. Sodann kommt weiter rechts Altenwärder, eine Fischerinsel mit ansehnlicher Bootsflotte, deren Gebiet im Gegensatz zu Finkenwärder nicht die See, sondern die Elbe ist. Es folgen linksseitig sodann das Wiesengelände vom Großzen Kattwik, rechtsseitig die kleine Insel Ellerholz resp. Kleiner Kattwik. Etwa 350 m oberhalb der roten stumpfen Tonne „G" ist diese Insel, die an der äußzersten Spitze mit einer Bake bezeichnet ist, beendet. Da weiter hinauf die seglerisch kaum Interesse bietenden Harburger Seehäfen beginnen, zweigen wir mit beginnender Ebbe bei der Abbruchs-Werft von Ritscher in die Süderelbe. Der Weg führt dann etwa 3 Sm Ostsüdost resp. Westnordwest Kurs. Querab von der rechts die Gegend beherrschenden Altenwärder Kirche ist eine Fährverbindung und Anlegestelle. Bei Hohenwisch (mit typisch gelegener Ziegelei) macht sodann die Süderelbe in der Richtung Süd-Nord einen Bogen von etwa 1 Sm, an dessen rechtem Ende, dem Finkenwärder Sand, Brunsort liegt. Lassen Wasserstand und Bootstiefe es zu, so können wir hier, herrlich zwischen Weiden und Ried in absolut ursprünglicher Landschaft, die stille Dradenau befahren; geradezu eine Perle niederdeutscher Elbschönheit in unmittelbarer Nähe der Großzstadt. Dann gehts hinunter bis Finkenwärder, von wo wi rrechts um die Ecke den Jachthafen in abgekürzter Fahrt erreichen.

Wem jedoch diese Abkürzung nicht gefällt, der segelt wiederum in östl.-westl. Richtung weiter, bis dorthin, wo Preußzisch-Finkenwärder (rechts) und den Frankoper Außzendeich (links) eine Fähre verbindet, deutlich von weitem am linken Ufer an der typischen Nord-Süd laufenden hohen Baumallee erkennbar. Hier hübscher Aufenthalt (Gastwirt Blohm) und herrliche Aussicht auf die Gegend ringsum, besonders auf die gegenüberliegenden malerischen Blankeneser Höhen. Etwa 250 m hinter dieser Fähre kommen mitten im Fahrwasser zwei Flachs. Wir folgen jedoch den Gesetzen des Flußzstromlaufs (siehe das.) und segeln die hart links unter Ufer bestackte Bucht aus, bis sich bei den Ziegeleien der Strom gabelt (im Fahrwasser bezeichnet durch eine schwarze Tonne), indem er in einem weiten westl. und einem engen östl. die kleine Insel Krautsand umfließzt. Wir lassen dies Eiländchen (Mitte westwärts eine Bake) rechter Hand und haben nach Passieren somit das Mündungsgebiet der alten Süderelbe erreicht, wo sich dem Auge eine breite, ausgedehnte Wasserfläche darbietet. Um den tiefen Elbstrom, besonders bei Niedrigwasser oder östl. Winden, von hier ungeschoren zu erreichen, werden an den Segler, der zum ersten Male hier fährt, allerlei Anforderungen in der Vermeidung von Flachs gestellt. Peilstock, Karte und Kompaſz leisten hier, wie überall im unbekannten Gelände, dem Fremdling gute

Finkenwärder im Schnee.

Dienste. Will er im Priel bleiben, so peile er achteraus die vorher erwähnte, auf Krautsand stehende hohe Bake in SSO, während voraus die flache Faſztonne Nr. 5 erscheint, die an St-B (rechts) bleiben muſz und in NNW zu peilen ist. Bake und Faſztonne liegen nur 900 m voneinander. Während wir die folgende Faſztonne Nr. 4 nördlich lassen, behalten wir den Kurs NNW auf Faſztonne 3, 2 und 1 bei. Um von hier in die tiefere Rinne zu gelangen, nehmen wir Kurs West-zu-N auf die 900 m entfernt liegende rote Stumpftonne „C", lassen von hier aus die dann NO liegenden 3 schwarzen Spitztonnen 5, 6 und 7 an B—B (links), und befinden uns schon im sog. Mühlenberger Loch, wo wir zwischen rotschwarzer westlich liegender Kreuztonne und der roten, östlich liegenden Spiere J. den Hauptstrom erreichen. Der praktische Elbsegler wird nun möglicherweise sagen, daſz es leicht ist, Kurse anzugeben, aber nicht so leicht, sie abzusegeln, da ja nach Wilh. Busch nur ein Dampfer jeden Kurs anliegen kann. Hierauf erwidern wir, daſz diese Partie, von der Mündung der Süderelbe bis zum Hauptstrom, mit flachen Booten nur bei Niedrigwasser und Ostwind schwierig ist. Viel kann der Segler nicht verlieren, höchstens etwas Zeit durch Festsitzen auf Sand; denn die neue Flut, die hier einen Hub von etwa 2 m hat, enthebt ihn bald aller etwaigen Schwierigkeiten. Dem kleinen Soll steht ein groſzes Haben gegenüber, indem diese Sonntagsfahrt mit ihren kleinen Eilanden und stillen Stromadern dem Segler überaus reizvolle Wasserbilder rein holländischer Art erschlieſzen. Diese zu überwindenden Flachs sind bei weitem nicht zu vergleichen mit den Schwierigkeiten des Seglers z. B. in den Fjorden des Nordens. Wir gedenken dabei eines Sonntags, an dem „Sophie" mit ihrer Länge von 11 m und Tiefe von 2½ m die von Klippen wimmelnde Kallmarrinne in Schweden, die zum Teil nur 30 m breit ist und aus Granit besteht, nicht abzusegeln, sondern bei himmelhohem Seegang abzukreuzen hatte. Waren wir eben über Stag gegangen und hatten etwas Fahrt auf, so hieſz es schon wieder „Rhe", so daſz wir dann beim Wenden so dicht an die Felsen kamen, daſz wir sie vom Heck mit der Hand berühren konnten.

Der Elbsegler hat nach Erledigung der angeregten Fahrt zweierlei gewonnen: Einmal eine richtige, nicht uninteressante Segelfahrt in Nebengewässern und zweitens einen Einblick in die Ausnutzung von Flut und Ebbe. Und die praktische Anwendung der Gezeiten ist doch für den Wassersportler auf der Elbe mit eine Hauptsache.

Aber auch für Segler, denen wohl ein Tag Zeit aber nur etwa zwei Stunden Ebbe zur Verfügung stehen, bietet sich eine lohnende Fahrt. Wir fahren wieder bis zu dem uns nun schon bekannten sog. Mühlenberger Loch, und zwar wieder mit einem flachen Kiel- oder Schwertboot, biegen wieder ein zwischen roter Spiere J und Kreuztonne, fahren in WSW-Richtung zwischen schwarzer spitzer Tonne 7 und flacher roter Tonne E durch, lassen die ferneren beiden schwarzen spitzen Tonnen 6 und 5 an Steuerbord und steuern dann von dieser Tonne mit Westkurs auf die 400 m entfernt liegende schwarze Tonne 4 zu. Nachdem wir diese erreicht haben, steuern wir mit Südkurs auf die Estetonne (links lassen), nehmen von hier Kurs Südost, wo in

„Sophie" auf der Werft.

600 m Entfernung am östlichen (linken) Ufer sodann die Estemündung erscheint, erkennbar an der weißen, viereckigen, hölzernen Bake. (Nachts festes rotes Feuer.) Da es dann inzwischen Flut geworden ist, benutzen wir diese, um in das Flüßchen einzulaufen, und es tut sich um uns eine ganz andere Welt auf: das Alte Land. Die Fahrt geht esteaufwärts zwischen Deichen, vorbei an vielen Ziegeleien, schönen lindenbestandenen alten Häusern. Es ist ein wundervolles Landschaftsbild, das sich geheimnisvoll in

ferne Blütenwirrnisse über grünlichen Wassern verliert. Vorbei geht's an Kranz mit seinen Werften, vorbei am altehrwürdigen reichen Estebrügge bis Buxtehude. Bis hierher ist die Este eingedeicht. Auch ein Spaziergang von hier nach den Wäldern von Neukloster oder nach den südlich gelegenen echt holländischen Reihensiedlungen Ladekop und Jork lohnt sich. — Für diejenigen, die sich nicht allzu weit von der Groſzstadt entfernen wollen, lassen sich, geschützt gegen starke SW-Winde, mit kleinen Booten auch noch andere Fahrten zwischen Lühe und Finkenwärder ausführen, über die einerseits die Karte Anhalt bietet und worüber wir auch weiter unten noch berichten. Nachdem wir uns nun durch Absegeln von zwei interessanten Fahrten durch Nebenfahrwasser mit Ebbe und Flut vertraut gemacht haben, wenden wir uns wieder dem Stützpunkt, dem Jachthafen, zu. Von letzterem östlich in etwa 1 Sm Entfernung liegt der frühere Ankerplatz für Jachten, Övelgönne und Neumühlen, mit Brücke und Ponton. Jetzt ist es fast nur noch Liegeplatz für Jollen und Ruderboote. Südlich über die Linie der dort liegenden zwei grauen stumpfen Tonnen hinaus ist das Ankern von Fahrzeugen verboten.

Westlich unterhalb des Jachthafens liegt sodann die Einfahrt zum Köhlfleth*), der trauliche Aufenthaltsort der Jachten in früheren Jahren, der jetzt aber in der Hauptsache nur noch der Finkenwärder Fischerflotte als Liegeplatz dient. Wie lange noch?! Die Zeit nach dem Kriege wird diese Gegend sehr verändern! Schon jetzt ist eine neue Anlegestelle für die Fährdampfer im Bau und weiter an der westlichen Nordspitze der Einfahrt ersteht ein groſzes industrielles Unternehmen (Werft). Voraussichtlich wird das sturmflutfreie Gelände der Kanäle a, b, c, d auch noch für Industriezwecke mit hinzugenommen, so daſz von der früheren Idylle der Heimat Gorch Focks in nicht zu langer Zeit nur noch ein groſzstädtisches Stück Prosa vorhanden sein wird. Dem Köhlfleth gegenüber liegt reizend der Ort Teufelsbrücke mit Anlegeponton und kleinem Hafen, der jedoch bei Ebbe trockenfällt. (Eingang bezeichnet mit Stangenzeichen.) Dann kommt Nienstedten, aus dessen Laubhöhen der alte, grün pattierte Kirchturm herausschaut. Nicht ganz 1 Sm weiter Westnordwest, am Hauptstrom des nördlichen Ufers, liegen herrlich der Mühlenberg und

*) Nachts zwei Feuer rot in Linie gehalten. S. L.-V. im Anh.

Dockenhuden als Auftakt zu dem sich weiterhin entwickelnden weltberühmten Bilde von Blankenese. Links vom Hauptstrom beginnt bei der Kreuztonne der ca. 5 Sm lange, häufig durchbrochene Komplex der sog. Schweinesände, die bis Schulau gegenüber im Hanskalbsand ihre westliche Fortsetzung finden. Wie schon in der kleineren Schrift „Orte der Unterelbe" erwähnt, können Kleinsegler elbab bei steifer Brise, besonders aus südwestlicher Richtung, dies ganze Sändegebiet Steuerbord (rechts) liegen lassen, wodurch sie Schutz vor Seegang und Wetter durch das südliche Festlandsufer finden und zugleich das Bild der schöngeschwungenen Harburger Hügel im Verein mit den jenseitigen Blankeneser Höhen genieſzen, ein Bild, das zu den schönsten der ganzen Niederelbe gehört.

Zu diesem Zweck geht es wieder in das Mühlenberger Loch. Nach etwa 1 Sm Fahrt in Richtung WSW machen wir bei schwarzer Tonne 5 einen scharfen Bogen um den „Böhaken"-Sand nach Westen auf schwarze Tonne 4 zu (Entfernung ca. 400 m) und halten uns hier bis zur 1 Sm weiter NW liegenden schwarzen Tonne immer etwa 300 m vom Ufer entfernt, wo bei dem an den Stackausbauten erkennbaren Stoltenhörn eine sanfte Wendung nach WNW auf die gleichfalls 1 Sm entfernt liegende schwarze Tonne 2 zu gemacht wird. Hier kann der Kleinsegler drei verschiedene Wege wählen: Er kann 550 m m. w. Süd der Tonne und, wenn die Tide es zuläſzt, in die sog. Binnenelbe (hannov. Festland) und den davon abzweigenden Borsteler Hafen (tiefer Priel) einfahren und das an landschaftlichen Reizen und Produkten (Obst) reiche Borstel besuchen, wobei er die Insel Hahnöfersand rechts läſzt, oder aber er läſzt bei Tonne 2 die letztere links und erreicht ca. 250 m unterhalb (westlich) des Hafens von Hahnöfersand die zweite und dritte Abzweigung.

Benutzt der Segler die Abzweigung links vom Hahnöfersand, so darf er sich von diesem nicht weit entfernen (etwa 100 m), um in der tiefen Rinne zu bleiben, und kommt dann nach etwa 1 Sm in Westrichtung nach Neuenschleuse, mit Hafen, der gleichfalls südlich nach dem Ort führt, der hinter dem Deich liegt. Vor dem Neuenschleuser Hafenpriel zeigen sich Stromwirbel von etwa 500 m Länge in NW—SO-Richtung, so daſz östlich vom Hafen bei Niedrigwasser Tiefen bis 10 m vorhanden sind. ½ Sm in

NW-Richtung liegt sodann der anmutige Ort Wisch mit Anlegeponton (Wirtschaft hinterm Deich). ½ Sm NW weiter befinden wir uns bereits im Hauptstrom des sogenannten Lüher Loches.

Die dritte Abzweigung führt vom Hafen Hahnöfer-Sand zwischen Schweinesand (rechts) und Hanskalbsand (links) hindurch. Zuerst geht es auf die 1200 m WNW liegende rote Stumpftonne B zu, die Backbord bleiben muß. Sodann folgt in NW-Richtung die 1 Sm entfernt liegende rote Stumpftonne A (gleichfalls Backbord lassen), wonach wir 500 m nordwärts die rote Spierentonne A haben (Steuerbord lassen) und somit gleichfalls das Hauptfahrwasser erreichen. Das Nebenfahrwasser zwischen Lühe und Finkenwärder soll befeuert werden, so daß demnächst auch Ortsunkundige dies nachts befahren können. (Siehe Leuchtfeuerverzeichnis im Anhang.)

Vom Nebenfahrwasser wenden wir uns wieder zum Hauptstrom. Bei roter Spiere K passieren wir Blankenese und den Süllberg, der zu jeder Jahres- und Tageszeit seinem Weltruf Ehre macht. Elbab liegt dahinter das Altonaer Wasserwerk, kenntlich an seinem typischen Schornstein. Hier beginnt die zweite Leitlinie, die der Lühefeuer. Den Segler warnen die Sektoren elbab und -auf vor zu völliger oder zu früher Ausnutzung. Beurteilung des Gesamtbildes (Stacks, Ankerlichter von Fahrzeugen, Baggern usw.) sagen ihm, wann er beim Kreuzen über Stag zu gehen hat. Über die weitere Orientierung nachts siehe Karte im Verein mit Leuchtfeuerverzeichnis.

Vor Travemünde.

Die Oste bei Hechthausen.

Abteilung II.

Die Elbe von Tinsdahl bis Brunshausen.

Am Tage.

Kurs von Tinsdahl—Billerbeck bis Lühe (Unterfeuer) . . . . WNW¼W ca. 3½ Sm
Kurs von Lühe — Schnittpunkt Bützflethersand Feuer . . . . NNW¾W „ 2½ „
Kurs von Schnittpunkt Bützflethersand Feuer—Brunshausen . . . . NW½N „ 2¾ „

Entfernungen und Kurse zwischen Tonnen (Südseite des Hauptfahrwassers):

E—D—C - Kurs = WNW½W, Entfernung ca. 0,6—0,7 Sm
C—B „ = WNW¼W, „ „ 0,7 „
B u. A—Hanskalb-Kreuztonne = WzN (wandelbar), Entfernung ca. 0,1, 0,6 Sm

Hanskalb - Kreuztonne—T	= NW¾W,	Entfernung	ca. 1,7 Sm
T—S	= NW½N	„	„ 0,5 „
S—R	= NNW¾W	„	„ 0,5 „
R—Q	= NWzN	„	„ 0,7 „
Q—Ost-Kreuztonne-Juelssand	= NW½N	„	„ 1,0 „
Ost-Kreuztonne-Juelssand—P	= NW½N	„	„ 0,5 „
P—O—West-Juels-Kreuztonne	= NW½W	„	ca. 0,4-0,6 „
Juelssand-West-Kreuztonne—N	= NzW¼W	„	ca. 2,7 „

Mittlere Flutdauer: 5 h 8 m; mittlere Ebbedauer: 7 h 17 m.
Mittlerer Tidenhub 2,9 m bei Springtide, 2,5 m bei Nipptide.

Bei Nacht

(Siehe Leuchtfeuerverzeichnis im Anhang).

Wir bleiben zunächst an der Nordseite, wo auf dem hohen Ufer der 40 m hohe eisengerippte Feuer-Turm von Tinsdahl die Gegend beherrscht. Unten westlich davon liegt der kleine Hafen der Vacuum Oil Comp. Dann folgt elbabwärts das einblitzige Unterfeuer (Bauart desgleichen wie Tinsdahl) von Billerbeck. Bald danach tritt der Schutz- und Fischerei-

Estebrügge.

hafen von Schulau (an der Elbseite Ponton für Dampfer) in die Erscheinung. Die Einfahrt ist durch in die Elbe hineinragende hölzerne Molen (Nord-Süd-Richtung) geschützt. Auf dem Kopfe der Ostmole steht ein festes Petroleumfeuer an braunem hölzernen Pfahl hinter einer 2 m hohen viereckigen Bude. Beim Hineinsegeln sehen wir uns vor, daß uns genügend und günstiger Wind hineinhilft, damit wir keine Bekanntschaft mit den Molenköpfen machen; denn es steht vorne und weiter drinnen durchs lose Pfahlwerk hindurch oft ein starker Strom. Infolge Übersiedlung einer ganzen Anzahl von Finkenwärder Fischern besteht das Bestreben, diesem unterelbischen Hafen für den Verkehr eine bessere Stütze durch Instandsetzen der Molen, Vertiefung, regelmäßige Motorboot-Verbindung nach der Lühe usw. zu geben. Segler mit größerem Tiefgang liegen am besten etwa 150 m einwärts an der Ostmole (Westmole bei Sturm und Hochwasser kein Liegeplatz), kleinere Jachten zwischen den Dalben in der Mitte des Hafens, gegenüber der Wirtschaft von Behrens. Bei regem Grofzschiffsverkehr ist im Hafen viel Sog (gut vertäuen!). Er ist infolgedessen auch sehr der Verschlickung ausgesetzt. An der Elbseite liegt das Lokal (zum Parnafz) mit wundervoller Elbaussicht. Von Schulau Hafen geht's nordwärts zum Bahnhof Wedel. (Knapp ½ Stunde zu Fufz.) Der Ort Wedel liegt an der Wedeler Aue, die bei

Der Roland in Wedel.

Niedrigwasser ganz trocken fällt und nur bei Hochwasser Tiefen bis 2 m hat. Wie Blankenese früher eine verkehrsreiche Fähre nach der Estemündung bildete, so war Wedel-Schulau ein wichtiger Übergangsort einer von Norden kommenden Heerstrafze nach der Lühemündung. Sehenswert auf dem Wedeler Marktplatz ist sein alter Roland. Da die Eisenbahn hier endet, wird die Landschaft weiter elbab einsam und unberührt. Von Schulau Hafen 1 Sm westwärts, in der Mitte des Geländes zwischen dem 2. und 3. Felsenstack, mündet über verflachtem Grund zwischen Schilf und abbrüchigem Ufer die Wedeler Aue, ebendaselbst die sogenannte Binnenelbe, die die Aufzendeichswiesen zwischen Wedel-Schulau und Hetlingen zum Teil in ein Gewirr von Prielen einteilt. Wir durchruderten mit einem flachen Beiboot bei steigendem Wasser von Schulau her diese Binnenelbe und können ihr von dieser Einfahrtsseite her beim besten Willen keinen Genuſz abringen. Im Gegenteil, wir freuten uns, als wir aus diesem Gelände, in dessen Tiefen spitze Pfähle, verschlungene Baumwurzeln, Steine, altes Mauerwerk usw. lauern, die es geradezu darauf abgesehen zu haben schienen, die Bordplanken zu ruinieren, heil wieder heraus waren. Schwierigkeiten bietet das Anlandkommen, besonders bei Niedrigwasser und für Damen. Am Nordufer der Elbe hinter Schulau sind weit in den Strom hinein Steinstacks gebaut, die einerseits den Zweck haben, das Wasser dem eigentlichen Elbbett zuzuführen, andrerseits das dazwischenliegende Land durch die Senkstoffe der daran vorbeistreifenden Ebbe und Flut erhöhen sollen, um dadurch der Elbe fast mühelos ein groſzes Stück Land abzugewinnen.

Werfen wir vom Strom hierselbst einen Blick ostwärts, so sehen wir das lebhafte Bild der Siedlung Wedel-Schulau, ferner ONO auf dem Wiesengelände einige „Wurthen", wovon sich auf dem Giesensand der stattliche Hof mit weiſzem Haus und einem Park mächtiger Bäume besonders abhebt. Weiter elbab, beim „Breckwoldt-Sand", liegt bei schwarzer Spitztonne Nr. 15 ein Schiffsleichnam (bezeichnet mit grüner Wracktonne), dessen in die Luft ragender Holzmast der besseren Kennung halber zu Friedenszeiten in jedem Jahre neu geschrapt wurde. Bei normalem Wetter und bei Winden über Nord bis Ost haben wir etwas nördlich hiervon einen verläſzlichen, wenig stromreichen Ankergrund. Je weiter wir nun am Nordufer elbab fahren, desto mehr nimmt der Strom an Stärke zu. Er erreicht zwischen schwarzer Spitztonne 12 und der unterm Leuchtfeuer an der sanften Nordkrümmung liegenden schwarzen Tonne 13 seine gröſzte Kraft, so daſz hier Wassertiefen unmittelbar vor den Stacks von 12 m vorhanden sind. (Bei Niedrigwasser.) Von hier wirft sich der Strom elbab wieder auf die andere Seite. Der Juelssand und das jenseitige Eiländchen, die Drommel, wird in NNO-Richtung in einer Länge von ¾ Sm vom sogenannten Dwarsloch durchschnitten, dessen Eingang unterm Leuchtturm an der bestackten (tiefen) Seite ein wenn auch stromreicher, so doch geschützter Ankerplatz für Kleinsegler ist. Wollen wir vom Dwarsloch her das NNW ziehende, bis zur roten Pinnau-Tonne (siehe Karte) etwa 2¾ Sm lange Nebenfahrwasser bei Ebbe absegeln, so darf das Wasser selbst für flache Boote nicht zu weit weggefallen sein. Auch müssen wir uns bei der Linksschwenkung etwa 200 m von den rechtsseitigen Pricken halten, um von der etwa 1 Sm langen Sandzunge freizukommen. Nachher sind bis zur Pinnautonne bei mittl. Niedrigwasser ca. 3 m Wasser. Auch hier ist überall geschützter Ankerplatz für Kleinsegler. Kommen wir umgekehrt bei Flut, etwa von Kollmar, nördlich von Pagensand, durchs ausgetonnte Krückau-Fahrwasser (nähere Beschreibung Abteilung III) und benutzen diesen Durchlauf, so bietet er unter solchen Umständen, zumal elbauf meist raumschots Brise herrscht, für Kleinboote keine Schwierigkeit. Der Aufenthalt hierselbst wird wegen der wunderbaren Szenerie ringsherum viel gelobt und zur Nacheiferung empfohlen. Besuchenswerte Orte sind Hohenhorst und Scholenfleth. Auch das Gut Haseldorf mit dem ausgedehnten, schön gepflegten Park, dessen Kronen hübsche Ein- und Ausblicke gewähren, zu besuchen, lohnt sich. Wenn sich die Meldung bewahrheitet, wird Haseldorf dem Kleinschiffsverkehr erschlossen werden, und zwar dadurch, daſz die bisher nur kanalartige, mit einem Schleusenwerk versehene Anlage zu einem Hafen ausgebaut wird. Das Bestreben, die niederelbischen Plätze durch Hafenbauten und Schiffsverkehr zu beleben, können wir auch im wassersportlichen Interesse nur begrüſzen, wenngleich andrerseits dadurch die Ursprünglichkeit der Gegend leiden wird. Immerhin bieten heute noch die Gewässer zwischen Haseldorf und Seestermöhe den Seglern wahre Perlen niederelbischer Schönheit, die aufgesucht, erstritten und genossen sein wollen!

Nachdem wir nunmehr die Nordseite dieses Abschnittes vom sportlichen Standpunkt aus betrachtet haben, wenden wir uns der Südseite zu.*)

Wenn wir von Tinsdahl elbab im Hauptfahrwasser das Gebiet der Schweinesände linker Hand gelassen haben, spaltet sich südlich der veränderlichen roten Spierentonnen A und B der Hanskalbsand in drei Arme (s. d.). Bei Flut setzt von der Lühe her ein starker Strom in diese Einläufe. Tiefere Fahrzeuge müssen daher bei Flaute trachten, rechtzeitig das Nordfahrwasser zu gewinnen. Erst wenn die

*) Zwischen Lühe und Nienstedten haben alle unter Segel befindlichen Fahrzeuge, wenn sie, ohne kreuzen zu müssen, dem Fahrwasser zu folgen vermögen, sich der Südgrenze des Hauptfahrwassers so nahe zu halten, wie es ihr Tiefgang erlaubt.

schwarzrote Hanskalb-Kreuztonne elbauf linker Hand liegt, ist für sie die Gefahr, bei Windstille zwangsweise ankern zu müssen, behoben. Noch in der Kriegssegelsaison 1918 hat „Sophie“ diese Stromerfahrung durch Vorspann des Beibootes mit viel Zeit, Mühe und Schweißtropfen erkämpfen müssen, wobei die Jacht und das Beiboot so nahe an die Kreuztonne getrieben wurden, daß ihr Kreuz mit dem Klüverbaum und den Wasserstagen in innigste Berührung kamen, ohne sich jedoch gegenseitig zu beschädigen. Im Hauptfahrwasser, etwas nördlich dieser Bakentonne, läuft die Flut in Richtung OSO, die Ebbe nach NWzW. Beide erreichen bis zu 2,3 Sm Geschwindigkeit. Die größte beobachtete Geschwindigkeit war 2,8 Sm die Stunde.

Über das Kentern des Stromes hierselbst ist noch einiges zu sagen. Der Flutstrom nimmt bis zur Unmerklichkeit ab, dann tritt Stillwasser von sehr verschiedener Dauer ein, worauf der Ebbstrom, in NW-Richtung laufend, einsetzt. Beim Übergang von Ebbe zum Flutstrom findet das Entgegengesetzte statt. Die Dauer des Stillwassers ist sehr verschieden. Zuweilen ist zweimal nacheinander Stillwasser notiert (Nordseebuch: Die Elbe, Abschnitt 5). Der Wassersportler hat diese Stromeigentümlichkeiten, besonders in diesem Gebiet, zu beachten und kann sein Verhalten danach einrichten.

Vom Hauptfahrwasser der Schulauer Seite kommen wir nun in WNW-Richtung zur Lüher Seite mit schwarzer Leuchttonne Nr. 19 (Schein 7,5 Sek., Unterbrechung 2,5 Sek.), auf beiden Seiten passierbar (nachts eingedeckt vom grünen, festen Nebenfeuer des Leuchtturms von Mielstack). Von dieser Tonne mündet in Westrichtung und 0,4 Sm Entfernung zwischen den beiden vorspringenden Landungsbrücken der Lühefluß in die Elbe. Wie allen Tideflüssen ist auch dem Lüheauslauf eine Barre (Schlick) vorgelagert. Bei niedrigstem Wasser führt uns ein enger Priel hart am rechten Ufer hinein, dann geht es links zu dem Anlegesteg des Etablissements. Im Innern, über die Barre weg, hat die Lühe überall gute Tiefen, so daß der Fluß von Kleinfahrzeugen viel befahren wird, wenngleich das Segeln zwischen den hohen Deichen infolge der Abdeckung seine Schwierigkeiten hat. Immerhin ist die Fahrt auf der Lühe, vorbei an Weiden, Werften und Ewern, die vor den Bauernhäusern liegen, so reizvoll, daß sie zur Zeit der Fruchtblüte, wenn sich am sonnigen Morgen die ungezählten Blüten, von Bienen umsummt, im Wasser spiegeln, ihresgleichen in Deutschland nicht hat.

Beneidenswert zur Blüte- und Obstzeit der, der nicht auf Transportmittel zu warten braucht und auf eigenem Kiel seinen Weg wählen kann.

Blütenpracht in der Lühe.

Haben wir die Lühemündung hinter uns, so kommen, bei der roten Spierentonne „S" beginnend, wiederum Sandbänke, die sich etwa 3 Sm hinziehen. Sie sind zweimal durchbrochen, so daß der Lühesand und der Juels-Mittelgrund entstehen.

Wenn kleinere Jachten mit wenig Tiefgang hier unter Festland ankern wollen, so können sie, wenn sie die jenseitige schwarze Spitztonne Nr. 17 in Linie haben, mit der roten Spiere S, in West zu Nordrichtung hart am stromreichen rechtsseitigen Stack entlang, einschlüpfen. Die Ebbe darf natürlich noch nicht zu weit fortgeschritten sein. Der Weg des tiefen Wassers ist gekennzeichnet durch lebhafte Strömung; flache, seichte Stellen charakterisieren sich entsprechend. Auch hier verändert sich der Fluß allmählich durch Strombauten.

Am Deich liegt die kleine Dampferstation Mojenhören. Dort unter den Linden des Wirtshauses ist ein hübscher Aufenthalt mit herrlichem Ausblick auf den Elbstrom. Weiter am Deich entlang liegen Wetterndorf, Sandhörn und Siebenhöfen mit ihren vom Deich geschützten Häusern, Feldern und Obstgärten, deren letztere auf die Segler während der Kriegszeit eine besondere Anziehungskraft ausübten.

Ja, das liebe Obst! Kein Wetter war zu schlecht, kein Seegang zu ruppig, kein Wind zu heftig! Obst mußte für Muttern daher! Welche Gegensätzlichkeit: Friedenszeit! Kriegszeit!

Mit welchem Behagen sprach ein Fahrtensegler zu Friedenszeiten vom Jachtsegeln und bezahlter Besatzung: Bei einem größern Boot mußten es mindestens zwei Mann sein! Wer steuert nun von diesen, und wer bedient Klüver, Fock, Backstag, Stängestack, oder wer holt in einem plötzlichen Unwetter das Vierkant-Toppsegel und die Fock nieder, wer refft das Großsegel, birgt den Besahn, wer nimmt Vor- und Achterleinen beim Verholen wahr, wer bedient den Motor, wer besorgt die persönliche Aufwartung der Gäste, das Kochen, das Aufwaschen, das Zeugreinigen usw.

Und heute? Wie bescheiden sind wir geworden! Wie haben wir uns den Verhältnissen angepaßt! Nur um den Wassersport ausüben zu können. Beim Anblick der Tonne S und des Lühersandes gedenken wir unwillkürlich eines Mitseglers, der im Herbst 1917 mit seiner großen Jacht, obstholend, hinterm Lühersand ankerte. Es hatte sich mit der Flut ein Weststurm von 8 Windstärken aufgemacht, und wer assistierte ihn, war seine einzige Hilfe auf dem großen Boot? Nur seine Tochter! Was das heißt, bei solchem Unwetter fast ohne Hilfe ankerauf zu gehen, Segel, die einem nur so um die Ohren schlagen, zu setzen, Fahrt aufnehmen in solch' engem Jollengewässer, welche Welt von Unerschrockenheit, Vertrauen zu sich selbst, Erfahrung, Umsicht, blitzschnelle Beweglichkeit dazu gehören, das weiß nur ein verantwortlicher Führer, der unter ähnlichen Verhältnissen segelte!

Wir kommen dann auf dem Hauptstrom weiter zur Juels-Kreuztonne „Ost". Kurz vorher ist die jetzt durch die Stack- und Strombauten leider (oder absichtlich?) verflachte Einfahrt nach dem bekannten Twielenfleth, welches wohl jedem

Elb- und Regatta-Segler bekannt sein dürfte. Die Fahrt über dies veränderliche Flach führt zwischen den roten und schwarzen Tonnen hindurch, wie die Karte dies anzeigt. Doch hat der Segler, der diese Seite zum Einfahren nach Twielenfleth benutzt, zweierlei zu beachten, erstens, ob Ebbe und wie weit das Wasser gefallen ist (Lot, Peilstock!), und zweitens an seinen Tiefgang denken! Haben wir das Flach überwunden, kommt gleich tiefes Wasser, ja, Stellen von 12 m Tiefe. Wir ankern hier vorzüglich und geschützt bei der Anlegebrücke des Etablissements. Während also bei Ebbe der elbabkommende Segler vorsichtig sein muſz, will er Twielenfleth über die Barre erreichen, ist umgekehrt für den von Brunshausen aufkommenden Segler mit Flut keine Schwierigkeit. Die nächtliche Befeuerung der Barre ist unsicher!*) Von Twielenfleth über Stadersand bis Brunshausen ist überall bis nahe unter Land genügend Wassertiefe und überall ein vorzüglicher, gegen alle Westwinde geschützter Ankergrund. Die Kreuztonne Juels-West liegt fast unter Land, gegenüber dem Stadersand - Leuchtturm. (Weiſzes steinernes Wohnhaus, an dem der weiſze Turm mit schwarzer Kuppe angebaut ist.)

Haben wir nun Juelssand erledigt, so tritt Brunshausen mit dem Schwingepriel in die Erscheinung. Für den Elbneuling lohnt es sich jedenfalls, hier zu verweilen. Weniger tiefgehende Jachten können in die Schwinge hineinholen, dürfen aber nicht im Bereiche des Anlegeplatzes der Dampfer bleiben.

Wer Brunshausen besucht, befindet sich in nächster Nähe des uralten Hafenorts Stade. Einst Hamburg weit überlegen, hat sich Stade durch Verschlickung der Schwinge nur für kleinere Schiffe die Verbindung mit der Lebensader, der Elbe, erhalten. Die Schwinge hat bei mittlerem Niedrigwasser 2 m Wassertiefe; doch können Schiffe bis 4,5 m bei Hochwasser bis Stade gelangen. In Stade ist ein guter Winterhafen. Das Grafengeschlecht von Stade war früher das mächtigste der Unterelbe. Später wurde Stade an die Kirche abgetreten. Daher der silberne Petrusschlüssel am blauen Himmelszelt, der als Stader Wappen so groſzmächtig von den Schornsteinen ihrer Dampfer herabgrüſzt.

*) Siehe Leuchtfeuerverzeichnis im Anhang.

Stade und Umgebung ist Hamburgs Obst-, Korn- und Ziegellieferant. Die Uferränder hier sind die eigentliche Heimat der unterelbischen Schiffer. Die Strecke auf der Schwinge von Brunshausen bis Stade beträgt etwa 2¼ Seemeilen. Der Grund ist überall blauer Schlickgrund.

Im Fall des Ankerns muſz verhältnismäſzig viel Kette von Bord gegeben werden; auch ist zu beachten, daſz der Anker hält, sonst geht es wie bekannten Seglern, die durchnäſzt und ermüdet von Hamburg in der Dunkelheit hier einliefen, Anker warfen, und sofort, wie sie gingen und standen, die Koje aufsuchten. Sie hatten sich aber nicht vom Halten des Ankers überzeugt. Er hatte sich vielmehr mit einem Flügel im Wasserstag verfangen und nur die Kette war herausgerauscht. Nach geraumer Zeit wurden sie durch lautes Rufen aus ihrer Ruhe geschreckt. Sie trieben mitten auf der Elbe, und zwar unmittelbar vor dem Steven eines inzwischen gestoppten groſzen transatlantischen Dampfers.

Auch dem Verfasser widerfuhr hier vor vielen Jahren fast ein Miſzgeschick. Er ankerte vor dem Leuchtturm vom Stadersand. Jeder Elbsegler weiſz, daſz man hier sicher liegt. Es war in einer unvergeſzlichen mondhellen Nacht vom Sonnabend zum Sonntag, als uns etwa um 1½ Uhr drauſzen ein Höllenspektakel in unserer allernächsten Nähe aufschreckte. Schlaftrunken aus der Koje kommend, sahen wir, daſz die Jacht sich unmittelbar unter dem Achtersteven eines groſzen Dampfers befand. Die Schraube arbeitete mit aller Kraft und begoſz uns mit ihrem Spritzwasser! Glücklicherweise waren wir inzwischen von der Dampferbesatzung bemerkt. Die Schraube stoppte, wir holten Anker hoch, und mit dem Peekhaken einen Halt am eisernen Achterende des Dampfers suchend, schoben wir uns von diesem ab. Glücklicherweise war es auch noch Flut, so daſz diese mit für unser Fortkommen aus dem unheimlichen Bereich sorgte. Am nächsten Tag kam dann der englische Dampfer „Stavelly", der im rechten Winkel zum Fahrwasser hier auf Land gefahren war, mit Hochwasser wieder los.

Die Schwinge über Stade hinaus zu befahren, wird viele Wassersportler, wenn auch nicht gerade Segler, interessieren, da nach den Karten nördlich des Ortes Mulsum die Schwinge mit den sog. Elmer Schiffergraben verbunden ist, der (wiederum nach der Karte) zwischen Elm und Bremervörde in die Oste mündet. Immerhin wäre dies ja ein Weg, wenn auch kein bequemer, um mit flachen Ruder- und Motorbooten, geschützt nach der Oste und ab da über Bremervörde durch den Hammekanal zur Weser zu gelangen. Leider berichtet das Wasserbauamt in Stade, daſz „die Verbindung zwischen der Schwinge und Oste (Oste-Schwinge-Kanal) selbst für kleine Kähne nicht schiffbar ist".

Dies ist der Zustand zurzeit. Anderseits dürfte es bekannt sein, daſz ein Projekt ausgearbeitet ist, welches einen Kanal vorsieht, der von Vegesack den Lauf der Lesum und Hamme benutzt, bei Bremervörde die Oste kreuzt und unter Benutzung des Schwingelaufs bei Brunshausen in die Elbe münden soll. Der Kanal soll die Fortsetzung der geplanten Verbindung zwischen Unterems und Unterweser werden, so daſz bis 600 Tonnen-Schiffe später mit dem rheinisch-westfälischen Industriegebiet verbunden sind, die hier bei Brunshausen ihren Ausgangs- resp. Mündungsweg finden werden. Also auch hier wird sich nach dem Kriege vieles verändern, für Handel und Verkehr zum Nutzen, für die Ursprünglichkeit der Natur zum Schaden!

Oberndorf a. d. Oste.

Wetterregeln.

Von Rudolf Lips (SC. „Frithjof").

Abendrot — Wetter god.

Rot am Morgen — bringt dir Sorgen.

Helles Blau hat wenig Wind,
Dunkles bringt uns fort geschwind.

Wolken weich und zart,
bringen kleine Fahrt.
Sind sie hart und eckig,
geht es uns oft dreckig.

Wenn hellgelb die Tinten sind,
bringen sie uns starken Wind;
sind sie dunkelgelb dagegen,
bringen sie uns öfter Regen.

Kommen Federwolken nach schönen Wetters Zeit,
halte bald Persenning und Zelt bereit.

Siehst du abends ohn' Strahlen den glutroten Ball,
so ändert sich's Wetter auf jeden Fall.

Brennt dir des Morgens die Sonn' auf den Schädel,
nimm's Ölzeug mit und nicht die Mädel.

Versinkt die Sonne hinter der Wand,
So tust du besser, du bleibst an Land. —
Zerteilt sich die Wand und regnet's zur Nacht,
Wird dir ein schöner Nachtmittag gebracht.

Regen am Abend und Pladdern zur Nacht,
Hat immer einen guten Tag noch gebracht.

Dunkle Nacht und wenig Sterne,
Die hat jeder Segler gerne.

Nachmittags Regen und abends gar Gießen,
Muß jedem Segler das Leben verdrießen. —
Ist die Nacht auch trocken und hell,
Morgens ist Pluvius wieder zur Stell'.

Fällt der Nebel — fahr hinaus,
steigt er aber — bleib zu Haus!

Wenn's Wetterglas tief und aschgrau der Himmel,
nimm statt deines Bootes lieber 'nen Schimmel!

Morgentau auf Flur und Heide,
ist des Seglers stille Freude.

Der Wind geht immer rechts herum,
und tut er's nicht, so geht dir's dumm.

Osten a. d. Oste.

Abteilung III.

Die Elbe von Brunshausen bis Krautsand.

Am Tage:

Kurs von:

Brunshausen bis Pagensand (Leuchttonne)	N½W	ca. 4¾ Sm
Pagensand (Leuchttonne) bis Pinnau und H-Tonne (Mitte Fahrwasser vor Elsflether Steindeich)	NW¾N	„ 1½ „
Pinnau und H-Tonne (Mitte Fahrwasser vor Elsflether Steindeich) bis Krautsand	NW	„ 3 „

Entfernungen und Kurse zwischen Tonnen (Südseite des Fahrwassers):

Kreuztonne Juelssand-West bis Rote Spierentonne N	NzW¼W	2¼ Sm
N—M—L—K	Nord	1,08, 0,2, 0,5 „
K—Leuchttonne	N¾W	0,2 „
Leuchttonne—I I	NNW½W	0,3 „
I I—I—H	NW½N	0,3, 0,7 „
H—G—Asseler Sand-Tonne	NW	0,6, 0,9 „
Asseler Sand-Tonne bis Mittelgrund-Kreuztonne Ost	NW¾N	ca. 2 Sm

Mittlere Flutdauer 5 h 8 m, mittlere Ebbedauer 7 h 17 m. Mittlerer Tidenhub 2,9 m Springtide, 2,5 m Nipptide.

Bei Nacht

(Siehe Leuchtfeuerverzeichnis im Anhang).

Die Elbe zwischen Brunshausen und Pagensand bietet Seglern guten Ankergrund. Auf der Südseite, von Brunshausen bis Grauerort, ist überall Schutz gegen Winde von

Nord über West bis Süd. Die Reede von Brunshausen ist schon von weitem erkennbar durch Sturmwarnungs- und Wasserstandssignale, die an der Westseite der Schwingemündung vor dem Zollgebäude aufgestellt sind. Die Arme, die den Wasserstand anzeigen, stehen bei Niedrigwasser senkrecht, bei steigendem Wasser von ½ zu ½ m bis zu einer Höhe von 4 m wagrecht. Bei Dunkelheit gelten für die Arme farbige Lichter, die bei Niedrigwasser abgeblendet sind.

Etwa ½ Sm unterhalb Brunshausen trennt eine Binnenelbe die Außendeichsländereien vom Bützflether Sand (bei Ebbe trocken). An dieser liegen unweit Bützfleth viele (jetzt zum Teil im Abbau befindliche) Ziegeleien. Bei Abbenfleth gelangt die Binnenelbe wieder zur Elbe. Dieser Priel ist nur mit Hochwasser zu befahren. Wir können die an sich hübsche Gegend und Umgegend auch kennenlernen durch eine Wanderung von Brunshausen (Gasthaus Heinr. Grete) über Hörne auf dem Deich, Bützfleth, Abbenfleth nach Grauerort; zusammen etwa 3 Sm. Diese Wanderung auf dem hohen Elbdeich bietet nach der Elbe hin köstlichen Ausblick, während der Blick auf der andern Seite über das schöne und reiche Land Kehdingen schweift. 3 Sm unterhalb Brunshausen, an der Elbsüdseite, kommt dann der seglerisch interessante Ort Grauerort. Er ist durch seine ausgedehnten und mächtigen Baumgruppen, die sich inselartig aus dem ebenen Gelände hervorheben, ohne weiteres zu erkennen. Dieser auffallende Baumkomplex bietet auch nachts dem Schiffer wertvolle Fingerzeige zu seiner Orientierung. Haben wir mit Hochwasser den Jachthafen verlassen, kommt uns in der Gegend von Grauerort häufig die neue Flut entgegen, so daß wir ankern müssen. Und in der Tat, hier unter Grauerort, wo der hohe Elbdeich unmittelbar ans Ufer tritt, ankern wir vorzüglich bei Winden aus Nord über West bis Süd. Auch ein Landgang lohnt sich. Um 1870 wurde hier eine Verschanzung errichtet. Heute liegt das Fort im tiefen Dornröschenschlaf. An der Ostseite zwischen Grauerort und Krautsand befindet sich der „Schwarztonnensand" in einer Ausdehnung von 4 Sm. Nur schmale, gekrümmte Rinnen führen hindurch, die sich nach Stürmen, strengen Wintern und Eisstauungen oft genug verändern. Der Boden besteht aus Sand, zum Teil aus Quick-, Trieb- oder sogenanntem Mahlsand von großer Unbeständigkeit, weder fest noch lose, von Berufsschiffern bei Strandungen gefürchtet. Auch der eben oberhalb (südlich) liegende Sand mit dem bezeichnenden Namen „Hungriger Wolf" (bei Niedrigwasser trocken, bei Hochwasser erkenntlich am herausragenden Rohr und Schilf), ebenso der nördlich belegene Asseler-Sand, ferner die Sände vorm sogenannten Kartoffeloch (Krautsand gegenüber) sind unbeständig und Sorgenkinder der Strombehörden. Diese Sände im Mittelgebiet des Stromlaufs bedeuten im kleinen für die Schiffahrt dasselbe, wie die gefährlichen Sände vor der Elbmündung im groſzen.

Ruine in Borgholm (Schweden).

Daſz auch die Strömung von der Beschaffenheit des Elbbettes stark beeinfluſzt wird, hat wohl schon jeder Segler, der im Hauptfahrwasser zwischen Grauerort und Krautsand gegen Südost und Flut und Nordwest und Ebbe kreuzte, erfahren. Nicht mit Unrecht nennen die Schiffer diese Gegend die „Biskaya" von Kollmar, und in der Tat kann daselbst solch ansehnliche See stehen, daſz uns noch im Kriegssommer 1918 unser groſzes Beiboot voll Wasser schlug. Nur mit knapper Not retteten wir es vor dem Verlorengehen. Wer daher ein geeignetes Fahrzeug hat und den Strom zu beobachten versteht, kann auch bei Ebbe geschützt unter Festland ab Grauerort Krautsand erreichen, worüber die Karte genügende Anhaltspunkte gibt.

Während wir bei Ebbe Vorsicht üben müssen, können wir bei steigendem Wasser diese Passage unter Beobachtung der Nebenumstände für flache bis mittlere Boote fast bedenkenlos benutzen.

Nachdem unterhalb Grauerort der Deich in westlicher Richtung landein abgebogen ist, liegen vor diesem als Auſzendeichsländereien die Inseln Asseler-, Gauensieker- und Krautsand.

In etwa 1 Sm Entfernung unter Grauerort landein steht ein etwa 50 m hoher alter Turm. Die Ortsansässigen nennen ihn die „Bleispritze". Wer Gelegenheit hat, von diesem Standort aus die Gegend zu beobachten, dem bieten sich nah und fern interessante Aussichten. Nach W und NW hin sieht er die blühenden Gefilde des gesegneten Kehdinger Landes mit Freiburg; im Hintergrunde liegt Neuhaus

Assel.

und der Ostelauf. Im Norden Brunsbüttel mit Ostseekanal, Brokdorf, Hollerwettern, Störlauf mit Wewelsfleth, Beidenfleth und Borsfleth, ganz in der Ferne die Hügel von Itzehoe. Glückstadt und Kollmar sehen wir unter uns in östlicher Richtung. Im Hintergrund Elmshorn und Ütersen. Südwärts Brunshausen, Stade. In der Ferne, schon verschwommen, die Höhen von Blankenese und Harburg. Wer einmal an einem klaren, sonnigen Maientag hier oben stand, unter sich die weißen, von Möwenscharen bedeckten Sände, die Priele und Rinnsäle, wer jenseits des Stromes so manchen Ort schaut, der in uns eine Erinnerung an schöne Fahrten und liebe Freunde wachruft, wahrlich, dem wird ein Ausblick von hier oben unvergeßlich bleiben.

Bleiben wir zunächst mit einem flachen Boot unter Festland an der Süd, so biegt 1,2 Sm unterhalb Grauerort in Richtung Nord/Süd das „Barnkrüger Loch" landein (siehe Karte). Nach 3½ Sm weiter treffen wir die Mündung des „Ruthenstroms", der Krautsand vom Neuen Ruthensand trennt, dem nördlichen Ausläufer des „Asseler Sandes", an dessen Spitze am Tage eine 8 m hohe Stangenbake mit Balltoppzeichen die Einfahrt bezeichnet. Nachts liegt sie an der Grenze des rot-weiß unterbrochenen (2) Gruppensektors vom Feuerturm Bielenberg (siehe Leuchtfeuerverzeichnis). Die Mündung kann mit ihrer Tiefe von 1 m bei Niedrigwasser gelegentlichen Unterschlupf bieten. Das Fahrwasser selbst ist flacher. Der Ruthenstrom führt uns in die Süderelbe zu den Häfen der fruchtbaren Marschenorte, wie Assel, Ritsch, Gauensiek, Drochtersen, dem Mühlenhafen nach Sietwende und Theisbrügge. Ferner nach Dornbusch mit Haltestelle der Eisenbahn und Fähre nach Krautsand (etwa 1 Stunde zu Fuß).

Weiter führt die Süderelbe nordwärts nach Wischhafen (Gasthaus Hinsch), einem hübschen, besuchenswerten Ort, wo bei Niedrigwasser 1 m Tiefe vorhanden ist, und wo wir in der Nähe des Dampfersteges Ankergelegenheit finden (jedoch nicht der Fähre ins Gehege kommen). Hoffentlich bringen uns geordnete Zustände auch bald wieder die Dampferverbindung zwischen Wischhafen—Krautsand nach Glückstadt zurück. Nach etwa 1 Sm NO-Richtung mündet die Süderelbe in den Elbstrom, deren Einfahrt von hier aus durch zwei am südlichen Ufer stehende Baken (Stangen mit Balltoppzeichen), die in der Linie zu halten sind, bezeichnet werden. Der Süderelbe vorgelagert ist der Sand „Mittelgrund". Die Mündung der Süderelbe bietet Jachten unter allen Umständen Schutz und Unterschlupf.

Das reiche, zwischen Schwinge und Oste belegene Land Kehdingen mit seinen hübschen, fruchtbaren Marschorten zu besuchen, lohnt sich auf jeden Fall. Der südliche Teil, bis etwa Drochtersen, ist dicht bevölkert und treibt große Obstkultur; der nördliche Teil bis zur Oste besteht aus umfangreichen Gütern mit vorwiegendem Kornbau. Will der Wassersportler die seichten Wasserläufe dahin mit seinem Fahrzeug besuchen, so muß er erwägen, ob der Genuß im Einklang steht zu den Mühen, als da sind: Abtakeln wegen Passierens von Brücken; Hindernisse in Gestalt von Frachtfahrzeugen mit ihren Festmacheleinen; das Abwarten von genügendem Wasserstand in den zum Teil trockenfallenden Prielen usw. Derjenige, dessen Fahrzeug dies alles nicht gestattet, oder der die Mühe und Zeit dafür nicht aufwenden will, kann seine Jacht in flottem Wasser unter Obhut etwa in Brunshausen, Grauerort, Krautsand, Wischhafen, Freiburg oder Neuhaus a. d. Oste lassen und Kehdingen vermittels der Kreisbahn kennenlernen. Diese folgt ab Stade der Schwinge und ab

Freiburg an der Elbe.

Brunshausen-Hörne der Chaussee, die alle größeren Orte (von Grauerort 15 Min. zur Bahn) über Dornbusch-Wischhafen, Freiburg bis Itzwörden-Neuhaus berührt.

Nachdem wir nunmehr die südlichen Nebenarme einschließlich des Hinterlandes besucht haben, kehren wir nach Grauerort zum Hauptfahrwasser zurück und segeln daselbst zwischen schwarzen und roten Tonnen nach Krautsand. (Gasthaus Burfeind und Wwe. Möller.) Die roten Tonnen liegen an der Kante der steil abfallenden Sände. Dann passieren wir die Asseler-Sand-Tonne, die ziemlich in der Mitte des Stromes liegt. 1 Sm WNW davon ist der schon beschriebene Eingang zum Ruthenstrom. Unterhalb davon zieht sich eine Schlickbank bis kurz vor das Unterfeuer des weißen, achtseitigen Leuchtturms von Krautsand. Vor dieser Insel zu ankern, bildet einen ganz besonderen Reiz. Man ankert am besten vor der Landungsbrücke von Burfeind, die letzthin allerdings durch Eisgang gelitten hat und noch nicht wieder repariert worden ist. Krautsand, durch den schon benannten schmalen Elbarm vom hannoverschen Festland getrennt, bildet die größte Hallig der Elbe. Schon die Bezeichnung Krautsand weist

Siesta bei Krautsand.

auf die außerordentliche Üppigkeit hin; die Fruchtbarkeit ist unerschöpflich. Bisweilen wird die Insel nur wenige Male, bisweilen auch viele viele Male besonders im Winter überschwemmt. Ist in Hamburg Hochwasser, dann ragen im uneingedeichten Krautsand nur die Häuser und Baumkronen aus der grauen Wasserwildnis, so weit das Auge reicht, empor.

Krautsand bietet Schutz gegen Winde aus südwestlichen Richtungen; doch sollten Segler, da ja der Wind umspringen, also auflandig werden kann, nicht zu dicht unter Land ankern, um sich gut freisegeln zu können.

Wir wenden uns nunmehr zur Nordseite des Stroms, wo wir die Innengewässer bis zur Pinnautonne ja schon aus Abteilung II her kennen.

Abseits des Juelssandfeuerturmes (mit Dwarsloch) kommt nach 1 Sm NzW-Richtung die graue Deviationstonne, dann zwei weitere ovale Tonnen als Bezeichnung des Liegeplatzes für Pulverschiffe. Zwischen der nördlichen grauen und der östlichen weißen Stumpftonne (Bützfleth gegenüber) führt durch das Watt die Rinne zur Pinnau in NNO-Richtung. Sie ist von der Westseite durch drei schwarze, spitze, an der Ostseite durch zwei weiße, stumpfe Tonnen mit Stange und Ball bezeichnet. Von der roten Pinnautonne weiter nach innen an dem Südrande des Fahrwassers bilden Stangenseezeichen die Kennung. Die Tiefe in der Mündung beträgt bei Niedrigwasser 1 m, flußeinwärts stellenweise mehr; zum Teil fällt der schmale Fluß jedoch ganz trocken. Der Tidenhub bis zum 4 Sm entfernten Ütersen beträgt 1,5 m, von hier nach Pinneberg (5 Sm) können nur ganz flache Fahrzeuge verkehren. Die Pinnau bietet Seglern wenig Interessantes. Nördlich der roten Pinnau-Tonne liegen zwei schwarze Spitztonnen (siehe Karte). Zwischen diesen können wir in Nordrichtung hinter Pagensand herum in Nebenfahrwasser segeln, das für flache und mittlere Jachten genügend tief ist. Ebenfalls kann man dort kreuzen und, geschützt gegen NW, W- und SW-Winde, ankern. Über die Tiefen bietet die Karte und das Lot genügend Anhalt. (Das Fahrwasser hinter Pagen ist nur teilweise bezeichnet.) Bei steigendem Wasser können auch große Kieljachten hinter Pagensand die Pinnaubarre passieren.

Während nun östlich des Südsandes der Insel Pagen die Pinnau mündet, mündet vom Nordende der Insel in NO-Richtung die Krückau in die Elbe (bezeichnet am Tage durch schwarze Ansegelungstonne mit Aufschrift „Krückau"). Nachts Richtfeuer fest rot und weiß in Linie gehalten führen O¾S von der Ansteuerungstonne Krückau bis querab von den festen Ufern. Wir gelangen in die Krückau auch, wenn wir unter Kollmar, von NW herkommend, unter Deich und Land bis zu der bezeichneten Rinne entlang steuern. Die Krückau hat bis Elmshorn eine Länge von 5 Sm. Ihr Lauf ist eingedeicht und hat nur geringe Breite. An der Krückaumündung beträgt der Tidenhub 2,5 m, bei Elmshorn nur 1,3 m. Hochwasser daselbst 1¾ Stunden später als in der Mündung. Auch die Krückau bietet seglerisch kaum ein Betätigungsfeld.

Besehen wir uns nun die Insel Pagensand etwas genauer. Sie verläuft in einer Länge von 1½ Sm fast genau Nord-Süd bei einer Breite von 0,3 Sm. Vor dem (jetzt aufgehöhten) Südende liegt die Sandbank „Hungriger Wolf" (s. d.). Am Nordende stehen die beiden weißen, runden, eisernen Türme, Ober- und Unterfeuer, die in Linie von der Richtlinie der Krautsandfeuer bis zur Richtlinie der Bassenfleth-Stadersand-Feuer führen. Ferner steht auf dem Nordende der Insel eine fünfseitige hölzerne Bake mit schwarzem Dach, deren Licht nur brennt, wenn die Krautsand-Leuchttonne erlischt oder eingezogen ist. Weiter im Innern wohnt der Pächter und Gastwirt Detjen. An die bestackte Westseite des Nordteiles der Insel drängt sich hart der Strom heran. Bei Ebbe streift er an den Stackköpfen entlang, bei Flut setzt er dagegen auf diese Stacks. Tiefere Jachten, die von Kollmar kommen, müssen daher bei Windstille schon vor der schwarzen Tonne 7 darauf achten, wie die Tonne „wandert". Haben wir sie elbauf Backbord, so geht alles gut. Geschieht dies nicht, so sehen wir zu, das östliche Nebenfahrwasser zu erreichen, durch das wir südwestlich der Pinnautonne ins Hauptfahrwasser gelangen. Glückt uns bei Flaute mit tiefen Fahrzeugen der eine oder andere Weg nicht, so müssen wir rechtzeitig ankern, wollen wir nicht mit den Stacks von Nord-Pagen Bekanntschaft machen. Zwischen schwarzer Spitztonne 6 und 7 liegt östlich der Kollmarsand. Hinter dem Deich des bestackten Ufers liegt der Ort Kollmar (kenntlich an der Kirche im Hintergrunde). Jollen und Schwertboote können sich in den ½ Sm östlich der Pinnautonne (siehe Karte) liegenden Hafen, der rechts vom Felsenstack bei Niedrigwasser durch einen Priel zum Deich und von da links abbiegt, legen. Jenes Felsenstack ist zu einer Anlegestelle ausgebaut. Am Stackkopf liegt zu regulären Zeiten ein Anlegeponton (vor kurzem vom Eisgang zerstört). Auch hier in der Nähe können mittlere Jachten ankern. So sehr nun Kollmar (Gastwirtschaften Jürgensen und Saggau) mit dem dahinterliegenden Marschgebiet bei Seglern bekannt und infolge der überaus reizvollen Bilder, die den berühmten Lühelandschaften kaum nachstehen, beliebt ist, so sehr müssen wir hier auf unser Fahrzeug achtgeben. Wir können von Kollmar sagen: „Keine Rose ohne Dornen"; denn welch eifriger Besucher hat hier nicht schon in irgendeiner Gestalt ein Mißgeschick durchkostet?

Der bei uns meist herrschende Westwind kann vor Kollmar einen unangenehmen Seegang erzeugen, so daß Jachten, je nach Größe und Tiefgang, ihre Liegeplätze so disponieren müssen, daſz sie sich freisegeln können, zumal der nicht geringe Strom, der, wie gesagt, bei Flut auf Pagennord setzt, hier ein gewichtiges Wort mitspricht. Unvergeſzlich ist dem Verfasser ein Erlebnis vor Kollmar in einem

Kremper Aue.

der Kriegssommer. Er ankerte hierselbst bei schönstem, windstillem Wetter nahe einem Stackkopf. Als es mittags mit Flut Anker auf gehen sollte, versagte ein abland beabsichtigtes Manöver, so daſz wir, um nicht von der Flut an das benachbarte Stack getrieben zu werden, zwangsweise nochmals den Anker wegwerfen muſzten. Innerhalb weniger als einer Stunde machte sich nun ein Wetter auf, welches nur eine Springtide (wir hatten Mondwechsel) erzeugen kann. Der Wind blies bald, wie später die Seewarte berichtete, mit 8 Windstärken; der nur provisorisch ausgebrachte Anker hielt natürlich nicht und „Sophie" lag bald parallel zu Luv des Stacks, so daß sie bald durch den Seegang auf den Felsen geworfen wurde. Glücklicherweise hatte die Tide hohes Wasser gebracht. Der Wind war so stark, daß wir mit Fock und Besahn die Jacht soweit krängen konnten, daß sie mit ihrem Tiefgang von 2½ m über das Felsenstack und somit in freies Wasser kam, von wo wir dann mit halbem Wind Reißaus nahmen. Die Jacht hatte sich unter Wasser nur eine tüchtige Schramme geholt. Am Stack mußte jedoch ein Mann einen Tag zur Ausbesserung arbeiten, was später (gerichtlich) festgestellt wurde. Wir ersehen in solchen Fällen die Vorteile eines starken Schiffes.

Wir haben aus diesem Unfall die Lehre gezogen, daß solche Unfälle meist aus folgenden Ursachen entstehen: Ankern zu dicht unter Land, Abreiten eines Sturmes mit zu kurzer Kette, schlechtes Ankergeschirr und Vernachlässigung der gewöhnlichen Vorsichtsmaßregeln bei Ausbruch eines Sturmes, wie Verringerung des Windfanges durch an Decknehmen der losen Teile der Takelage. Wir sollten stets beachten, daß auf flachem Wasser infolge des kurzen und ruckweisen Einsetzens des Schiffes in die Kette diese einer größeren Gefahr ausgesetzt ist, als auf tieferem Wasser mit langer elastischer Kette.

„Sophie" hat vor Kollmar schon solchen Seegang abgeritten, daß abwechselnd vorne der Klüverbaum und hinten der Besahnausleger ihre Nase ins Wasser steckten!

Von Kollmar nordwärts tritt auf dem Elsflether Steindeich der Leuchtturm von Kamperreihe (weiße, vierseitige, eiserne Bake) in die Erscheinung; der Deich und das Ufer machen hier einen leichten Bogen nach NNW; der Strom setzt bis in die Nähe dieser Schwenkung, was wir an der Kabbelung jederzeit beobachten können.

½ Sm östlich der schwarzen Spitztonne 5 liegt der sogenannte Bielenberger Hafen, der kleinen flachen Booten bei mittlerer Tide Schutz und Unterschlupf gewährt. Ein Trockenfallen müssen wir jedoch in Kauf nehmen. 0,3 Sm nördlich kommt sodann der Leuchtturm von Bielenberg (weißer vierseitiger Turm an einem Wohnhause mit rotem Dach).

Der Deich zieht von hier NNO und läßt dadurch ein schlickiges, sumpfiges Vorland entstehen. Wenn wir unter Ufer eine kleine Barre (Bank von Bielenberg) überwunden haben, führt ein Priel nach Glückstadt. Sonst führt zwischen Bank von Bielenberg und der nördlich beginnenden Rhinplatte der Weg durchs (bei Ebbe wenig angenehme) Kartoffelloch, der von schwarzer Spitztonne 5 in Nordrichtung auf zwei rote Tonnen führt, die steuerbord zu lassen sind. Dieser Weg ist jedoch bei Ebbe und Niedrigwasser selbst für flache Fahrzeuge unsicher. Die Sände sind hier wandelbar. Bei Flut von Glückstadt kommend, erledigt sich jedoch alles ohne Schwierigkeiten, da ja das Wasser bis etwa 3 m steigt. Sehen wir von hier ostwärts, so ragt leise aus dem Land der Bielenberg. Hier beginnt die Kremper Marsch, die bis zur Stör reicht. Früher lag hier eine „steinerne Burg". Daher führt der Kreis Kremper- und Wilstermarsch noch heute den Namen „Steinburg".

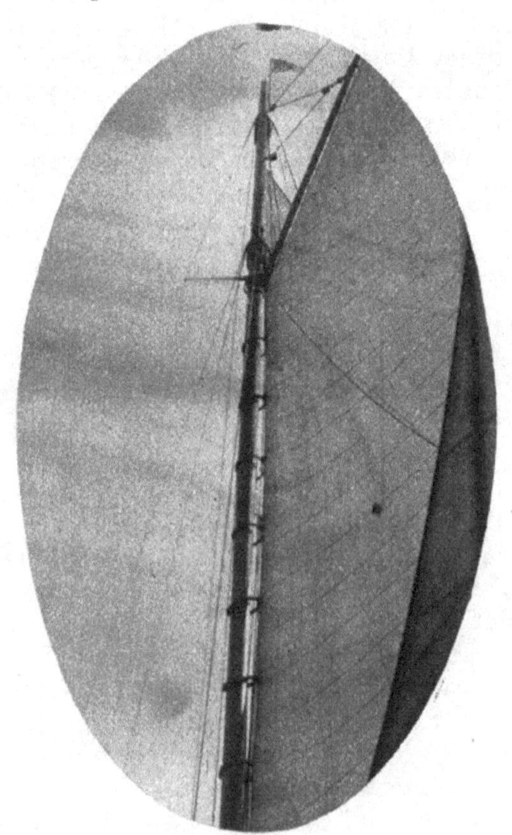

Beidenfleth an der Stör.

Abteilung IV.

Die Elbe von Krautsand bis Brunsbüttel.

Am Tage.

Kurs von Krautsand bis Hollerwettern . .	NzW	ca. 5 Sm
„ „ Hollerwettern b. Scheelenkuhlen	NW½N	„ 4 „
„ „ Scheelenkuhlen bis Brunsbüttel-Reede	WzN¼N	„ 4½ „

Entfernung und Kurse zwischen Tonnen (Südseite des Hauptfahrwassers):

Krautsand-Kreuztonne—F	Kurs	N¾W	Entfernung	ca. 1,4 Sm
F—E	„	N¼W	„	„ 1,2 „
E—D—C	„	N¾W	„	„ 1,5 „
C—B	„	NNW½W	„	„ 0,4 „
B—Kreuztonne—A—G .	„	NW½N	„	ca. 1,7, 1,2 „
G—F	„	NW¾W	„	ca. 2 „
F—E—D	„	WzN	„	„ 3 „

Mittlere Flutdauer: 5 h 19 m, Ebbedauer 7 h 6 m.
Mittlerer Tidenhub: 3,1 Springtide, 2,5 Nipptide.

Bei Nacht.

(Siehe Leuchtfeuerverzeichnis im Anhang.)

Auch auf der Strecke zwischen Krautsand und Freiburg befinden sich im Elbbett langgestreckte Sände. Östlich breitet sich die auch bei Hochwasser nicht ganz überschwemmte Rhinplatte aus, die nordwärts in Verbindung mit der Bank von Glückstadt steht. An dieser streicht die Strömung im Hauptfahrwasser unmittelbar vorbei, so daſz die Bank hier einen Steilsand bildet, der der Groſzschiffahrt bei Nebel und diesigem Wetter schon viel Unannehmlichkeiten bereitet hat. Westlich liegt der etwa 5 Sm lange Mittelgrund, dessen Südspitze am Tage durch eine schwarz-rote Kreuztonne, nachts durch die weiſz-rote Grenze der 2. Blitzgruppe vom Krautsand-Unterfeuer bezeichnet ist (derselbe Sektor,

Hafen von Glückstadt.

der auch gegenüber das Kartoffelloch kennzeichnet). (Siehe L.-V. und Karte.)

Die Nordspitze des in der Mitte schräg durchbrochenen Mittelgrundes wird wiederum bei Tage durch eine rotschwarze Kreuztonne, nachts durch die Grenze des grünweiſzen 3-Blitz-Unterfeuers von Hollerwettern bezeichnet. Wir haben somit auf dieser Strecke drei Fahrwasser zur Verfügung: 1. das Glückstädter Fahrwasser, in dessen schmaler betonnter Südeinfahrt (Kartoffelloch) bei Niedrigwasser nach der Karte 3 m Wasser sein sollen (Verfasser geriet mit einer Jacht von nur 1¼ m Tiefe hier schon fest), wogegen die Tiefe im nördlichen Teil 5 m beträgt; 2. das mittlere, das Hauptfahrwasser; 3. das Nebenfahrwasser zwischen Krautsand und Freiburg, dessen Grenzen nach dem Sand hin durch drei schwarze Tonnen markiert sind. Nachts ist die Passage durch die rot und weiße 2-Blitz-Grenze des Unterfeuers von Krautsand bezeichnet. (Siehe Leuchtfeuerverzeichnis.)

Bei starken westlichen Winden, bei denen im Hauptfahrwasser eine tüchtige Schwell stehen kann, haben Kleinfahrzeuge bei Benutzung des Nebenfahrwassers unter dem hannoverschen Festland den Vorteil des Schutzes und des verhältnismäßig geringen Stromes. Dieses Fahrwasser bietet

Glückstadt. Winterhafen.

den Jachten auch zum Kreuzen genügend Spielraum, da Ufer und Tiefen überall regelmäßig verlaufen.

Die Stadt Glückstadt liegt vor der Mündung des Rhin, eines aus dem Innern kommenden Wasserlaufs. Auf dem Kopf der Nordmole des Hafens befindet sich der Leuchtfeuerturm, jenseits (südlich) ein Felsendamm. Bei steifem Westwind steht in die Einfahrt ein lebhafter Seegang, der mit leichten und flachen Fahrzeugen beim Hinauskreuzen nicht leicht zu überwinden ist. Der Außenhafen von Glückstadt hat bei Hochwasser 6 m, bei Niedrigwasser 1 bis 3 m Tiefe. Trotz Baggerung tritt eine schnelle Verschlickung ein. Tiefere Jachten ankern im hinteren rechtsseitigen Teil des Außenhafens zwischen der Schleuse und dem Liegeplatz der Zollkreuzer (Seehund usw.). Der durch eine Schleuse abgesperrte Innenhafen hat Tiefen von 3 bis 5 m. Der Hafen von Glückstadt ist allen Zaubers bar. Ein Lichtpunkt ist der Blick von der Nordmole auf den belebten, breiten Elbstrom. Von Glückstadt selbst ist sein Marktplatz mit altem Rathaus sehenswert. Daſz Glückstadt von Seglern verhältnismäſzig wenig besucht wird, hat seinen Grund wohl mit darin, daſz sie hier meist erst mit tiefster Ebbe anlangen, und dann ist der Weg durchs Kartoffelloch ein unsicherer.

Kommen wir am Tage von Brokdorf, so halten wir uns unter Ostufer bis Hollerwettern (Vorsicht wegen der Stackneubauten in der Störmündung) und steuern zwischen der Ansegelungstonne der Stör und der von Glückstadt (siehe Karte) weiter durchs ausgetonnte Fahrwasser.

Bei Nacht halten wir, ob nach der Stör oder nach Glückstadt zu, solange die Linie der Brokdorfer Feuer, bis die Richtfeuer der Stör in Linie kommen, die über die Baggerrinne der Störmündung führen, wo wir dann ankern können (loten). Es steht hier bei Ebbe und Flut eine sehr starke Strömung. Der Anker muſz daher gut fassen. Bei Nacht nach Glückstadt Vorsicht! um nicht auf den Rand der Steilsände zu geraten.

Die Stör. Die Einfahrt ist am Tage durch zwei schwarze Bakentonnen ohne Toppzeichen mit Aufschrift Stör oder Glückstadt bezeichnet. An Backbord liegen die schwarzen Spitztonnen 1, 2, 3 und 4, an Steuerbord die roten Tonnen A, B, C und D. Zwischen Tonne 2 und B beträgt die Breite des Fahrwassers ca. 40 m, die Tiefe, wenn kein Ostwind ist, bei Niedrigwasser etwa 3 m. Weiter hinein stehen an Backbord Priggen. Bis zur roten Tonne D halten wir die Richtfeuer (Oberfeuer auf dem Deich: weiſzer Gittermast, Unterfeuer auf dem Vorland: runder Turm aus Ziegelrohbau) steuerbord gut frei in Linie und nehmen bei Passieren der Tonne D Kurs auf das etwa 300 m weiter landein stehende Quermarkenfeuer (weiſzer eiserner Mast, evtl. mit Fernglas beachten), bis wir zu den Stacks kommen, die wir dichtbei passieren können. Von dem weiteren Störlauf gilt die Regel des Aussegelns der Buchten. Im äuſzeren stromreichen Bogen ist es tief, gegenüber in verringerter Strömung seicht. (Vergl. Stromlauf mit Zeichnung. Nachts-Einlauf siehe L.-V. und Karte.)

In der Stör und Oste gilt die Vorschrift, die Passage nicht durch ankernde Fahrzeuge zu behindern. Bei längerem Verweilen legen wir die Jacht vor Bug- und Heckanker in Lee des Stromes unter Ufer. Nachdem die Ketten oder Trossen steifgeholt sind, bringen wir vom Boot etwas voraus je eine Leine an Land. Sich an eine Brücke oder neben ein Fahrzeug legen, hat für Jachten ebenso seine Schattenseiten wie das Ankern in der Nähe von einer Fähre.

Der Tidenhub beträgt in der Störmündung 3 m, bei Itzehoe 2 m. Hier ist 1 h 10 m später Hochwasser. Der Flutstrom läuft mit 2 bis 2,2 Sm Geschwindigkeit und ist im ersten Viertel am stärksten. Der Ebbstrom läuft 1,3 bis 1,5 Sm, am kräftigsten bei halber Tide.

„Sophie", gestrandet in der Störmündung.

Wenn gutes Trinkwasser am Land nicht zu haben ist, entnehmen wir das Wasser getrost der Stör, und zwar bei Ebbe. Vor Gebrauch lassen wir es einige Stunden abklären.

Hinter Ivenfleth nehmen die Tiefen zunächst bis 5 und 8 m bei Niedrigwasser zu, nehmen dann jedoch auf halbem Wege nach Wewelsfleth bis auf 3 m ab, wonach der Fluß wieder tiefer wird. Die Tiefen wechseln dann bis Itzehoe von 1,5 bis 4,5 m. Ja, in der Biegung bei Heiligenstedten sind sogar Tiefen von 10 m.

Nachdem wir links der Störmündung Störort, eine zum Malen schöne Hallig, passiert haben, erscheint bald linker Hand der Ort Wewelsfleth, wo sich am tiefen Wasser Werftanlagen für den Bau von Dampf- und Segelschiffen befinden. Nach sturmflutfreier Aufhöhung des Werftgeländes und Modernisierung des Betriebes sowie nach einer Verbindung zur Bahn (durch Kraftwagenverkehr oder Nebengleisanlage nach Krempe resp. Glückstadt) hat dieser Ort zweifellos in industrieller Beziehung eine grosze Zukunft. Vor Wewelsfleth ankert man für kurze Zeit gut vor der Störwerft (vorm. Junge). Wenn wir dort länger blieben, legten wir uns immer eben hinter der Fähre vor dem kleinen Priel fest. (Linke, also Westseite.)

Hafen von Itzehoe.

Störauf passieren wir sodann den alten, schon zur Zeit Karls des Groszen benannten Hafenort Beidenfleth; weiter geht's vorbei an dem berüchtigten Haus, in dem Timm Tode vor einigen Jahrzehnten seine grausigen Taten ausführte. Die Bucht trägt noch jetzt seinen Namen. Bald kommt Hodorf mit Fähre, und so können wir mit Flut, immer die tiefen Buchten aussegelnd, Heiligenstedten erreichen, wo wir die Stromtore der Störbrücke passieren müssen, falls wir weiter störauf wollen. Die Jacht bei Heiligenstedten längere Zeit zu vertäuen, lohnt sich.

Bemerkenswert ist auf diesem Wege störauf, dasz bei Kasenort die Stör einen solch schlingenartigen Bogen beschreibt, dasz man am engsten Teil dieser Schlinge fast mit einem Stein zum andern Störufer werfen kann. Dasz diese engste Stelle noch nicht durchstochen worden ist, wodurch der Schiffahrtsweg doch sehr verkürzt würde, ist unbegreiflich.

Heiligenstedten ist gleichfalls ein hübscher Hafenort (Bahnstation) mit alter Kirche. Die Glocken hängen in einem Gestühl daneben.

Von Heiligenstedten aus kann man reizende Tagesausflüge störauf machen.

Heiligenstedten.

Mit einem — allerdings flachen — Boot kann man bei passender Tide morgens mit Flutbeginn Heiligenstedten verlassen, läßt Itzehoe linker Hand, fährt durch das Delfttor (Vorsicht! Hier steht heftiger Strom!) und erreicht zur Mittagszeit Schloß Breitenburg, kenntlich an der neuen, modernen eisernen Brücke, bei der man sein Fahrzeug oberhalb, rechter Hand, an einem typisch großen Baum festbinden und bei jeder Tide an Land gehen kann. Hier kann man im gegenüberliegenden Fährhaus zu Mittag essen; schöner aber ist es, in dem reizvoll gelegenen Walde links der Brücke an eichenumsäumten Wiesengründen Picknick zu machen und nachmittags Breitenburg mit dem Schloß der Rantzaus, einer alten niederdeutschen Wasserburg, aufzusuchen. Man kann dann mit Ebbe bequem vor Beginn der Flut in Heiligenstedten zurück sein.

So haben wir die Stör aufwärts, soweit sie reizvoll ist, bereist und können den Besuch nur jedem empfehlen. Sowohl der Segler als auch der Naturfreund kommen auf ihre Kosten. Wir können mit Fahrzeugen bis Kellinghusen und durch die Bramau, die in die Stör fließt, bis Wrist gelangen; wir sehen, daß bei Bereisung der Stör dem Wassersportler ein weites Feld offensteht. —

Westwärts der Störmündung liegt Freiburg, durch einen etwa 1 Sm langen Priel, der bei Ebbe trockenfällt, mit der Elbe verbunden. Wir können nur mit höchstem Wasser über die Barre. Als Tiefgang für Jachten, die Freiburg selbst besuchen wollen, dürfte 1 m in Betracht kommen. Für tiefergehende Jachten ist es jedoch ein Wagnis, besonders bei Ostwind. Die Einfahrt wird durch eine auf dem Nordende stehende Stange mit □-Korb als Toppzeichen bezeichnet. Einen Ankerplatz vor der Barre müssen wir uns anloten. Der Sand steigt ziemlich steil an. Wollen wir hier längere Zeit verweilen, so muß das Wetterglas zuverlässig stehen. Bei N und NW liegen wir hier sehr unruhig.

Freiburg liegt auf künstlichem Hügel, an den Deich gelehnt. Die Häuser sind häufig ganz mit Efeu überwachsen. Gehen wir auf dem Deich entlang, so erblicken wir zwischen den Baumkronen ringsum die stille und starke Marschenschönheit, und am Horizont, wie einen feinen Hauch, die holsteinische Küste.

Das Watt, der Böschrücken, hat zwischen Freiburg und Ostemündung stellenweise 1 Sm Breite und mehr. Er erhebt sich meist steil ansteigend bis 2 m über Niedrigwasser.

Zwischen Brokdorf und Freiburg zeigen die oberen Schichten des Elbwassers bei Flut bereits Vermischung mit Seewasser. Das Gelände nimmt hier ein seeküstenmäßiges, rauhes Gepräge an. Der Stromlauf erweckt besonderes Interesse; betrachten wir die Karte, so haben wir hier im Großen die Bestätigung der Regel, daß der Strom im weiteren Bogen „schart", im engeren dagegen seicht ist. (Sände vom Mittelgrund, Böschrücken usw.) Der Strom flutet von der Rhinplate über Hollerwettern und drängt die Deiche entlang nach Brokdorf-Scheelenkuhlen, wo starke Stacks bis ins tiefe Wasser hinausgebaut sind. Wie schon eingangs erwähnt, ist von dem Elbwasser zu sagen, daß sich hier zwei Ströme begegnen, die, obgleich sie ein gemeinsames Flußbett haben, voneinander grundverschieden sind; der eine führt Süßwasser, der andere Salzwasser. Durch Vermischen beider wird das Wasser „brakig". Das Wasser der Nordsee wirft sich hier dem von oben kommenden entgegen, staut es schon vor dem eigentlichen Tidewechsel auf und läuft dann eine Tide elbauf, eine Tide mit dem Inlandwasser vereint elbab. Die stärkste Ebbströmung ist etwa

Marstrand in Schweden.

6 Stunden nach Hochwasser, die stärkste Flutströmung etwa 4 Stunden nach Niedrigwasser. Wenn auch nicht ganz hierhergehörig, ist es doch interessant zu wissen, daß mit einer Fluttide regulär etwa 780 Mill. cbm Wasser in die Elbe einlaufen, der Auslauf dagegen 810 Mill. cbm beträgt, ein Beweis, wie gering der Überschuß des Inlandwassers ist. Würde die Elbe bei der Elbbrücke abgedämmt, die Seeschiffe könnten unverändert bis Hamburg fahren. Die beiden Elbströme bekriegen sich in dem gemeinsamen Lauf miteinander, zerstören Bestehendes, erzeugen Neues. Im Stromknie bei Scheelenkuhlen tritt der Anprall an die Küste besonders hervor. Hätten hier nicht Menschenhände in unerbittlicher, jahrhundertelanger Arbeit überaus starke Deiche der starken Strömung entgegengebaut, die Elbe hätte sich längst einen anderen Weg gebahnt. Dem einsamen

Wanderer, der die riesigen Felsenwerke bei Scheelenkuhlen bei tiefer Ebbe betritt, kommt es vor, als wandere er in fernen, nordischen Küstengegenden. Was das Wort Sturmflut und Deichbruch hier heißt, haben die Anwohner im Jahre 1825 erfahren müssen. Seit der Zeit haben die Häuser Flutmauern, die Haustüren festschließende Schotten.

Auf Scheelenkuhlen steht einer der ältesten Leuchttürme der Elbe. Elbauf und elbab kreuzen wir in seinem festweißen Sektor. Die Gefahrzonen werden durch 1 resp. 2 Blitze markiert. (Siehe L.-V.) Der zwischen Scheelenkuhlen-St. Margarethen und Büttel zurückspringende (Not-) Deich umschließt das Außendeichsgelände mit hafenartigem Priel, den Holstengraben, von 1 Sm Länge, der bei Ebbe trockenfällt. Rechts hiervon liegt ein anderer Priel, der bei Hochwasser die Verbindung zwischen Elbe und Kirchducht herstellt. Den Einlauf kennzeichnet die schwarze spitze Tonne Nr. 23 mit Fahne.

Etwa 2 km vom heutigen Brunsbüttel lag früher Alt-Brunsbüttel, und zwar im Bett des heutigen Stromes, mit vielen Dörfern und lebhaftem Handel. Diese ganzen Ortschaften gingen vor 250 Jahren mit allen Häusern, Kirchen und Schulen durch Sturmfluten verloren. Von alledem ist heute nichts mehr zu sehen. Nur bei tiefster Ebbe soll sich zuweilen bei Sösmenhusen altes Mauerwerk im Strombett zeigen.

Wir kommen sodann nach Brunsbüttel, zur Mündung des Nord-Ostsee-Kanals.

Der starke Schiffsverkehr hat den Kanal längst als zu klein erwiesen. Daher wird ständig an seiner Verbreiterung und Vertiefung gearbeitet. Die Einfahrt in den Kanal ist nicht immer einfach. Der Strom wirft sich mit 3 und 4 Sm Schnelligkeit hart an das Ufer, und es besteht die Gefahr, an den Steindamm geworfen zu werden. In den Vorhafen hineinzusegeln, ist meistens nicht gestattet. Vielmehr haben Segelfahrzeuge, die hineinwollen, am besten auf der Höhe der Zementwerke, — also ostwärts der Einfahrt, — zu ankern, und die Nationalflagge in dem der Kanalmündung zugekehrten Want des Großmastes zu setzen, ein Zeichen für den Schlepper, das Fahrzeug in den Kanal hineinzuholen. Die Reihenfolge bestimmt die Hafenbehörde. Für das Ein- und Ausschleppen werden besondere Gebühren nicht erhoben. An der linksseitigen Kanalseite zu ankern, halten wir für Jachten nicht für ratsam. Erstens ist der Strom hier noch schärfer und daher das Bett tiefer, was bei Ankerhieven, besonders wenn der Schlepper wartet, von Bedeutung ist, und zweitens kann man leicht an die Grenze eines Steilsandes geraten. Als wir vor etlichen Jahren mit einer früheren „Sophie" hier ankerten, loteten wir auf der Stromseite bei Hochwasser etwa 13 m. Auf der dem Lande zugekehrten Seite zu loten, hielten wir für überflüssig. Wir Herren überließen daher die Jacht seelenruhig der Obhut des Bootsmannes, um im Lotsenhaus mit bekannten Lotsen mehrere Grogs zu schmettern. Nach geraumer Zeit kam unser Willi und meldete, daß die Jacht fast auf Grund säße. Wir waren selbstverständlich aufs höchste erstaunt. Auf der Jacht angekommen, loteten wir tatsächlich nach dem Lande zu eine ganz geringe Tiefe, dagegen nach der Stromseite noch ca. 10 m. Wir halfen uns damit, daß wir soviel Kette ausgaben, daß die Jacht vom Ufer abschwoite.

Auch bei Sommerwetter und lebhaften Westwinden kann hier ein recht ruppiger Seegang stehen, der Nordseewogen nichts nachgibt. Wenn daher ein Segler mit leichtem oder gar offenem Boote in dieser Gegend von schlechtem Wetter überrascht wird, so versuche er, den Kanal als Nothafen zu gewinnen. Man lasse sich dann durchschleusen und warte erträgliches Wetter ab, oder, wenn es mit der Tide und dem Tiefgang des Fahrzeugs paßt, gehe man in den Brunsbütteler Hafen, der an der Mündung der Brake ostsüdöstlich von der Kirche liegt. Er ist zwar wenig geräumig, doch können Fahrzeuge bis 4 m Tiefgang bei Hochwasser einlaufen. Die Einfahrt ist an der Westseite durch eine Bake mit Kugel als Toppzeichen gekennzeichnet, die auf dem Kopf einer Schlenge steht. Durch den Kaiser-Wilhelm-Kanal wird nach der Ostsee oder umgekehrt morgens etwa um 6 Uhr geschleust. Gewöhnliche Jachten zahlen hierfür eine Grundgebühr, außerdem eine Gebühr nach Größe des Fahrzeugs. Wer durch Meßbrief die Größe nicht nachweisen kann, muß zum Hafengewaltigen, der das Schiff schätzt und danach die Gebühren festsetzt. Im allgemeinen ist es verboten, durch den Kanal zu segeln. Nur bei günstigem Wind kann eine Ausnahme gemacht werden. Jachtsegler tun gut, sich mit einer an der Schleuse in Brunsbüttel resp. Holtenau ansässigen Agentenfirma in Verbindung zu setzen. Für geringes, am besten vorher zu vereinbarendes Geld, besorgt die Firma die Deklarierung, wovon man sonst endlose Scherereien, Ärger und Zeitverlust hat. Wer den Kanal oft benutzt, wird schließlich bekannt. Die Angestellten besorgen auf Wunsch Frischwasser, auch Proviant; sogar das neueste Fremdenblatt kann der Jachtsegler bekommen. Das Schleppen durch den Kanal dauert im allgemeinen einen Tag. An Sonn- und Feiertagen und nachts wird nicht geschleppt. Wenn tiefbeladene Dampfer oder Kriegsschiffe passieren, wird der Schleppzug in sog. Ausweichen an der jedesmaligen Luvseite festgemacht. Wer das Pech hat, in solchen Ausweichen oft festzuliegen, verliert viel Zeit. Wir haben schon drei Tage gebraucht, um von Holtenau nach Brunsbüttel zu gelangen. Schalkhafte Leute erzählen, daß ein Schlepperkapitän, der am entgegengesetzten Orte glücklich verheiratet ist, stets nur einen Tag zum Durchschleppen gebrauche. In den Ausweichen achte man dann darauf, daß die Jacht beim Festlegen stets nach der Kanalseite, am besten längsseits des letzten Frachtfahrzeugs, festmacht. Beim Anziehen des Schleppzuges achte man weiter darauf, daß auf die Trosse allmählich Kraft kommt und daß das Beiboot klargeht. Selbstverständlich ist Aufmerksamkeit darauf zu verwenden, daß beim Wiederbeginn des Schleppens vor allem auch die eigene Trosse klar ist. Wiederholt ist es vorgekommen, daß sie sich unter dem scharfen Kiel festsetzte, und, anstatt die Jacht mittschiffs zu schleppen, kommt sie quer zur Fahrtrichtung, — eine verhängnisvolle Sache bei größerwerdender Fahrtgeschwindigkeit.

Finnische Küste.

Abteilung V.

Die Elbe von Brunsbüttel bis Cuxhaven.

Am Tage.

Von Brunsbüttel/Sösmenhusen bis Oste-Feuerschiff	Kurs: WSW¼W	ca. 4 Sm	
„ Oste-Feuerschiff bis Altenbruch/Glameyer-Stack	„ W¼N	„ 6 „	
„ Altenbruch/Glameyer-Stack bis Groden/Neufeld	„ WNW¼W	„ 3 „	
„ Groden/Neufeld bis Cuxhaven	„ NW½N	„ 2 „	

Entfernungen und Kurse zwischen Tonnen (Südseite des Hauptfahrwassers):

Von Sösmenhusen bis Tonne B—A 1—A	Kurs WSW	= 4 Sm
„ A—Oste-Feuerschiff—T ...	„ W½S	= 2,2 „
„ T—S—R	„ W	= 2,7 „
„ R—Q	„ W½N	= 1,7 „
„ Q—Grodenstacktonne	„ WNW¾N	= 3 „
„ Grodenstacktonne bis Alte Liebe	„ NW½N	= 1,6 „

Mittlere Flutdauer 5 h 27 m, mittlere Ebbedauer 6 h 58 m.
Mittlerer Tidenhub 3,36 Springtide, 2,97 Nipptide.

Bei Nacht

(Siehe Leuchtfeuerverzeichnis im Anhang.)

Etwa 3 Sm westlich unterhalb Sösmenhusen, auf der Höhe der schwarzen Tonne 3, kommt sodann der sogenannte Neufelder Hafen, links der Einfahrt durch eine Baake bezeichnet. Dieser etwa 1 Sm lange Wattenpriel, der von Süd nach Nord verläuft, ist nur bei höherem Wasserstand zu benutzen. Neufeld, Marne usw., einst Uferstände eines alten Elbstroms, betreiben heute vielfach Fischerei. Früher soll das Seeräubertum, wie die Chronik meldet, hier geblüht und diese Ort den Hamburgern viel zu schaffen gemacht haben.

Je weiter es nun elbabwärts geht, desto wilder werden die Ufer. Jenseits des aus dem Watt herausschimmernden Gänseberges schieben sich weiterhin immer mehr Sände vor. Hier beginnt das weite Reich der Seevögel. Eine Fahrt in diese Welt der Watten und Prielläufe, etwa bei sinkender Sonne oder aufsteigendem Gewitter, bietet die erhabensten Landschaftsbilder. Links vom Neufelder Watt liegen Medem und Spitzsand; dann folgt das große Gebiet der Nordergründe.

Nachdem wir auf das Wattengebiet der holsteinischen Seite einen Blick geworfen, kehren wir zurück nach Brunsbüttel-Sösmenhusen. Bei der Fahrt elbabwärts stehen uns hier wiederum zwei Fahrwasser zur Verfügung. Wir können die Ostebank elbab linker Hand lassen und durchs Nebenfahrwasser gehen, welches am Tage Steuerbord durch die beiden schwarzen Tonnen 3 und 2, Backbord durch die roten Spieren C B A bezeichnet ist. An jeder Gabelung der Ostebank liegt eine rot-schwarze Kreuztonne O (Ost) resp. W (West). Nachts leitet uns der feste weiße Sektor von Sösmenhusen elbab, mit 3-Blitzgruppe nach der holsteinischen Seite, 2-Blitz nach Seite der Ostebank. Das Nebenfahrwasser ist relativ wenig stromreich. Die Ostebank selbst hat sich während der Kriegsjahre verflacht, so daß hierüber speziell ein Nachtrag zu den neuesten Karten erschienen ist. (In der Elbkarte 5 berücksichtigt.) Mit ganzer Kraft schiebt sich der Strom zwischen Böschrücken und Ostebank hindurch. Das Ostefeuerschiff können wir beiderseits passieren. Wenn wir jedoch das Ostefeuerschiff rechter Hand lassen, befinden wir uns im Hauptfahrwasser. 1 Sm westlich vom Osteriff-Feuerschiff erreichen wir die Ansegelungstonne der Oste. (Bakentonne mit auf der Spitze stehendem Würfel.) Wir befinden uns an der Mündung der Oste, die zugleich die Verbindung zur Weser herstellt. Es gibt deren bekanntlich zwei, einen Einschlupf hier, der Oste aufwärts über Bremervörde durch den Hammekanal bei Vegesack in die Weser führt, einen anderen bei Otterndorf durch Medem, Hadelner- und Geestekanal nach Bremerhaven zur Weser. Die Oste selbst mit einem Schwertboot zu erreichen, dürfte durch die vorherigen abschnittsweisen Elbbeschreibungen, wonach große Strecken unter Schutz durch Nebenfahrwasser (Finkenwärder — Lühe — Grauerort — Krautsand — Wischhafen) zurückgelegt werden können, nicht allzu große Schwierigkeiten bieten, wozu wir bemerken, daß wir ja nicht gerade bei Sturmwetter zu reisen brauchen. Evtl. käme bei einem festen Programm der Transport eines leichten, kleinen Bootes per Bahn, Schlepper usw. in Frage. Der Verfasser

Zwischen Weser und Elbe.

stellt das Ergebnis seiner Reisen und Erfahrungen in diesem Geländeabschnitt der Allgemeinheit zur Verfügung und bemerkt, daß er überall, auch bei Behörden, bezüglich Auskünfte usw. bereitwilligste Unterstützung gefunden hat. Der Text, vereint mit Bildern des Verfassers und einer Karte zwischen Elbe und Weser dienen zur Erläuterung und Übersicht. Für Mitteilungen, etwa vorhandene Lücken auszufüllen, wäre Verfasser dankbar. Welches Boot zum Passieren der Klappschleusen im Hammekanal passend ist, ergibt sich aus den später angegebenen genauen Maßen über Tiefen, Weite usw. (Nach amtlichen Quellen.)

Der Einlauf in die Oste hat am Tage hart unter der roten Tonne A und B, dann weiter hart unter Steuerbord-Ufer bis zu den ersten Stacks stattzufinden, die in der Nähe der beiden Leuchtfeuer stehen (2 Gaskessel auf hölzernem schwarzen Gerüst). Von hier geht's schräge durch den Priel zur andern Seite, hart unter dem abbrüchigen Ufer entlang, dann nach den Regeln der Flußsegelei weiter osteauf. (Die Buchten aussegeln.) Einlauf nachts: Das Fahrwasser der Oste hat sich so geändert, daß die Richtfeuer nicht mehr in Linie

Zu Anker auf der Oste.

gebracht werden müssen, sondern frei voneinander bleiben. Die Feuer sind also nur bei Ortskenntnis zu benutzen.

Bei hartem Nordwest und bei Flut steht bis zur Oste nach Neuhaus hinein grünes Nordseewasser[1]).

Von der Mündung rechter Hand geht's dann vorbei am Neuhäuser Deich mit Zollhaus, wo man Jachten meistens unbeanstandet passieren läßt. Dann erscheint unmittelbar

*) Die Oste hat bis Hechthausen bei Niedrigwasser Tiefen von 1,5 m und darüber. Der mittlere Tidenhub beträgt 2,7 m. Bis Bremervörde geht die Seeschiffahrt. Hier beträgt der niedrigste Wasserstand 1,6 m, der mittlere 2,2 m. Bremervörde liegt 73 km von der Mündung entfernt. Die am Osteufer befindlichen Tafeln (bis Hechthausen hölzern, oberhalb eisern) geben in km die Entfernung von der Einmündung des Winterburger Kanals in die Oste an. Der Winterburger Kanal ist ein Moorkanal der 2,7 km oberhalb des Oste-Hamme-Kanals in die Oste mündet.

am Ufer, herausschauend aus hohem Reth, ein alter, schon etwas schief stehender Turm aus roten Ziegeln. Kurz vor diesem kann man durch einen bei Ebbe allerdings flachen Priel zum Hafen von Neuhaus abzweigen, wo es jedoch recht schlickig und daher nicht gerade gemütlich ist. Für größere Jachten ist es schon ratsamer, an jenem runden Turm vorbei-

Belum an der Ostemündung.

zufahren und dort zu ankern, wo die hohe Rethwand aufhört und das flache Wiesenland anfängt. Hier liegt man gegen alle westlichen Winde geschützt und hat am Ufer gleich einen Steg zur Hand, den man selbst bei tiefster Ebbe benutzen kann, um ans Land zu kommen. Auch liegt man hier im Leeufer des Stromes. Abends muß selbstverständlich ein Ankerlicht brennen, da auf der Oste starker Schiffsverkehr herrscht. Trinkwasser bekamen wir im Hotel Ramm, gleich am Deich belegen. — Neuhaus ist ein entzückendes altes Städtchen, wo Segler längere Zeit verweilen sollten, allein schon der Ausflüge wegen, die man von hieraus, da ja der Ort auch Bahnverbindung hat, in die engere und weitere hochinteressante Umgebung machen kann.

Von Neuhaus kommt man so z. B. zum alten, hübschen Orte Belum, belegen an der Ostemündung. Hier kann man

Fährhaus in Oberndorf an der Oste.

den Seedeich bis Otterndorf benutzen. Auf dieser herrlichen Wanderung grüßt linker Hand der Hügelvorsprung der Wingst, jenseits über den Elbstrom schimmern deutlich die Itzehoer Hügel herüber. Man kann als gewiß annehmen, daß diese beiden festen Landmarken früher, als es noch keinen Kompaß gab, in der breiten Wasserwüste als Merkzeichen zur Orientierung dienten, wie ja diese festen Landmarken noch heute den heimkehrenden Schiffen als erste Zeichen deutschen Landes erscheinen. Auf unserer Seedeichwanderung begleitet uns linker Hand zu unsern Füßen getreulich der Hadelner Kanal, der, wie unsere Wanderung, in Otterndorf endet. Mit der Bahn können wir in wenigen Minuten nach Neuhaus zurück sein.

Was uns den Aufenthalt so lieb machte, ist aber auch nicht zum wenigsten der überaus freundliche, warmherzige Bewohner dieser Gegend. Das ist nicht der kaltberechnende, geldgierige Altländer, mit jenem harten, verkniffenen Zug um die Lippen, den Handelssucht schon früh hineingegraben hat. Der Hadler Bauer ist zwar sehr selbstbewußt, wie es ja auch durch den Hintergrund seines reichen Besitzes nur erklärlich ist, aber dennoch zuvorkommend, manchmal ein wenig prahlerisch, aber immer fröhlicher Dinge. Die Frauen dieser Gegend erinnern mit ihrem leichten Gang, den feinen Gesichtszügen, oft so gar nicht an die grobknochigen Bäuerinnen etwa der Geest. Wir selbst lernten hier verschiedene Hofbesitzer kennen, bei denen wir die herrlichste Gastfreundschaft genossen, und wir denken noch gern an manchen schönen Sommerabend zurück, den wir draußen in der Veranda verplauderten, während das weiße Mondlicht auf dem stillen Garten, auf dem hellen Wasser der Oste lag. Wie bieder der Bewohner des Hadler Landes denkt, dafür geben wir nachstehend ein Beispiel. Als wir einen Segelmacher zum Reparieren des Großsegels brauchten, fanden wir als einzig gelernten am Orte diesen in Gestalt eines pensionierten Postboten. Er hatte allerdings schon seine 82 Jahre auf dem Rücken; aber pünktlich um 8 Uhr morgens, zur vorher verabredeten Zeit, war er am Orte des Schadens. Weißes Garn zum Segelnähen war ihm unbekannt, aber schwarzen Pechdraht hatte er noch aus seiner Fahrenszeit, aus den sechziger Jahren. Er meinte, schön sehe er auf dem weißen Segel ja nicht aus, aber dafür hielte er umso länger und besser. Nach emsiger und wirklich kunstgerechter Arbeitserledigung fragten wir ihn, wieviel wir

Gutshof an der Oste.

ihm schuldig seien. Ja Herr, meinte er treuherzig, 4 Stunden à 30 Pf. macht 1.20 M., Pechdraht 10 Pf. und zwei Segelnadeln (die wir notwendig brauchten) à 5 Pf., macht zusammen 1.40 M. Selbstverständlich entlohnten wir den alten Mann nach heutigen Begriffen, worüber er so erstaunt war, daſz er bat, ihn in seiner Wohnung zu besuchen, damit

Ein scharfer Bogen in der Oste.

seine Frau, mit der er nächstens diamantene Hochzeit feiere, uns auch kennen lerne. Bemerkenswerterweise verstand er gar nicht, daſz die Jacht keine Fracht fahre.

Da wir prachtvolles Wetter und günstigen Wind hatten, wollten wir mit „Sophie“ einstweilen Neuhaus verlassen und weiter osteauf segeln, der Verfasser war aber nur auf seine Töchter und sich angewiesen. Da kletterten ein paar kräftige Jungen, die am Ufer badeten, an Bord, holten den Anker heraus, setzten die Segel, und im Nu war „Sophie“ in Fahrt. Und wie die Helfer erschienen waren, verschwanden sie auch wieder. Hier und dort tauchte noch ein nasser Haarschopf auf, aber bald verklang das helle Lachen in der Ferne. „Sophie“ steuerte um die erste Ecke. Wir müssen jetzt tüchtig aufpassen; denn eben oberhalb Neuhaus macht die Oste einen sehr scharfen Bogen, der uns auf der Rückfahrt beinahe verhängnisvoll geworden wäre. Nach Passieren dieser Untiefe muſz man sich osteauf zunächst hart links halten und nachher die bekannten Regeln beachten. Schon passieren wir Gäversdorf mit uralter Fähre nach Itzwörden, dem Endpunkt der Kehdinger Kreisbahn. An weiden- und schilfbedeckten Ufern geht

Flögelner See bei Bederkesa.

es mit Flut und Wind flott vorwärts. Markant erhebt sich nach etwa 8 km Fahrt die Kirche von Oberndorf hart am Ufer und gibt so dem Segler, der hier fremd ist, rechtzeitig eine Orientierung. Etwa 200 bis 300 m vor der Kirche und der Fähre ankert man rechter Hand idyllisch unter schattigen alten Bäumen vor Meyers Hotel, wo ebenfalls Frischwasser zu haben ist. Wer längere Zeit zu bleiben gedenkt, gebe Bug- und Heckanker und zwei Leinen zum Lande aus und stelle das Steuer mittschiffs fest, damit die Jacht nicht zu schwoien braucht. Er kann dann ziemlich dicht am steilen und tiefen Osterande ankern. Der Segler hat dort einen bequemen und sicheren Ankerplatz. Wird jedoch nur ein Buganker geworfen, so muſz beim Schwoien in zwiefacher Beziehung aufgepaſzt werden, 1. daſz andere vorbeisegelnde Schiffe

Bremervörde.

die Jacht nicht rammen und 2., falls der Wind auflandig ist, dalz die Jacht nicht am Ufer haften bleibt. Mit Beginn der Flut ist's nicht gefährlich, da ja dann das Wasser steigt; aber bei Hochwasser ist Aufmerksamkeit doch recht angebracht. Bleibt dann nämlich die Jacht mit dem Bug oder Heck am Ufer festsitzen, so kann sie in eine recht gefährliche Situation kommen. Der Uferrand ist fast steil und das Wasser fällt etwa 3 m. Mit neu einsetzender Flut kann es dann passierer., dalz die fast umgekippte, trocken gelaufene Jacht voll Wasser läuft. Da auch hier starker Schiffsverkehr herrscht, mulz mit Dunkelwerden ein zuverlässiges Ankerlicht brennen. — Der Wassersportler, der ja meist auch wanderlustig ist, kann Oberndorf als Stützpunkt für herrliche Ausflüge benutzen. Am lohnendsten ist's zur etwa eine Stunde entfernten Höftgrube (zugleich Bahnstation) mit dem unter dem Gemeinnamen Wingst bezeichneten prächtigen Waldgebiete, dessen schönster Teil der Dobrok ist. Die Wingst steigt im Silberberg auf 74 m an, bekrönt mit hochragendem Aussichtsturm, dem sog. deutschen Olymp.

Wir lassen nun die schwere, 2½ m tiefe Kieljacht unter Obhut in Oberndorf und segeln mit einem Schwertboot osteauf. Die Fahrt geht mit der Flut flott vorwärts. Deiche, Reth, Bäume, Werften, Gehöfte passieren wir in herrlicher Abwechslung und natürlicher Unberührtheit. Nach etwa 2 Stunden fahren wir unter der hohen, die Orte Osten und Warstade verbindenden Schwebefähre hindurch; dann erscheint nach weiteren 2 Stunden die Eisenbahn-Drehbrücke von Hechthausen, mit der wir unsere Mastspitze nicht in Berührung bringen dürfen. Etwa bei Laumühlen, der Hälfte des Weges zwischen Oberndorf und Bremervörde, ist's alle mit der Flut. Es heißt rasten. Wir finden in Laumühlen, einem hübschen, bewaldeten Ort, leidliche Unterkunft und Verpflegung im Gasthaus bei Schlichting direkt an der Oste. Mit neuer Fluttide geht's dann vorbei am hübschen Ort Gräpel. Auf der Fahrt weiter osteauf werden wir östlich vom Himmelspfortener-, westlich vom Wingst-Geestrücken begleitet. Etwa 5 km hinter Gräpel liegt linker Hand etwas landein der Ort Elm mit Schiffsgraben, der (auf der Karte) die Oste mit der Schwinge verbindet. (?) (Ist wassersportlich wertlos!) Jetzt verengt sich die Oste zum Teil so sehr, daß uns ein bei einer Gewitterbö dwars getriebener Ewer das

Bremervörde.

Fahrwasser zeitweilig versperrte. Die letzte Strecke bis Bremervörde verläuft die Oste kanalartig (künstlich?) in gerader Strecke. Die Oste bildet bei Bremervörde zwei Abschnitte. Der untere endet hafenartig. Zahlreiche Elbewer nehmen am Bollwerk Kohl und Torf für Hamburg ein. Der zweite Abschnitt der Oste liegt hoch, aufgestaut. Der Verkehr geht über eine feste Brücke. Links derselben ist ein Mühlen-

Schleusen im Oste-Hamme-Kanal.

betrieb, rechts das Schleusenwärterhaus. Hier können wir unser Schwertboot in Obhut geben. Von Bremervörde weiter die aufgestaute Oste landein geht die Fahrt — oder Wanderung auf dem rechtsseitigen Treidelweg — durch wechselreiche, stimmungsvolle Landschaft, bis etwa bei km 8, unweit des Dorfes Spreckens, der Oste-Hamme-Kanal rechts von der Oste abzweigt. Dieser Kanal, eine zur allgemeinen Benutzung dienende öffentliche Wasserstraße, verbindet die Oste mit der Hamme und zerfällt in drei Abteilungen:

1. Die Oste-Abteilung, an der Abzweigung aus der Oste beginnend, hat eine Länge von 1,6 km und eine Steigung bis zur Scheitelstrecke von 4,18 m, die mittels 22 einfacher

Klappstaue von je 0,19 m Stauhöhe und 2,34 m lichter Durchfahrtsweite überwunden wird.

2. Die Scheitelstrecke reicht vom obersten 22. Klappstau bis zum Barkhäuser Verlat und hat eine Länge von 10,09 km.

3. Die Hamme-Abteilung reicht vom Barkhäuser Verlat bis zum Meinershagener Damm oberhalb des pp. Kreutz-

Abzweigung des Hamme-Kanals von der Oste.

kuhlenschütts im Kollbeck und besitzt eine Länge von 4,85 km. Das Gefälle beträgt 3,36 m, wovon 0,54 m durch das Barkhäuser Verlat und der Rest durch 16 doppelte Klappstaue von je 0,18 m Stauhöhe überwunden werden. Das Barkhäuser Verlat hat eine lichte Weite von 3,5 m, die doppelten Klappstaue haben lichte Durchfahrtsweiten von je 1,75 und 2,34 m.

Die Gesamtlänge beträgt somit 1,16 + 10,09 + 4,85 = 16,10 km. Die Sohlenbreite des Kanals soll 4,08 m, und die Fahrtiefe bei Normal-Wasserstand 0,88 m betragen. Boote mit hochgezogenem Schwert, flache Kielboote, Motorboote, Ruderboote, Kanus können also, nach den

Maßen, die dem Verfasser vom Wasserbauamt Stade aufgegeben sind, diese Passage benutzen. Um die Schleusen zu passieren, ziehen wir die Boote über die Klappstaue (bestehend aus Brettern), die sich selbsttätig senken und nach Passieren auch wieder selbständig heben. Dies dürfte für kleine, leichte Boote keine Schwierigkeiten bieten. Auch der Tiefgang bis 88 cm würde genügen. Die Höchstbreite, die ein Fahrzeug haben darf, sagt die Beschreibung. Falls

Auf dem See von Bederkesa.

wir nicht segeln können, müssen wir treideln (Treidelweg) oder rudern. (Außenbordmotor zweckdienlich.) Der Kanal führt dann zur Hamme, die, mit der Wümme zusammenfließend, auf der letzten Strecke Lesum heißt. Letztere hat bis Vegesack sieben Übergangsstellen, die durch Baken (Reisigbündel), welche bei Änderung des Fahrwassers versetzt werden, bezeichnet sind. Beim Dunger Siel liegen während der Saison zahlreiche Jachten an Bojen. (Vorsichtig fahren.) Unterhalb Vegesacks liegt nach Überquerung der Weser die Huntemündung. Die Strecke Hamme-Kanal—Vegesack beträgt etwa 50 km. Wir durchqueren ein ungemein interessantes Gebiet in landschaftlicher und volkswirtschaftlicher Beziehung; denn es schließt weite Moorkolonien, Heiden, dunkle Wälder ein.

Wassersportler vom Gau Bremen benutzen verhältnismäßig viel diesen Wasserweg. Letztere werden gewiß auch unsere Kameraden gern mit Auskünften unterstützen. Gau-Vorsitzender: Herr A. Meyerdiercks. Wer Gefallen an Ursprünglichkeit und Einsamkeit hat, mache sich auf den Weg. Für Material (auch Bilder) zum weiteren Ausbau dieser Strecken wäre Verfasser dankbar.

Von der Ostemündung geht's weiter elbab. Nach 3 Sm Fahrt befinden wir uns zwischen roten Spierentonnen R und S an dem Priel (Verlauf: Nord—Süd), der durchs Watt zur Medem und damit nach Otterndorf führt. Die Mündung bildet den Hafen (bezeichnet durch Bake mit △ als Toppzeichen und durch Pricken). Zugleich mündet hier auch der Hadelner Kanal.

Otterndorf ist der Hauptort des Landes Hadeln, dessen ursprüngliche Gestalt noch überall hindurchschimmert. Während das Hochland Marsch ist, ist das Niederland von Mooren und Seen durchsetzt, aus denen das Flüßchen Medem entspringt, das die Stadt Otterndorf durchfließt und die hier neben peinlich holländischer Sauberkeit besonders schöne Bilder zeigt. Auch im Winter gewährt der Schlitt-

Der Geeste-Kanal.

schuhsport zwischen den beschneiten Häusern und eingefrorenen Ewern ein altes Bild echt holländischer Art. Bei Otterndorf (Bahnstation) finden wir die zweite Verbindung zur Weser. Das Wasserbauamt Neuhaus a. d. Oste beschreibt den Geeste-Hadelner Kanal wie folgt:

Der 45 km lange Geeste-Hadelner Kanal, der eine Verbindung zwischen der Elbe bei Otterndorf und der Geeste für kleine Fahrzeuge herstellt, hat die geringsten Wassertiefen in der oberen, also nach der Geeste zu gelegenen Haltung des Geeste-Kanales mit 1 m und bei sehr niedrigem Wasserstande sogar noch weniger Wassertiefe. Der Geeste-Hadelner Kanal ist sonst für Fahrzeuge von 23 m Länge, 4,70 m Breite und 2,30 m Höhe über Wasserspiegel (letzteres bei dem gewöhnlichen Sommerwasserstande) passierbar. Der Wasserstand des hauptsächlich der Entwässerung dienenden Kanales ist veränderlich und danach auch die zuletzt angegebene lichte Höhe von 2,30 m unter den Brücken. Zeitweise ist der Kanal z. B. für die Anlieger, die mit den Wasserverhältnissen Bescheid wissen, auch mit Fahrzeugen mit größerem Tiefgang befahrbar. Der Außenpriel im Watt der Elbe verschlickt im Laufe des Sommers oft beträchtlich und ist, wenn gerade Niedrigwasser auf der Elbe, für Fahrzeuge mit 1 m nicht immer genügend tief.

Die Schleuse des Hadelner Kanals im Elbdeiche ist im allgemeinen bei Niedrigwasser offen und kann glatt durchfahren werden. Nur wenn das Binnenwasser aufgestaut wird, ist ein regelrechtes Durchschleusen für Fahrzeuge bis 19 m Länge erforderlich. Die einzige weitere Schleuse im Kanal bei Bederkesa ist eine gewöhnliche Schiffahrtsschleuse von 23 m Länge und 5,2 m Breite.

Etwa 20 km von Otterndorf Nord-Süd landein liegt Bederkesa (Omnibusverbindung), jenes alte, wunderbar am See gelegene Städtchen, das rings von rauschenden Wäldern umgeben ist. Bederkesa wird viel von Bremerhavener Wassersportlern besucht. Wohnung und Verpflegung im Gasthaus am See. Der Geeste-Kanal ist in den letzten Kriegsjahren ziemlich verkrautet, jedoch für kleine Schwert- und Kielboote trotzdem befahrbar. Um diese Wasserstrecken zwischen Otterndorf—Bederkesa und Bremerhaven zu bereisen, leistet ein Außenbordmotor gute Dienste. Wer das historische Land Wursten und Bremerhaven kennen lernen will, besehe sich zunächst den großartigen Fischbetrieb in Geestemünde, ferner die Häfen, u. a.

Hünengrab im Lande Wursten.

den Kaiserhafen, und wandere über Speckenbüttel in die Wurster Heide (auch „Hohe Lieth“ genannt) nach Sievern. Die Kultur ist in dies Gebiet noch nicht eingedrungen. Kaum ein Haus ist auf weiter Strecke zu finden. Hier liegen in uralten, stellenweise tief eingefahrenen Geleisen die groſzen Denkmäler einer Heidenstadt mit gewaltigem Rundwall und einem mächtigen Steinkreis mit Grabkammer; südlich liegt die Pipinsburg. Man wandert dann nach Dorum, wo man gut

Historischer Rundwall im Lande Wursten.

übernachtet und noch Essen vorfindet, welches in Anbetracht der Verhältnisse lukullisch genannt werden kann. Ferner sei erwähnt, daſz Wilhelmshaven und Emden durch den 78 km langen Jade-Ems-Kanal verbunden sind. Von Emden ist's nicht mehr weit nach Delfszyl, wo ein Kanal u. a. nach Groningen über Leeuwarden und Harlingen in den Zuidersee führt. Wir wollen hierdurch andeuten, wie weit kleine Boote groſze Strecken in zumeist geschützten ruhigen Gewässern fahren können, ohne die gefährliche See zu berühren, wobei wir voraussetzen, daſz die Überfahrt von Bremerhaven nach Wilhelmshaven wohl meistens als Fracht per Dampfer oder mit ähnlicher Gelegenheit erfolgen muſz. — Wir kehren nunmehr zur Elbe zurück. Die zwischen den

roten Tonnen R und Q befindlichen Dückdalbenfeuer des früheren Imperatorliegeplatzes sind entfernt.

Bei Altenbruch mündet der Braakstrom. Die Einfahrt ist westwärts bezeichnet durch eine Bake mit △ als Topp-

Kirche in Bederkesa.

zeichen. Es ist ein kleiner, am Deich durch eine Schleuse abgeschlossener Hafen, für Fahrzeuge bis 2 m Tiefgang zugängig. In der Schleuse bis Altenbruch haben wir dagegen nur 1,2 m Tiefgang. Wir passieren sodann die große, etwa 20 m hohe Bake bei Groden, die aus einem Gerüst besteht, daß oben in ein auf der Spitze stehendes Quadrat ausläuft. Wie wir am kabbeligen Strom erkennen können, stehen hier bedeutende Stromwirbel. Die Ufer von Altenbruch über Groden—Neufeld bis Cuxhaven sind durch gewaltige Bauten geschützt. An das Bollwerk von Cuxhaven drängt der Strom mit ungeschwächter Kraft heran. Der Strom läuft quer zur Hafeneinfahrt. Südliche Winde decken den Kleinsegler infolge der hohen Uferwerke ab. Haben wir günstige Gelegenheit zum Einlaufen, so halten wir uns, elbab mit Ebbe kommend, so dicht unter Bollwerk wie möglich, biegen dann, falls wir den zwischen Alte Liebe und Fischerhafen liegenden Alten Hafen zum Einlaufen wählen, hart um die Ecke in den Hafen. Haben wir keine zuverlässige Hilfskraft oder sonst günstige Gelegenheit zum Einlaufen, so lassen wir es nicht darauf ankommen, von der bis 4 Sm laufenden Strömung entweder gegen das Bollwerk oder das nordwestlich der Alten Liebe befindliche Steinstack geworfen zu werden, sondern gehen einstweilen auf der Reede zwischen Alter Liebe und Kugelbaake zu Anker, wobei wir jedoch dem weit vorspringenden Watt nicht zu nahe kommen dürfen. (Loten.) Wir warten hier das Ende der Tide ab und holen mit Stillwasser in den Alten Hafen hinein. Bei Niedrigwasser beträgt die Tiefe 2½ m; dazu kommt dann der Tidenhub von ca. 3 m. Der Grund ist weicher Schlick. In der Mitte des Hafens befinden sich Pfähle zum Festmachen. Hier ist jedoch ein unruhiges Liegen (ein- und ausfahrende Krabbenfischer, Schlepper usw.). Verfasser verholte sich zwischen Dalben, indem er bei der Hafeneinfahrt links um die Ecke bog. Wenn hier auch etwas Sog und Schwell ist, so ist hier doch Ruhe und man kann auf leidliche Weise an Land kommen. — Der Semaphor auf dem Deich bei der Alten Liebe zeigt Richtung und Stärke des bei Helgoland und Borkum wehenden Windes an. Die Windrichtung kann direkt von beiden Rosen abgelesen werden. Die Windstärke wird durch Querstellen der Scheiben angezeigt. 1 Scheibe bedeutet immer 1—2 Windstärken (3 Flügel z. B. Windstärke 5—6). Auskünfte für den Schiffsverkehr werden im Küstenbezirksamt IV erteilt. Sachgemäße Wünsche und Beschwerden werden hier entgegengenommen.

Im Eingange des Verwaltungsgebäudes des Fischereihafens werden Hafentelegramme, Wetterkarten und Sturmwarnungen ausgehängt. Hier befinden sich auch Aneroid-Barometer und Thermometer für die Führer von Schiffen zum Vergleichen ihrer Instrumente.

Tafel für Windstärken und Seegang.

Zum Vergleich der Windstärke nach Beaufort mit der Windgeschwindigkeit nach anemometrischen Messungen mag folgende Zusammenstellung dienen:

Stärke	Fahrt und Segelführung beim Winde	Bedeutung	Windgeschwindigkeit Meter in 1s	Windgeschwindigkeit Seemeilen in 1 Stunde	Windgeschwindigkeit Englische (statute) Meilen in 1 Stunde	Bemerkungen
0	Keine } Steuerfähigkeit im Schiff	Still	—	—	—	Bei den Windstärken 5 bis 11 ist die beim Winde mögliche Segelführung angegeben. Die englische (statute) Meile ist = 1609,3 m = 1760 Yards.
1	Eben } Steuerfähigkeit im Schiff	Leiser Zug	1,7	3,3	3,8	
2	Voll und bei: 1-2 Sm Fahrt	Leichte Brise	3,1	6,0	6,9	
3	Voll und bei: 3-4 „ „	Schwache „	4,8	9,3	10,7	
4	Voll und bei: 5-6 „ „	Mäßige „	6,7	13,0	15,0	
5	Man führt: Reuelsegel	Frische „	8,8	17,1	19,7	
6	Man führt: Volle Bramsegel	Starker Wind	10,7	20,8	23,9	
7	Man führt: Unterbramsegel	Steifer „	12,9	25,1	28,9	
8	Man führt: Obermarssegel	Stürmischer Wind	15,4	29,9	34,4	
9	Man führt: Gereffte Obermarssegel und Untersegel ..	Sturm	18,0	35,0	40,3	
10	Man führt: Untermarssegel und gereffte Untersegel ..	Schwerer Sturm	21,0	40,8	47,0	
11	Man führt: Sturmsegel	Orkanartig. Sturm	über 25	über 48	über 56	
12	Kein Segel hält Stand vor Topp und Takel	Orkan	über 30	über 58	über 67	

Die Stärke des Seeganges und auch der Dünung wird nach Beaufort wie folgt bezeichnet:

Stärke	Bezeichnung des Seeganges und der Dünung		Bemerkungen
0	Vollkommen glatte See	—	Seegang und Dünung können aus verschiedenen Richtungen laufen.
1	Sehr ruhige See	—	
2	Ruhige See	—	
3	Leicht bewegte See	(kleine Wellen)	
4	Mäßig bewegte See	(mäßige „)	
5	Ziemlich grobe See	(ziemlich hohe „)	
6	Grobe See	(hohe „)	
7	Hohe See	(große „)	
8	Sehr hohe See	(sehr große „)	
9	Gewaltige, schwere See	(große Wellenberge)	

Scharhörn
Neuwerk
ELBE
Marne
Brunsbüttel
St. Margarethen
Cuxhaven
Altenbruch
Lüdingworth
Otterndf.
Nordholz
Nordleda
Westerwanna
Osterwanna
Midlum
Thilienworth
Hadelner Kanal
Oste
Balje Krummendeich
Freiburg
Neuhaus
Gadenberge
Bulkau
Oberndorf
Oppelahamm
Dobrock
Westersode
Warstade
Basbec
Hamelwörden
Krautsand
Dornbusch
Drochtersen
Dorum
Wremen
Steinau
See
Langen
Bederkesa
Lamstedt
Himmelpforten
Lehenheide
Lehe
Lintig
Oldenfeld
Geeste Kan.
Bremerhaven
Geestemünde
Geeste
Köhlen
Eberzdf.
Nd. Ochtenhsn.
Elm
Schwinge
Stollhamm
Blexen
Nordenham
Wulsdorf
Sellstedt
Elmer Schiffgraben
Mulsum
Abbehausen
Ellwürden
Lune
Loxstedt
Bremervörde
Kutenholz
Stotel
Bevern
Rodenkchn.
Drepte
Bokel
Kuhstedt
Hamme-Oste Kanal
Selsingen
Ovelgönne
Hamme
Oste
Brake
Borneihe
Zeven
Schwanewede
Scharmbeck
Elsfleth
Neuenkirchen
Osterholz
Tarmstedt
Rekum
Wilstedt
Hammersbeck
Hamme
Torfmoor
Weser
Vegesack
Lesum
Grambke
Otterstedt
Sottrum
Hude
BREMEN
Ochtum Kan.
Wümme
Bassen
Osterholz
Posthsn.
Delmenhorst
Oylen
Kirchluichting
Embsen
Arbergen
Achim
Brinkum
Riede
Weser
Daverden
Langwedel
Leeste
Hache
Dauelsen
Thedinghsn.
Morsum
Verden
Barrien
Beppen
Wulmstf.
Schwarme
Aller
Martfeld
Zwischen
ELBE und WESER
5
10
15 Km.

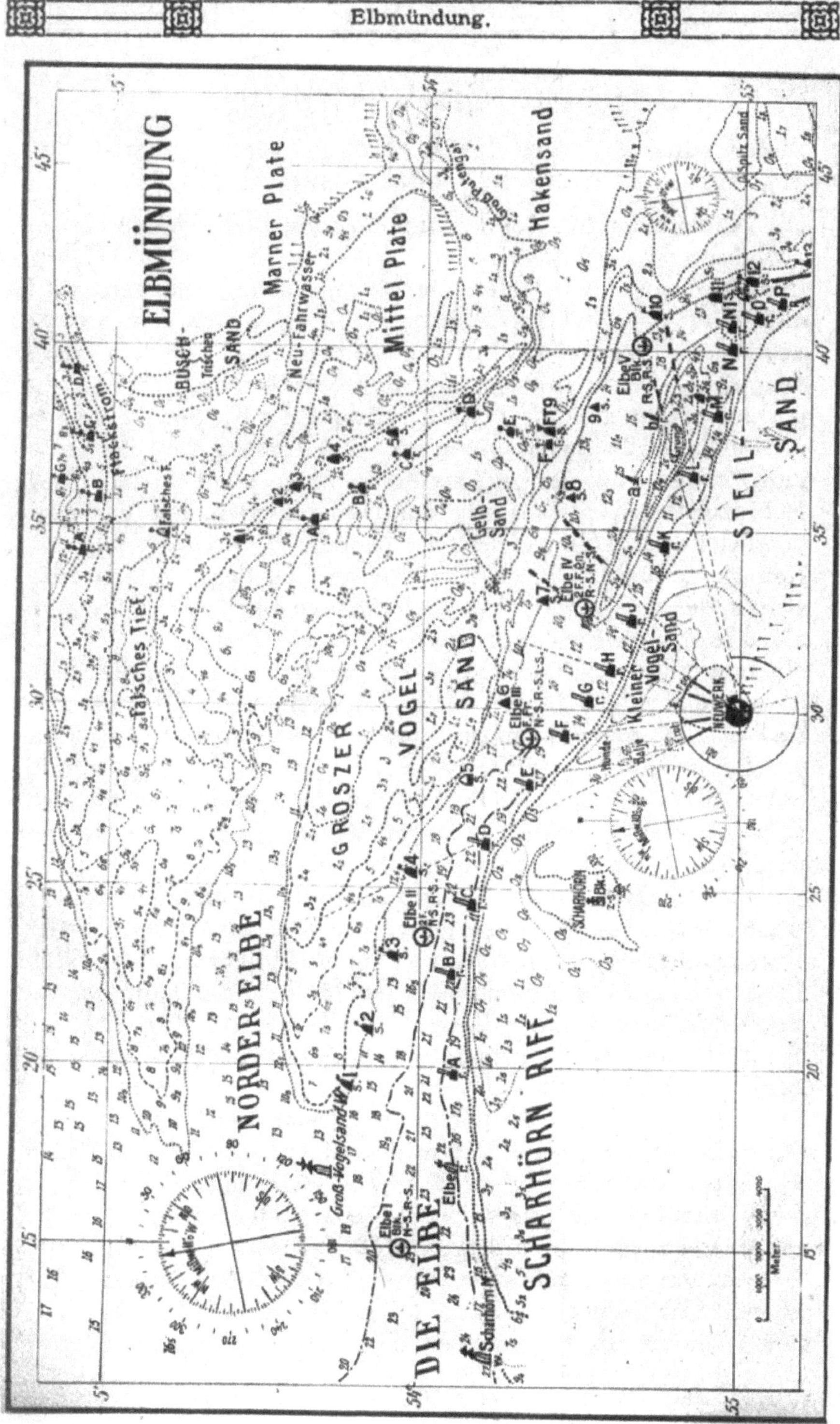
ELBMÜNDUNG
Marner Plate
Hakensand
Mittel Plate
Neu-Fahrwasser
BUSCH-SAND
Falsches Tief
NORDER ELBE
GROSZER VOGEL SAND
Gelb-Sand
Kleiner Vogel-Sand
NEUWERK
STEIL SAND
SCHARHÖRN RIFF
SCHARHÖRN
DIE ELBE
Meter

Jachthafen-Ordnung.

Auf Grund § 3 des Hafengesetzes wird über die Benutzung des Jachthafens folgendes bestimmt:

1. Die Anmeldung für einen Liegeplatz hat beim Hafenwart im Jachthafen zu erfolgen.
2. Für das Recht, den Hafen als Liegeplatz zu benutzen, wird alljährlich eine Zulaßkarte ausgestellt, die außer dem Namen des Fahrzeuges und des Besitzers die Nummer der dem Fahrzeuge angewiesenen Boje oder des betreffenden Vertäuungspfahles enthalten soll. Beim Empfange der Karte muß Name, Art und Größe des Fahrzeuges, die Adresse des Besitzers und für den Fall, daß nicht ständig Mannschaft an Bord des Fahrzeuges ist, gleichzeitig der Name dessen, der dasselbe beaufsichtigen soll, aufgegeben werden.
3. Kein Fahrzeug darf in der Einfahrt ankern, Segel setzen oder sich an den dort befindlichen Schlengelanlagen länger aufhalten, als dieses zum Ein- und Ausholen nötig ist.
4. Nach § 5 der Hafenordnung ist es verboten, Gegenstände irgendwelcher Art in den Hafen zu werfen.
5. Das Sinken von Fahrzeugen sowie der Verlust von Ankern u. dgl. ist sofort dem Hafenwart zu melden. Die Eigentümer haben für eine schnelle Entfernung der gesunkenen Gegenstände Sorge zu tragen, widrigenfalls dieses auf ihre Kosten durch die Hafenbehörde veranlaßt wird.

   Alle im Hafen gefundenen oder geborgenen Gegenstände sind dem Hafenwart zu übergeben, welcher seinerseits für eine entsprechende Weitermeldung an das Strandamt zu sorgen hat.
6. Die Brücke und die Schlengel im Jachthafen dürfen zum Lagern von Gegenständen nicht benutzt werden.
7. Nach der Polizeiverordnung vom 10. August 1897 ist das Baden im Hafen verboten.
8. Beiboote sind hinter den Schlengeln festzumachen.
9. Den Anordnungen des Hafenwarts über das Hinlegen oder Verholen von Fahrzeugen ist Folge zu leisten.
10. Zuwiderhandlungen gegen diese Vorschriften werden, soweit nicht strengere Strafvorschriften in Betracht kommen, nach § 9 des Revidierten Gesetzes über die Organisation der Verwaltung mit Geldstrafe bis zum Betrage von M. 36 geahndet.
11. Diese Verordnung tritt mit dem Tage der Verkündung in Kraft.

Hamburg, den 22. September 1916. Die Polizeibehörde.

Terschelling-Feuerschiff.

Abteilung VI.

Von Cuxhaven bis zur Elbmündung. Die Küste bis Borkum und Sylt.

Mit Übersichtskarten (einschließlich Helgoland).

1. Die Elbe von Cuxhaven bis zur Mündung.

Am Tage:

Von Cuxhaven bis Feuerschiff Elbe V	Kurs	NNW½N	ca.	4½ Sm
„ Elbe V bis Elbe IV	„	WNW	„	4 „
„ Elbe IV—III—II	„	NW¾W	„	6 „
„ Elbe II bis Elbe I	„	WNW½W	„	5 „

Mittlere Flutdauer 5 h 37 m, mittlere Ebbedauer 6 h 48 m. Mittlerer Tidenhub 2,84 m (bei westlichen Winden Erhöhung, bei östlichen Senkung).

Bei Nacht

(Siehe Leuchtfeuerverzeichnis im Anhang).

Cuxhaven ist in der Hauptsache Hafenort. Außer Fischerei sind sein Handel und die Schiffahrt selbst von nicht allzugroßer Bedeutung. Im Sommer bilden Cuxhaven mit „Alter Liebe“, dem Deich- und Vorlandgelände von Döse und Duhnen einen beliebten Aufenthalt für Sommerfrischler. Vor etwa 25 Jahren, als hier noch ursprünglichere Verhältnisse waren, als Döse und Duhnen kaum „entdeckt“ waren, trieben die Sommergäste dort Wassersport auf besondere Weise. Wir Wasserratten pilgerten von Döse durchs Watt nach dem

Hauptfahrwasser. Dort wurde das Zeug in aufgespannte Schirme gelegt, und dann in der Sonne und im Wasser nach Herzenslust gebadet. Sogar einen Vorsitzenden hatten wir. Er war unser „Gott Neptun", der, mit Diadem aus Seetang usw. geschmückt, nicht wenig stolz auf seine Würde war. Auch unter Kulturmenschen hieſz er nur „Gott Neptun". Seiner Anhänger waren schlieſzlich so viele geworden, daſz

Wassersportler in der Elbmündung.

die eben eröffnete Döser Badeanstalt ihren Ruin wegen des geringen Besuchs vor Augen sah und die hohe Obrigkeit auf die Konkurrenz da drauſzen im Watt aufmerksam machte. Noch ein anderer Wassersport wurde eifrig betrieben. Nämlich das „Wattlaufen" zwischen Duhnen und Neuwerk. Verfasser verweilte damals während der Ferienzeit viel und gern in diesem Gebiet von Unberührtheit und Gröſze, wo die Lungen begierig die erfrischende herbe Seeluft einatmeten und das Auge sich im spiegelnden Lichterglanz des schneeigen Geländes, an der unvergleichlichen Fülle des zum Greifen nahen Schiffsverkehrs nicht sattsehen konnte. Der Weg führt in Duhnen beim Rettungsbootschuppen ins Watt und geht auf dem Kamm des Sandes zwischen Elbe und Weser, durch Reisigbüsche bezeichnet, per hochrädriger

Wagen in etwa 1 Stunde, zu Fuß in etwa 2½ Stunden, nach Neuwerk. Eingangs bei Duhnen und eben vor Neuwerk ist Schlick, sonst überall kurzwellig erstarrter Sand, der auf die Dauer den ungewohnten Fußsohlen wehe tut, wogegen das Überziehen alten Fußzeuges gute Dienste leistet. Die zur Mitte des Weges befindliche Flutenbalje (Verlängerung des Eitzenlochs), die bei Ebbe durch etwa ½ m tiefes Wasser und scharfkantige Muschelbänke führt, läßt sich umgehen. Bei guter Einschätzung von Tide, Wind und Wetter ist der

Durchs Watt nach Neuwerk.

Weg durchs Watt zu Fuß als ebenso sicher zu bezeichnen, wie etwa ein Gebirgsweg. Die Wagen passieren am Tage den Weg bei Ebbe mehrmalig. Im Hochsommer, zur Zeit des Fremdenverkehrs, ist der Andrang in Neuwerk ein großer und im einzigen Hotel (Rose) kaum zu bewältigen. Nur auf Bestellung kann Aufnahme und Verpflegung gewährt werden. Der Verfasser war schließlich mit Watt und Leuten um Neuwerk herum so vertraut geworden, daß ihm oft die Briefpost und sonstige wichtige Bestellungen anvertraut wurden. Sogar die Damenwelt hierselbst unter den Sommerfrischlern gewann Vertrauen zu diesem Sport des „Wattenlaufens". Der Anfang der Wanderung war natürlich für sie ungewohnt, sie mußten, je mehr sie ins freiere Watt kamen, desto mehr „Aufhebens" von sich machen. Mit Rücksichtnahme auf solch „beinvolle" Situationen ging Verfasser voraus. Als dann aber recht schlickige Stellen kamen, wurde energisch zur Umkehr gerufen. Da Verfasser aber mit dem Schuhwerk der Damen weit vorausgewandert war, mußten sie folgen, wenn es auch schwer fiel. In Neuwerk angekommen, war alles Unangenehme vergessen und sie ließen sich als mutige Damen feiern. Einst waren wohl ein Dutzend Teilnehmer mit dem Verfasser durchs Watt nach Neuwerk gelaufen. Es war wunderbares Sommerwetter, Ostwind und Vollmond. Letzterer verleitete uns dazu, auch mal bei Vollmondschein den Weg durchs Watt nach Duhnen zurückzulegen. Die Eingeborenen, der Lampenwärter B. usw., denen wir unser Vorhaben mitteilten, trugen keine Bedenken, und so ging denn die Reise, anfangs bei schönstem Wetter, los. Als wir auf der Hälfte Wegs in der sogenannten Flutenbalje waren, bewölkte sich der Himmel, der Ostwind sprang plötzlich nach Westen, wir verloren die Wegweiser (Reisigbesen) und hinter uns hörten wir das Rauschen der Flut, die nach unserer Berechnung erst viel später einsetzen sollte. Zum Glück hatte der Wirt, Herr Mangels in Duhnen, in seinem Gastzimmer Licht brennen; dies diente uns als Leitfeuer. Die Flut stieg rasend schnell; höher und höher. Längst hatten wir sämtliches Zeug ausgezogen und in offenen Schirmen über unsern Köpfen gehalten. Um niemanden in der Dunkelheit zu verlieren, faßten wir uns in einer Reihe sämtlich bei den Händen. Um die Situation jedoch noch ungemütlicher zu gestalten, stellte es sich heraus, daß ein Oberlehrer Epileptiker war. Wir mußten sehen, wie wir mit ihm durchkamen. Das Wasser stand uns schon bis zur Brust; da löschte Herr Mangels auch noch das Licht aus. Wir tappten nun ganz im Dunkeln ohne irgendeinen Leitstern. Glücklicherweise waren wir aber bald aus dem Watt heraus, und Herr Mangels, dem ich meine vermeintliche Heldentat berichtete, gab mir darauf eine kurze aber treffende Antwort, die ich hier nicht wiedergeben möchte, die mir aber bis heute unver-

Fahrt durchs Watt nach Neuwerk.

Im Hafen von Norderney.

geſzlich geblieben ist. Hätte ich derzeit die Regel von Mondwechsel, Springtide und Wetterwechsel so gekannt wie heute, ich hätte die Nachtfahrt durchs Watt gewiſz nicht ausgeführt.

Neuwerk ist eine doppelt eingedeichte Insel, deren etwa 100 Einwohner sich hauptsächlich durch Landwirtschaft ernähren. Da in die Schule häufig nur ein bis zwei Kinder gehen, kosten diese dem Staat nicht unerhebliche Mittel. Der höchste und älteste Punkt des Geländes weit und breit ist sein Turm, der ursprünglich nicht zu Leuchtzwecken, sondern um 1300 herum als Burgbau erbaut sein soll. Seine unteren Mauern messen 2,80 m. Sie widerstanden in diesen Jahrhunderten allen Stürmen und auch den versuchten Sprengungen von Feinden. Zur Brütezeit sind die umliegenden Wiesen und geschützten Steilsände so von Mövennestern übersät, daſz der Fuſz kaum zuzutreten wagt.

Nach Norden, angesichts des III. Feuerschiffs, befindet sich eine herrliche Naturbadeanstalt. Von Neuwerk weiter nordwestlich führt ein Wagenweg nach Scharhörn. Führt er zunächst durch Priele, so erhöht sich späterhin der Sand, so daſz das Gebiet bei Ebbe hoch und trocken inselartig hervortritt. Auch hier ist solange ein Brutplatz der Möwen, bis eine besonders hohe Flut alles hinwegnimmt. Angetriebene Leichen sind mit einem scharfen Glas vom Neu-

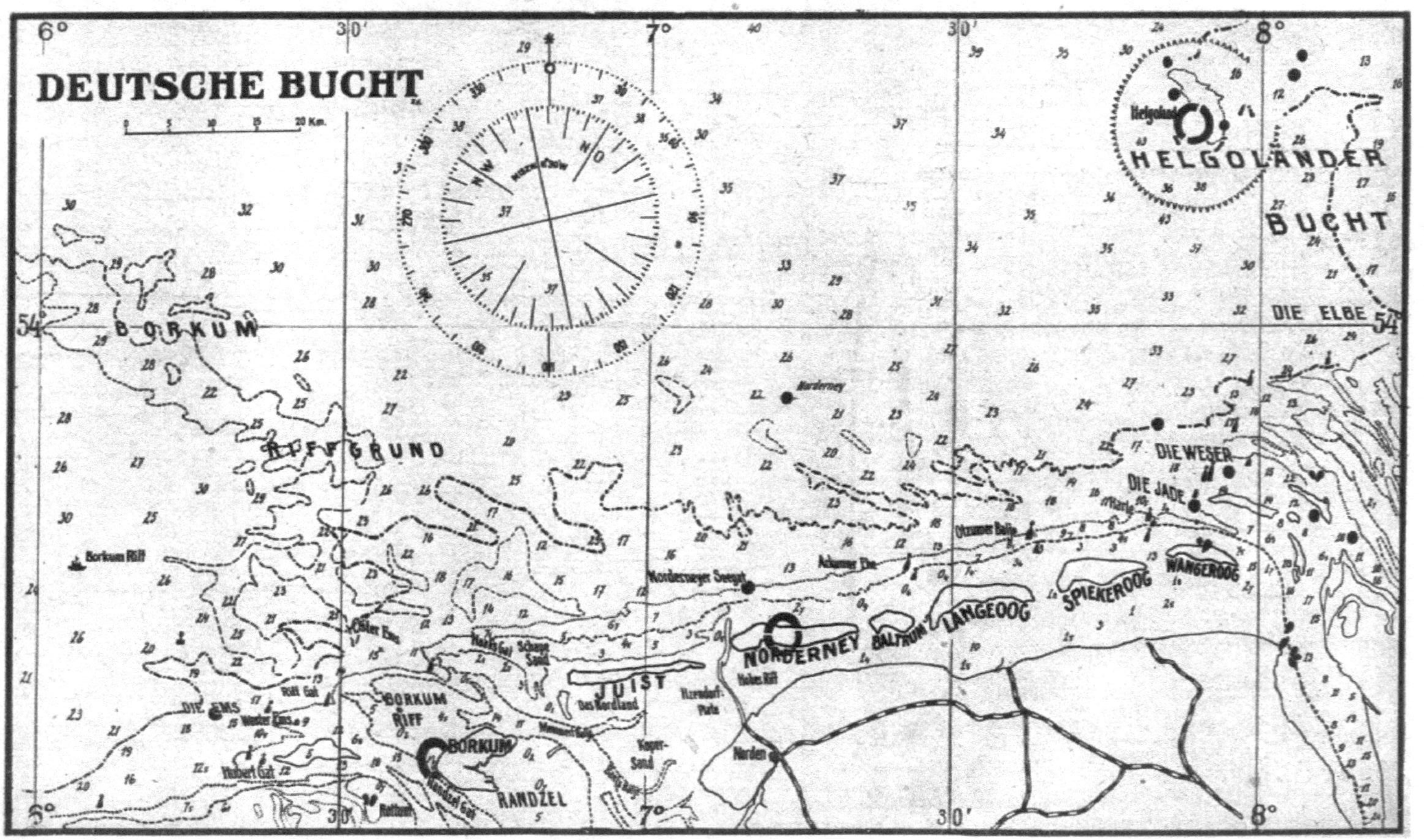
DEUTSCHE BUCHT
HELGOLÄNDER BUCHT
Helgoland
DIE ELBE
DIE WESER
DIE JADE
WANGEROOG
SPIEKEROOG
LANGEOOG
BALTRUM
NORDERNEY
JUIST
BORKUM
RANDZEL
BORKUM RIFF
RIFFGRUND
DIE EMS
6°
7°
8°
30'
54°

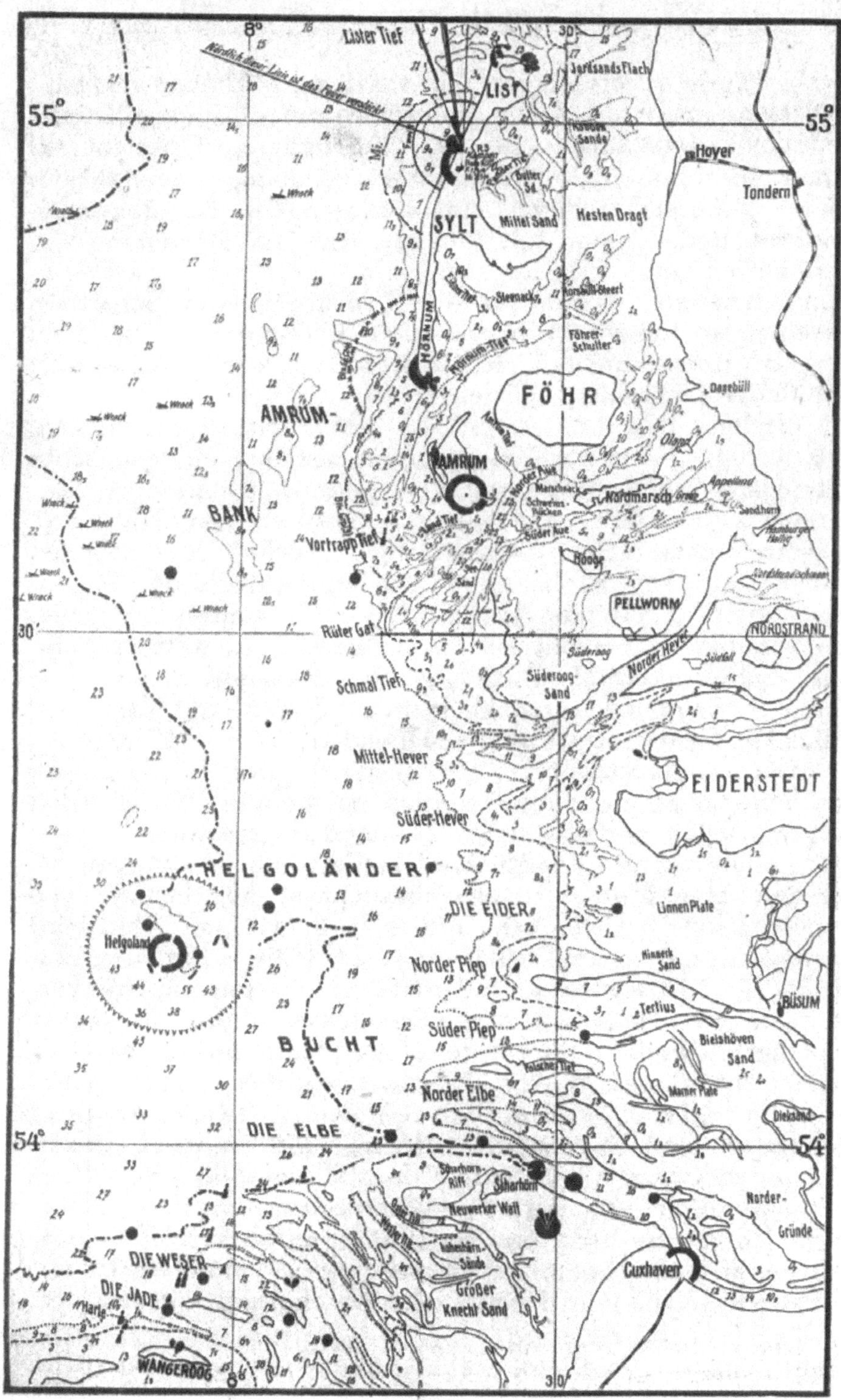
Lister Tief
LIST
Jordsands Flach
Hoyer
Tondern
SYLT
Mittel Sand
Kesten Dragt
HÖRNUM
FÖHR
Dagebüll
AMRUM-
AMRUM
BANK
Vortrapp Tief
Nordmarsch
Hooge
PELLWORM
NORDSTRAND
Rüter Gat
Schmal Tief
Norder Hever
Süderoog-
Sand
Mittel-Hever
EIDERSTEDT
Süder-Hever
HELGOLÄNDER
Helgoland
DIE EIDER
Linnen Plate
Norder Piep
Tertius
BÜSUM
Süder Piep
Bielshöven
Sand
BUCHT
Norder Elbe
DIE ELBE
Scharhörn
Neuwerker Watt
Norder-
Gründe
Cuxhaven
DIE WESER
DIE JADE
Großer
Knecht Sand
WANGEROOG
55°
54°
8°
30'

werker Turm zu erkennen. Sie werden per Wagen abgeholt und bekommen ihre letzte Ruhestätte auf dem Friedhof der Heimatlosen zu Döse. Die Bake auf Scharhörn besteht aus einem 28 m hohen Gebälk, welches drei übereinander auf der Spitze stehende □ bildet. Im mittleren Teil des Baues befindet sich der Raum mit Proviant usw. zur Aufnahme von Schiffbrüchigen. Frischwasser wird periodisch vom Feuerschiff erneuert. Wenn wir die Wrackkarte von Scharhörn besehen, so liegen die begrabenen Schiffstrümmer so dicht bei- und übereinander, daſz wir diese Stätte mit Recht einen Schiffsfriedhof nennen dürfen.

Vielen mag es noch in der Erinnerung liegen, daſz wenige Jahre vor Kriegsbeginn daselbst ein englischer Viermaster nach Strandung von den Mahlsänden so umwirbelt wurde, daſz nach wenigen Stunden von Schiff und Masten nichts mehr zu sehen war. Auch in der äuſzeren Themsemündung beobachteten wir hinsichtlich der Bodenbeschaffenheit ähnliche Verhältnisse. Wir wollten bei Flaute, um von der Tide nicht auf Grund gesetzt zu werden, beim Long-Sand ankern.*) Glücklicherweise besahen wir uns vorher das Segelanweisungsbuch über diesen Ort, das ausdrücklich davor warnte (Nordseehandbuch Seite 253).

Eine Kulturaufgabe ersten Ranges wäre es, das unermeſzliche, jetzt brach und wertlos daliegende Wattengebiet zwischen Elbe und Weser als Neuland zu gewinnen.

Haben wir nun das Küstengebiet zu Fuſz und Wagen bis zur äuſzersten Mündungsspitze besucht, so begeben wir uns nunmehr nach Cuxhaven zurück, wo wir das Fahrzeug besteigen und weiter elbab fahren. Wir betrachten zunächst die Küstenstrecke linkerhand von Cuxhaven. Als vorspringende Spitze haben wir die Kugelbake voraus. An dieser exponierten Stelle geht ein gewaltiger Strom vorbei, der sich Tiefen bis 25 m durchs Fluſzbett gearbeitet hat. Während die Ufer hier von den Sänden: Steilsand, Kleiner Vogelsand und Scharhörn-Riff begrenzt werden, gabelt drauſzen zwischen Feuerschiff V und IV der Mittelgrund (bezeichnet durch Ost- und West-Kreuztonne) das Fahrwasser in das Haupt- und das sog. Kugelbakenfahrwasser. Falls das Feuerschiff V eingezogen ist, begrenzt im Süden bei Nacht der fast weiſze Sektor von Duhnen den Mittelgrund, während der

*) In kritischer Zeit mit „Sophie" im Englischen Kanal, von Heinrich Albrecht, Jahrbuch des Norddeutschen Regattavereins 1915.

weiße, unterbrochene 3-Gruppen-Sektor von Neuwerk diesen von Westen her einschließt. Zwischen Feuerschiff IV und III ist der Sektor von Neuwerk fest weiß, von Feuerschiff III, roter Tonne D und schwarzer Tonne 4 fest rot. Bei heftigen Winden aus Süd bis West haben wir guten Schutz in der Eitzen- und Hundebalje. Die beiden Zugänge sind durch Bojen, das innere Fahrwasser durch Pricken bezeichnet. Das steilriffige Scharhörn ist uns für die Schiffahrt als berüchtigt

Norderney.

inzwischen genügend bekanntgeworden; wir befinden uns sodann beim II. und I. Feuerschiff und somit unmittelbar in der äußeren Elbmündung. Der Weg links der Elbmündung führt dann küstenwärts weiter. Dort befinden sich der Reihenfolge nach die Hauptbojen resp. Feuerschiffe: Scharhörn N, Heultonne Westertill N, Spiegelboje der Nordergründe W, Weserfeuerschiff. Von hier 25 Sm westwärts erscheint Norderney, dessen Einfahrt schwierig und dessen Hafen flach ist. 30 Sm weiter erscheint die Ems zwischen Schermonnikoop und Borkum. Zum Einlauf haben wir die Wahl zwischen Riffgat, Westerems und Hubertgat. Der Weg führt dicht vorbei an Borkum. An einem Sonntag im Juli 1914 kreuzte „Sophie“ hier dicht unter den Blicken der Badegäste und unter den Klängen der Musik entlang. Ein guter

Hafen ist der von Delfzyl. Wir bekamen hier früher gut, reichlich und billig Proviant, auch Frischwasser war leidlich zu haben. Etwa 5 Sm östlich von Delfzyl breitet sich der Dollart aus. Es ist dies ein Strich Landes, das im 13. Jahr-

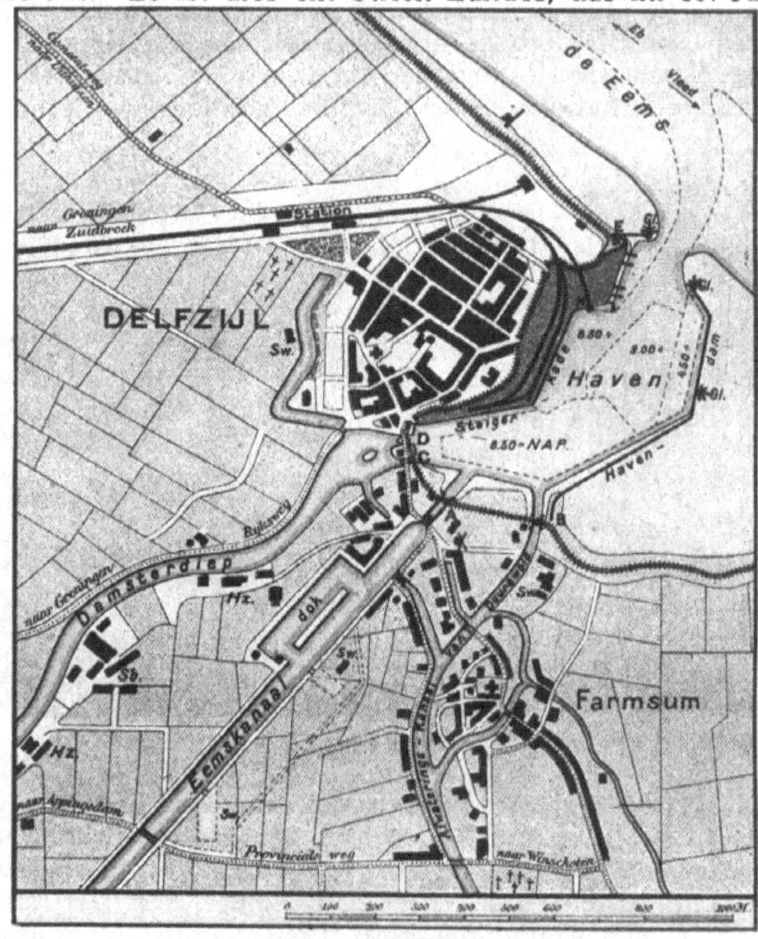

Hafen von Delfzyl.

hundert von der See verschlungen wurde. Durch größere Eindeichungen sind ihr erhebliche Strecken fruchtbaren Gebietes wieder abgerungen. Der Dollart hat für die Schiffahrt nur geringe Bedeutung. Nördlich von ihm liegt die alte Stadt Emden als westlichste See- und Hafenstadt des Deutschen Reiches.

Wir wenden uns nunmehr von Cuxhaven der Gegend rechts der Elbe zu. Östlich liegt der Franzosensand, westlich davon der Hakensand mit dem ausprickten großen Pütengat. Marne- und Mittelplate sowie das „Hohe Ufer“ sind von zum Teil ausgetonnten Prielläufen durchzogen. Hinter dem Gelbsand kommt dann der große Vogelsand, der seewärts so steil abfällt, daß bei unsichtigem Wetter das Lot nicht früh genug vor zu großer Annäherung warnt. Bei einigermaßen ruhigem Wetter kennzeichnen sich die flacheren Stellen durch eine

Emden.

helle, grüne Färbung, während das tiefere Wasser blaugrün aussieht. Bei stürmischem Wetter, vor allem bei Nordwest, herrscht in der durch Sände eingeengten Elbmündung, besonders bei Ebbe, der höchste Seegang. Die anlaufenden Brecher und Grundseen können den Schiffen naturgemäß sehr gefährlich werden. Ähnlich wie in der Jammerbucht bei Skagen liegt auch hier Wrack an Wrack im Mahlsand versunken. Der große Vogelsand ist einschließlich Scharhörn das gefürchtetste Gebiet der Elbmündung. Zwischen „Falschem Tief“ und dem nach Büsum führenden Flackstrom (Süderpiep) liegt der Buschsand (Trischen). Im Norden des Sandes erhebt sich eine über 20 m hohe Bake, als einzige Zufluchtsstätte für Mannschaften gestrandeter Schiffe, mit gleicher Einrichtung wie die Scharhörnbake. Das öde Inselchen ist durch Anschwemmung der Wattströme entstanden. Kaum ein wenig Federvieh findet auf dem spärlich angepflanzten Graslande seine Nahrung. Cuxhavener und Büsumer Badegäste lassen sich von Krabbenfischern hierher bringen, um im Sommer mit Mühe, Ausdauer und Jagdlust die Entenjagd auszuüben. Es sind sog. Brandenten, die in dieser Abgelegenheit ihre Mauserung überstehen und so leicht abgeschossen werden können.

Auf die „Norder-“ und „Süderpiep“ als Seeweg nach Büsum folgt zunächst die Eidermündung, deren vielgewundener Lauf sich über Tönning und Friedrichstadt (Eisenbahnbrücke) schließlich bei Rendsburg mit dem Nord-Ostsee-Kanal vereinigt. Beim Eiderfeuerschiff steht besonders bei Flut eine enorme einlandige Strömung. Wir müssen uns gut von Schiff und Ankerkette frei halten, auch bei Windstille darauf Bedacht nehmen, daß der Strom uns nicht auf die Sände setzt. Wieder weiter nördlich kommen Süder- und Mittel-Hever als Zugang nach Husum und Nordstrand resp. Pellworm (Hallige). Auf Schmal-Tief- und Rütergat folgt sodann das Vortrapp-Tief mit Einsegelung östlich nach den Wattprielen Süder- und Norderaue. Die beiden letzteren führen über Amrum und Föhr nach Dagebüll. Nordöstlich vom Vortrapp-Tief segeln wir über eine Barre, ähnlich wie bei Norderney, vorbei an den Sänden von Jungnamensand. Der weiße Sand auf der westlichen steilen Seite desselben hebt sich bei Sonnenwetter scharf von den dunklen Scharen der Seehunde ab, die den vorbeifahrenden Segler neugierig betrachten, jeden Augenblick bereit, mit wenigen Bewegungen im tiefen Wasser zu verschwinden. Mit einem nicht allzu tiefen Boot können wir vor Norddorf auf Amrum in der Nähe des Kniepsand-Hafens ankern, wie „Sophie II“ es 1911, von Norwegen kommend, tat. Doch liegen wir hier sehr gefährlich der Westdünung ausgesetzt, selbst vor zwei entgegengesetzt ausgebrachten Ankern. Falls wir unbedingt Amrum mit der Segeljacht besuchen wollen, verholen wir uns lieber in den Hafen von Steenodde (südlich Amrum). Hier ankern wir leidlich. Warnen möchte Verfasser jedoch, mit einer tiefen, scharfen Kieljacht nach Wyk auf Föhr zu segeln. Da der Hafen selbst trockenfällt, müssen wir schon weit vor Wyk ankern, um mit einem Kielboot von 2 m Tiefgang flott zu bleiben, was, falls es aufbrisen sollte, hinsichtlich des Freisegelns von Bedeutung werden kann. Um an Land zu kommen, können wir stundenlang die Zeit mit Pullen verbringen. Falls wir daher dieses hochlohnende, wenn auch tückische Wattengebiet mit einer Kieljacht aufsuchen, empfiehlt Verfasser, sich vor Hörnum (Hafen) zu verankern. Die hohen (Wander-) Dünen bieten Schutz gegen alle westlichen Winde. Das Fahrwasser ist ausreichend betonnt, nachts haben wir die Leitfeuer von Hörnum-Odde N und S, die uns auch über die Barre führen.

Stenodde auf Amrum.

Wollen wir uns bei aufkommendem schlechten Wetter nicht in dies Wattengebiet hinbegeben, so steuern wir Lister-Tief an. Am Tage bringen wir die List-Leuchttürme nahezu in Linie, bis die Ansteuerungstonne von Lister-Tief erreicht ist. Das Passieren des steil ansteigenden Salzsandes ist besonders zu beachten; die Ebbe setzt stark darüber hinweg. (Nachts siehe Leuchtfeuerverzeichnis.) Der beste Ankerplatz für Küstensegler ist nördlich des Hunningen-Sandes oder mehr unter Land zwischen Tonnenhof und Rettungsbootsschuppen. Wer im Sommer dem Sport des Wattenlaufens huldigen will, kann von Amrum Nordspitze zu Fuß die Insel Föhr durch die sog. Schwedenlöcher besuchen. Der Weg ist ausgeprickt. Verfasser erreichte in zwei Stunden zu Fuß Ütersum (Westspitze von Föhr). Eine hochlohnende Wanderung führt uns dann quer durch Föhr nach Wyk, von wo Dampferverbindung nach Amrum besteht. In Amrum haben wir die Inselbahn, an der Nordspitze von Amrum wieder den Dampfer nach Hörnum zur Verfügung. (Hörnum: Inselbahn nach Westerland.)

Vom Elbefeuerschiff I, ca. 17 Sm, Kurs NW, führt uns der Weg nach Helgoland, dem beliebten Pfingstausflugsort

Auf Westerland.

Hamburger und Bremer Jachtsegler. Bei Tage laufen wir mit NW-Kurs auf den oberen Leuchtturm von Helgoland zu. Mit weiterem NW-Kurs geht's durchs sog. Hamburger Loch bis zur roten Blinktonne B, die wir Steuerbord lassen, dann mit Nordkurs ins ausgetonnte Fahrwasser zum Südhafen. Der Weg nachts: Siehe Leuchtfeuerverzeichnis. Wir dürfen uns, falls wir kreuzen müssen, nicht zu weit westlich vom „Hamburger Loch" entfernen wegen des „Hogstean" (nur 1 m Wasser) und des nahebeiliegenden Wracks Zuria. Kleinsegler ankern gewöhnlich auf der Höhe der Anlegebrücke vor dem Konversationshaus auf 3—4 m Wasser. Zwischen Düne und Unterland steht kräftiger Ebb- und Flutstrom. Bei starken Winden mit entgegengesetzter Tide herrscht hier gleich ein solcher Seegang, daß es oft schwer fällt, mit dem Beiboot an und von Land zu kommen. Ein guter Liegeplatz für Jachten wäre unter Schutz der neuen Hafenanlagen der sog. Scheibenhafen am Südhorn von Helgoland; um diesen zu benutzen war bis 1914 die vorherige Genehmigung

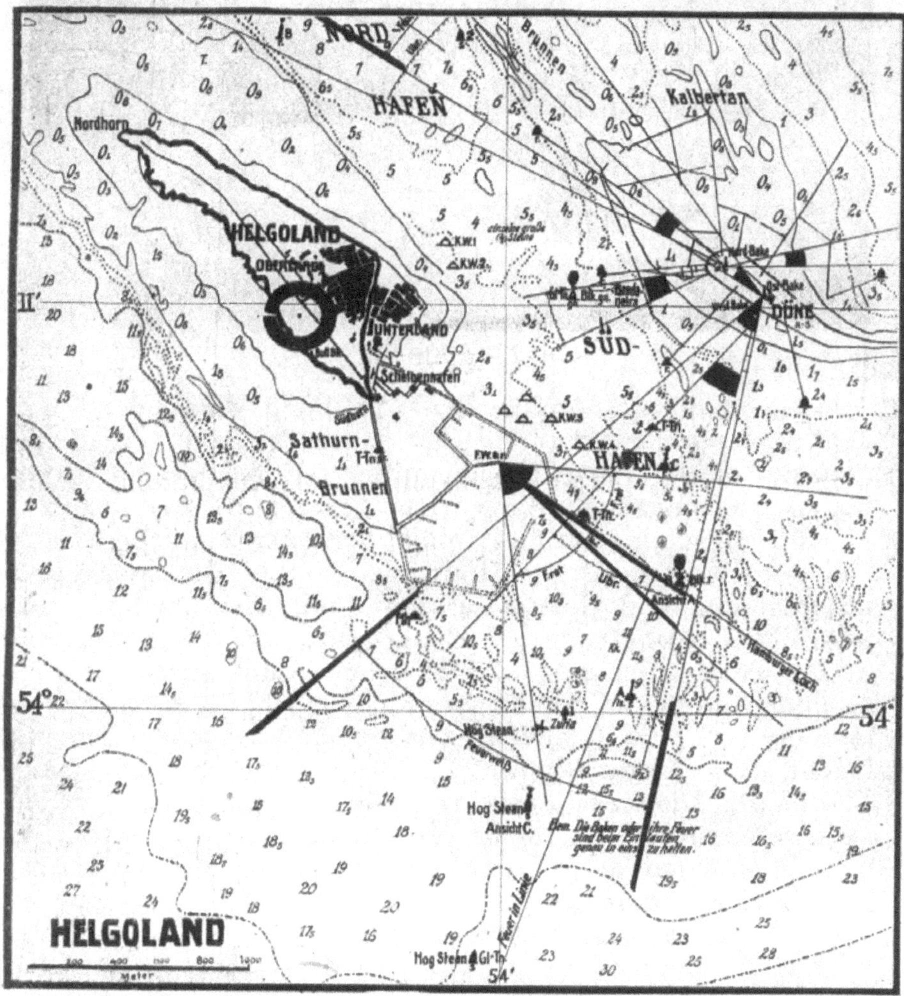

erforderlich. Der Weg hinein führt an der Mohlenmauer der neuen Südhafenanlagen entlang und war (1914) mit einigen Tonnen nach Steuerbord hin ausgeprickt.

Diese Beschreibung der Küstenstrecken rechts und links der Elbe (Deutsche Bucht) einschließlich Helgolands sollen lediglich eine Übersicht gewähren. Auch die beigefügten Kartenskizzen haben nur den Zweck

Sonnenuntergang.

der Übersicht. Zur praktischen Ausübung, Ansegelung usw. bedürfen wir selbstredend für jeden einzelnen Fall der neuesten und genauesten Hilfsmittel, wie Admiralitätskarten, Segelanweisungsbuch, Leuchtfeuerverzeichnis usw.

Wir begeben uns nun schließlich wieder auf den Heimweg zur Elbe. Es ist ein lauer Sommertag. Die Sonne steht abschiednehmend tief im Westen. Mit der letzten Ebbe segeln wir vorbei am Eiderfeuerschiff, um mit neuer Flut in die Elbe einzulaufen. Wir sehen die letzten Sonnenstrahlen feuerrot in den Fenstern des Hochlandes von Helgoland glänzen. Wir sind an der Scheide zwischen Tag und Nacht. Der Mond beginnt schweigend und leuchtend seine Laufbahn. Die Leuchtfeuer ringsum, die Leitsterne des Seemanns, beginnen gleichfalls ihr Spiel. Ihr König, ihr höchster und mächtigster, der Leuchtturm von Helgoland, umhuscht mit gespensterhaften Strahlenbündeln ringsum das Meer. Einige verspätete Möven fliegen erschreckt und kreischend vorbei. Im Bug- und Kielwasser sprühen Miriaden von Leuchtteilchen des salzigen, warmen Meerwassers. Einsam taucht bald linkerhand wieder das Eiland Trischen mit Bake hervor; weit schweift der Blick über die silbernen Wattflächen und verliert sich am klaren Sternenhimmel, wo scharf die Segel der Fischer gegen die schimmernde Himmelswölbung stehen als letztes Wahrzeichen für den Steuermann, der nunmehr elbeinbiegend wieder zur Niederelbe segelt.

Damit hat die Beschreibung der Niederelbe und Umgebung ihren Abschluſz erreicht. Sie zeigte uns den Übergang zwischen Ober- und Niederelbe, führte uns in die Nebengewässer und Nebenflüsse, wie Este und Schwinge mit den lieblichen Obstgärten vom Alten Land und von Stade, gegenüber in die Pinnau, Krückau, Stör mit den gesegneten Haseldorfer, Kremper und Wilster-Marschen, führte uns vorbei an dem einst blühenden, im Elbbett versunkenen Altbrunsbüttel, berührte Dithmarschen und zeigte uns die gefährlichen Riffe der Elbmündung. Ferner beschrieben wir für kleine Boote leidlich geschützte, wenn auch bescheidene Wege zwischen Elbe und Weser durchs einsame, fast unberührte Land Wursten mit Verbindungen wiederum nach Holland, Belgien usw. Stest bot das Gebiet seglerisch und landschaftlich eine groſze Abwechslung: Segenspendender Obstwald, blühende Heide, reiche Marschen, Moorwildnis, Dünen, Deiche und Watten mit dem Ausblick aufs ferne Meer. Kinofilmartig glitten an dem Segler Bilder der lieblichsten Gärten wechselnd mit denen der rauhen Nordseeküsten vorüber. Überall führten sie uns in Gegenden, für die strahlendes Sonnenlicht und Ätherblau ganz besonders geschaffen war. Und von alledem bleibt uns die Erinnerung als Nachsonne menschlicher Freuden!

Auf Wiedersehen!

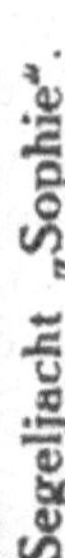

Segeljacht „Sophie“.

Schwedische Küste.

ANHANG.

Seestraßenordnung.

Auszüge aus den Deutschen Reichs-Verordnungen.

Verordnung zur Verhütung des Zusammenstoßens der Schiffe.

Vom 9. Mai 1897.

Einleitung.

Die nachfolgenden Vorschriften gelten für alle Fahrzeuge auf See und auf den mit der See im Zusammenhange stehenden, von Seeschiffen befahrenen Gewässern.

Artikel 1.

Ein Dampffahrzeug, welches unter Segel und nicht unter Dampf ist, gilt als Segelfahrzeug, ein Fahrzeug, welches unter Dampf ist, mag es zugleich unter Segel sein oder nicht, als Dampffahrzeug.

Unter den Dampffahrzeugen sind alle durch Maschinenkraft bewegten Fahrzeuge einbegriffen.

Ein Fahrzeug ist in Fahrt, wenn es weder vor Anker liegt, noch am Lande befestigt, noch am Grunde festsitzt.

Lichter usw.

Die Vorschriften über Lichter müssen bei jedem Wetter von Sonnenuntergang bis Sonnenaufgang befolgt werden; während dieser Zeit dürfen keine Lichter gezeigt werden, welche mit den hier vorgeschriebenen Lichtern verwechselt werden können.

Artikel 2.

Ein Dampffahrzeug muß, wenn es in Fahrt ist, führen:

a) an oder vor dem Fockmast oder beim Fehlen eines solchen im vorderen Teile des Fahrzeugs ein helles

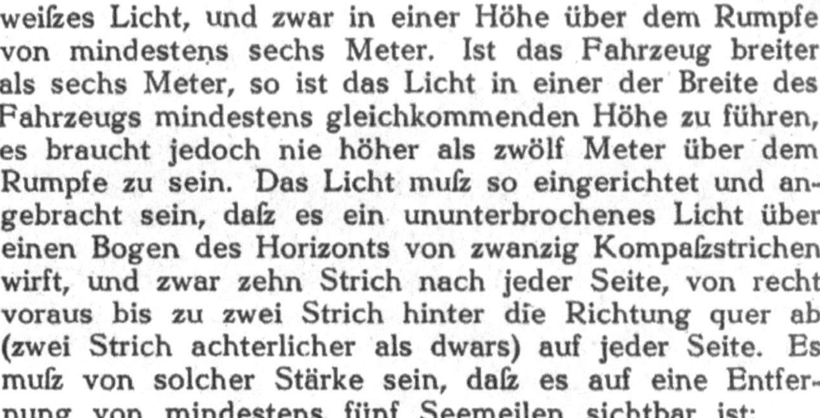

weißes Licht, und zwar in einer Höhe über dem Rumpfe von mindestens sechs Meter. Ist das Fahrzeug breiter als sechs Meter, so ist das Licht in einer der Breite des Fahrzeugs mindestens gleichkommenden Höhe zu führen, es braucht jedoch nie höher als zwölf Meter über dem Rumpfe zu sein. Das Licht muß so eingerichtet und angebracht sein, daß es ein ununterbrochenes Licht über einen Bogen des Horizonts von zwanzig Kompaßstrichen wirft, und zwar zehn Strich nach jeder Seite, von recht voraus bis zu zwei Strich hinter die Richtung quer ab (zwei Strich achterlicher als dwars) auf jeder Seite. Es muß von solcher Stärke sein, daß es auf eine Entfernung von mindestens fünf Seemeilen sichtbar ist;

b) an der Steuerbordseite ein grünes Licht. Dasselbe muß so eingerichtet und angebracht sein, daß es ein ununterbrochenes Licht über einen Bogen des Horizonts von zehn Kompaßstrichen wirft, und zwar von recht voraus bis zu zwei Strich hinter die Richtung quer ab (zwei Strich achterlicher als dwars) an Steuerbord. Es muß von solcher Stärke sein, daß es auf eine Entfernung von mindestens zwei Seemeilen sichtbar ist.

c) an der Backbordseite ein rotes Licht. Dasselbe muß so eingerichtet und angebracht sein, daß es ein ununterbrochenes Licht über einen Bogen des Horizonts von zehn Kompaßstrichen wirft, und zwar von recht voraus bis zu zwei Strich hinter die Richtung quer ab (zwei Strich achterlicher als dwars) an Backbord. Es muß von solcher Stärke sein, daß es auf eine Entfernung von mindestens zwei Seemeilen sichtbar ist.

d) die Laternen dieser grünen und roten Seitenlichter müssen an der Binnenbordseite mit Schirmen versehen sein, welche mindestens ein Meter vor dem Lichte vorausragen, derart, daß die Lichter nicht über den Bug hinweg von der anderen Seite gesehen werden können;

e) ein Dampffahrzeug darf außerdem, wenn es in Fahrt ist, ein zweites weißes Licht gleich dem Lichte unter a führen. Beide Lichter müssen in der Kiellinie, und zwar so angebracht sein, daß das hintere wenigstens vier und einen halben Meter höher ist als das vordere. Die senkrechte Entfernung zwischen diesen Lichtern muß geringer sein als die horizontale.

Artikel 3.

Ein Dampffahrzeug, welches ein anderes Fahrzeug schleppt, muß außer den Seitenlichtern zwei weiße Lichter senkrecht übereinander und mindestens zwei Meter voneinander entfernt führen. Wenn es mehr als ein Fahrzeug schleppt und die Länge des Schleppzugs vom Heck des schleppenden Fahrzeugs bis zum Heck des letzten geschleppten Fahrzeugs einhundertundachtzig Meter übersteigt, muß es als Zusatzlicht noch ein drittes weißes Licht zwei Meter über oder unter den anderen führen. Jedes dieser Lichter muß ebenso eingerichtet und angebracht sein, wie das im Artikel 2 unter a erwähnte weiße Licht, jedoch genügt für das Zusatzlicht eine Höhe von mindestens vier Meter über dem Rumpfe des Fahrzeugs.

Ein Dampffahrzeug, welches ein anderes Fahrzeug schleppt, darf hinter dem Schornstein oder dem hintersten Mast ein kleines weißes Licht führen. Dieses Licht, nach welchem sich das geschleppte Fahrzeug beim Steuern richten soll, darf nicht weiter nach vorne als quer ab sichtbar sein.

Artikel 4.

Ein Fahrzeug, welches infolge eines Unfalls nicht manövrierfähig ist, muß in der Höhe des im Artikel 2 unter a erwähnten weißen Lichtes, und wenn es ein Dampffahrzeug ist, statt des weißen Lichtes zwei rote Lichter senkrecht übereinander und mindestens zwei Meter voneinander entfernt führen. Diese Lichter müssen an der Stelle, an welcher sie am besten gesehen werden können, angebracht und von solcher Beschaffenheit sein, daß sie über den ganzen Horizont auf einer Entfernung von mindestens zwei Seemeilen sichtbar sind. Bei Tage muß ein solches Fahrzeug an gleicher Stelle zwei schwarze Bälle oder Körper, jeden von fünfundsechzig Zentimeter Durchmesser, senkrecht übereinander und mindestens zwei Meter voneinander entfernt führen.

Artikel 5.

Ein Segelfahrzeug, welches in Fahrt ist, und jedes Fahrzeug, welches geschleppt wird, muß dieselben Lichter führen, welche durch Artikel 2 für ein Dampffahrzeug in Fahrt vorgeschrieben sind, mit Ausnahme der dort erwähnten weißen Lichter; diese darf ein solches Fahrzeug niemals führen.

Artikel 6.

Wenn, wie es bei kleinen Fahrzeugen in Fahrt bei schlechtem Wetter vorkommt, die grünen und roten Seitenlichter nicht fest angebracht werden können, so müssen diese Lichter doch angezündet und gebrauchsfertig zur Hand gehalten, und wenn das Fahrzeug sich einem anderen oder ein anderes Fahrzeug sich ihm nähert, an den betreffenden Seiten, zeitig genug, um einen Zusammenstoß zu verhüten, gezeigt werden. Dies muß so geschehen, daß die Lichter möglichst gut sichtbar sind, das grüne aber nicht von der Backbordseite her, das rote nicht von der Steuerbordseite her, und beide wo möglich nicht weiter als bis zu zwei Strich hinter die Richtung quer ab (zwei Strich achterlicher als dwars) gesehen werden können.

Um den richtigen Gebrauch der tragbaren Lichter zu sichern, muß jede Laterne außen mit der Farbe des Lichtes, welches sie zeigt, angestrichen und mit einem gehörigen Schirme versehen sein.

Artikel 7.

Ruder- und Segelfahrzeuge von weniger als 57 Kubikmeter Brutto-Raumgehalt müssen eine Laterne mit einem grünen Glase auf der einen Seite und einem roten Glase auf der anderen gebrauchsfertig zur Hand haben. Diese Laterne muß, wenn das Fahrzeug sich einem anderen oder ein anderes Fahrzeug sich ihm nähert, zeitig genug, um einen Zusammenstoß zu vermeiden, und derart gezeigt werden, daß das grüne Licht nicht von der Backbardseite her und das rote Licht nicht von der Steuerbordseite her gesehen werden kann.

Ruderboote, gleichviel ob sie rudern oder segeln, müssen eine Laterne mit einem weißen Licht gebrauchsfertig zur Hand haben, welches zeitig genug gezeigt werden muß, um einen Zusammenstoß zu verhüten.

Artikel 10.

Ein Fahrzeug, welches von einem anderen überholt wird, muß diesem vom Heck aus ein weißes Licht oder ein Flackerfeuer zeigen.

Das weiße Licht darf fest angebracht und in einer Laterne geführt werden; die Laterne muß aber mit Schirmen versehen und so eingerichtet und so angebracht sein, daß sie ein ununterbrochenes Licht über einen Bogen des Horizonts von zwölf Kompaßstrichen — je sechs Strich von recht achteraus auf jeder Seite des Fahrzeugs — wirft. Das Licht muſz auf eine Entfernung von mindestens einer Seemeile sichtbar sein und soweit tunlich mit den Seitenlichtern in gleicher Höhe geführt werden.

Artikel 11.

Ein Fahrzeug vor Anker muſz, wenn es weniger als fünfundvierzig Meter lang ist, vorne ein weiſzes Licht an der Stelle, wo dasselbe am besten gesehen werden kann, jedoch nicht höher als sechs Meter über dem Rumpfe führen, und zwar in einer Laterne, welche ein helles, auf eine Entfernung von mindestens einer Seemeile sichtbares, ununterbrochenes Licht über den ganzen Horizont wirft.

Artikel 12.

Ein jedes Fahrzeug darf, wenn es nötig ist, um die Aufmerksamkeit auf sich zu ziehen, auſzer den Lichtern, welches es führen muſz, ein Flackerfeuer zeigen oder irgendein Knallsignal, welches nicht mit Notsignalen verwechselt werden kann, geben.

Artikel 14.

Ein Dampffahrzeug, welches nur unter Segel ist aber mit aufgerichtetem Schornstein fährt, muſz bei Tage einen schwarzen Ball oder runden Signalkörper von fünfundsechzig Zentimeter Durchmesser führen, und zwar vorne im Fahrzeug an der Stelle, an welcher das Zeichen am besten gesehen werden kann.

Schallsignale bei Nebel usw.

Artikel 15.

Schallsignale für in Fahrt befindliche Fahrzeuge müssen gegeben werden:

1. von Dampffahrzeugen mit der Pfeife oder Sirene,
2. von Segelfahrzeugen und geschleppten Fahrzeugen mit dem Nebelhorn.

Ein lang gezogener Ton im Sinne dieser Vorschriften ist ein Ton von vier bis sechs Sekunden Dauer.

Ein Dampffahrzeug muſz mit einer kräftig tönenden Pfeife oder Sirene versehen sein, welche durch Dampf oder einen Ersatz für Dampf geblasen und so angebracht ist, daſz der Schall durch keinerlei Hindernis gehemmt wird, ferner mit einem wirksamen Nebelhorn, welches durch eine mechanische Vorrichtung geblasen wird, sowie mit einer kräftigtönenden Glocke. Ein Segelfahrzeug von 57 Kubikmeter Brutto-Raumgehalt oder darüber muſz mit einem gleichartigen Nebelhorn und mit einer gleichartigen Glocke versehen sein.

Bei Nebel, dickem Wetter, Schneefall oder heftigen Regengüssen, es mag Tag oder Nacht sein, sind folgende Schallsignale zu geben:

a) Ein Dampffahrzeug, welches Fahrt durch das Wasser macht, muſz mindestens alle zwei Minuten einen langgezogenen Ton geben.

b) Ein Dampffahrzeug, welches in Fahrt ist, aber seine Maschine gestoppt hat und keine Fahrt durch das Wasser macht, muſz mindestens alle zwei Minuten zwei langgezogene Töne mit einem Zwischenraum von ungefähr einer Sekunde geben.

c) Ein Segelfahrzeug in Fahrt muſz mindestens jede Minute, wenn es mit Steuerbord-Halsen segelt, einen Ton, wenn es mit Backbord-Halsen segelt, zwei aufeinander folgende Töne, und wenn es mit dem Winde achterlicher als dwars segelt, drei aufeinander folgende Töne geben.

d) Ein Fahrzeug vor Anker muſz mindestens jede Minute ungefähr fünf Sekunden lang die Glocke rasch läuten.

e) Ein Fahrzeug, welches ein anderes Fahrzeug schleppt, ein Fahrzeug, welches ein Telegraphenkabel legt, aufnimmt oder auffischt, und ein in Fahrt befindliches Fahrzeug, welches einem sich nähernden Fahrzeug nicht aus dem Wege gehen kann, weil es überhaupt nicht oder doch nicht so manövrieren kann, wie diese Vorschriften verlangen, muſz statt der unter a und c vorgeschriebenen Signale mindestens alle zwei Minuten drei aufeinander folgende Töne geben, zuerst einen langgezogenen Ton, dann zwei kurze Töne. Ein geschlepptes Fahrzeug darf dieses Signal, aber kein anderes geben.

Segelfahrzeuge und Boote von weniger als 57 Kubikmeter Brutto-Raumgehalt brauchen die vorerwähnten Signale nicht zu geben, müssen dann aber mindestens jede Minute irgendein anderes kräftiges Signal geben.

Artikel 16.

Ausweichen, Gefahr des Zusammenstoſzens.

Das Vorhandensein einer Gefahr des Zusammenstoſzens kann, wenn die Umstände es gestatten, durch sorgfältige

Kompaßpeilung eines sich nähernden Schiffes erkannt werden. Ändert sich die Peilung nicht merklich, so ist anzunehmen, daß die Gefahr des Zusammenstoßens vorhanden ist.

Artikel 17.

Sobald zwei Segelfahrzeuge sich so nähern, daß die Annäherung Gefahr des Zusammenstoßens mit sich bringt, muß das eine dem anderen, wie nachstehend angegeben, aus dem Wege gehen:

a) Ein Fahrzeug mit raumem Winde muß einem beim Winde segelnden Fahrzeug aus dem Wege gehen.

b) Ein Fahrzeug, welches mit Backbord-Halsen beim Winde segelt, muß einem Fahrzeug, welches mit Steuerbord-Halsen beim Winde segelt, aus dem Wege gehen.

c) Haben beide Fahrzeuge raumen Wind von verschiedenen Seiten, so muß dasjenige, welches den Wind von Backbord hat, dem anderen aus dem Wege gehen.

d) Haben beide Fahrzeuge raumen Wind von derselben Seite, so muß das luvwärts befindliche Fahrzeug dem leewärts befindlichen aus dem Wege gehen.

e) Ein Fahrzeug, welches vor dem Winde segelt, muß dem anderen Fahrzeuge aus dem Wege gehen.

Fischerfahrzeuge.

Fischerfahrzeuge und Fischerboote dürfen nach ihrem Gefallen außer den Lichtern, welche sie nach diesem Artikel führen oder zeigen müssen, ein Flackerfeuer zeigen.

Jedes Fischerfahrzeug und jedes Boot muß, wenn es geankert hat, ein weißes Licht führen, welches über den ganzen Horizont auf eine Entfernung von mindestens einer Seemeile sichtbar ist. Außerdem darf es, wenn es zugleich sein Fanggerät aushat, bei Annäherung anderer Fahrzeuge ein zweites weißes Licht, mindestens einen Meter niedriger als das Ankerlicht und wagerecht mindestens einen und einen halben Meter von diesem entfernt, nach der Richtung des ausstehenden Fanggeräts zeigen.

Verhalten der Schiffer nach einem Zusammenstoß von Schiffen.

§ 1.

Nach einem Zusammenstoß von Schiffen auf See hat der Führer eines jeden derselben dem anderen Schiffe und den dazu gehörigen Personen zur Abwehrung oder Verringerung der nachteiligen Folgen des Zusammenstoßes den erforderlichen Beistand zu leisten, soweit er dazu ohne erhebliche Gefahr für das eigene Schiff und die darauf befindlichen Personen imstande ist.

Unter dieser Voraussetzung sind die Führer der beteiligten Schiffe verflichtet, so lange beieinander zu halten, bis sie sich darüber Gewißheit verschafft haben, daß keines derselben weiteren Beistandes bedarf.

§ 2.

Vor der Fortsetzung der Fahrt hat jeder Schiffsführer dem anderen den Namen, das Unterscheidungssignal, sowie den Heimats-, den Abgangs- und den Bestimmungshafen seines Schiffes anzugeben, wenn er dieser Verpflichtung ohne Gefahr für das letztere genügen kann.

§ 3.

Im Sinne dieser Verordnung sind der See die mit derselben im Zusammenhang stehenden, von Seeschiffen befahrenen Gewässer gleichgestellt.

Leuchtfeuerverzeichnis
für die Elbe 1919.

Erläuterungen zum Leuchtfeuerverzeichnis.

Leitfeuer ist jedes Feuer, das für sich allein durch Sektoren verschiedener Kennung (Leit- und Warnungssektoren) ein Fahrwasser bezeichnet oder zwischen Untiefen hindurchführt.

Richtfeuer bezeichnen zu zweien oder dreien durch Deckpeilungen ein Fahrwasser, Hafeneinfahrt oder führen durch Untiefen.

Quermarkenfeuer bezeichnen durch Übergang von einer Kennung in eine andere die Grenzen des nutzbaren Bereiches von Richt- und Leitfeuern.

Kennzeichnung der Feuer.

Schein: Die Lichterscheinung zwischen zwei kurzen Verdunkelungen, Abschwächungen oder zwischen zwei Farbenwechseln.

Blink: Das Aufleuchten aus langer Dunkelheit oder aus schwachem Licht heraus.

Blitz: Der Blink von weniger als 2 Sekunden.

Arten der Kennung und deren Bezeichnung.

Der ein Feuer kennzeichnende Verlauf seiner Lichterscheinung heißt Kennung.

Festfeuer (F), weißes oder farbiges Licht von gleichbleibender Stärke und Farbe.

Unterbrochenes Feuer, weiße oder farbige Scheine zwischen Verdunkelungen, und zwar:

Unterbrochene Feuer mit Einzelunterbrechungen (Ubr);
„ „ „ Gruppen 2, 3, 4, 5 do. (Ubr. Grp..)

Wechselfeuer, weiße Scheine mit andern Farben, wechselnd, und zwar:

Wechselfeuer mit Einzelwechseln (Wchs.);
„ „ Gruppen (2, 3, 4, 5) (Wchs. Grp.).

Blinkfeuer, weiß und farbig:

Blinkfeuer mit Einzelblinken (Blk.);
„ „ Gruppen (Blk. Grp.).

Blitzfeuer, weiß oder farbig:

Einzelblitze (Blz.);
Gruppen (Blz. Grp.).

Soll gesagt sein, daß ein Feuer verschiedene Kennungen besitzt, so sind sie durch das Wort „&" (und) aneinander gereiht, z. B.:

Festfeuer, rot und weiß (F. r. & w.).
Blitzfeuer mit Einzelblitzen und Gruppen (Blz. & Blz. Grp.).
Festfeuer und **Blitzfeuer** (F. & Blz. & Blz. Grp.).
Unterbrochenes Feuer, weiß und rot (Ubr. w. & r.).
Blinkfeuer (Blk. w. & r.).

Bei unterbrochenen Feuern sollen die Unterbrechungen keinesfalls länger als der kurze Schein sein.

Blink- und Blitzfeuer sollen ½ Sekunde kürzer sein, als die dazwischenliegende kurze Pause.

Rechtweisende Linien: Peilungen, Kurse und Richtlinien sind rechtweisend (abgekürzt rw.) in Graden von 0 bis 360°. Peilungen der einzelnen Sektoren eines Feuers sind stets mit den Uhrzeigern (rechtsherum zählend) angegeben.

Auf ein dauerndes Brennen der Feuer im Elbgebiet von Sonnenauf- bis untergang ist wegen Brennstoffmangels nicht zu rechnen.

Name und Örtlichkeit	Zahl, Farbe und Art der Feuer	Höhe des Feuers über Hochwasser	Höhe des Turmes usw. über Erdboden	Sm, in denen d. Feuer b. sichtigem Wetter zu sehen ist
		m	m	Sm
Elbe I*) (Bürgermeister O'Swald), Feuerschiff auf 22 m Wassertiefe; etwas N-lich von der Richtlinie Scharhörn-Bake—Ostbake auf Neuwerk. (Über das Reserve-Feuerschiff siehe Fußnote S. 154.)	1 **Blk.** (gelblich). Blink 8 s, Pause 12 s, Wiederkehr 20 s. El.	16,2	18,8	**13** *24*
Elbe II (Bürgermeister Abendroth), Feuerschiff auf 16 m Wassertiefe in der Richtlinie Neuwerk-Leuchturm—Neuwerk-N-Bake. (Über das Reserve-Feuerschiff siehe Fußnote S. 154.)	2 **F.** senkrecht übereinander. Petr.	15 9	27	**10** **8**

*) **Bemerkungen zu den Elbe-Feuerschiffen: 1. Eisgang:** Die Feuerschiffe »Elbe I, II, III u. IV« dürfen ihre Stationen nur dann verlassen, wenn sie durch Eisgang dazu gezwungen werden; alsdann haben sie seewärts zu gehen und, wenn möglich, vor der Mündung des Flusses von Nord nach Süd in kurzen Abständen voneinander zu ankern, um einkommende Schiffe durch Kanonenschüsse zu warnen. Sobald mit der Flut das Eis verschwunden ist, nehmen sie ihre Stationen wieder ein. Feuerschiff »Elbe V« sowie das oberhalb Cuxhaven liegende Feuerschiff »Oste-Riff« werden bei Eisgang eingezogen.

2. Dienstflagge: Die Feuerschiffe Elbe I bis V und Oste-Riff führen die Dienstflagge für hamburgische Staatsfahrzeuge am Heck, die aber nur bei gewissen Gelegenheiten, z. B. beim Passieren von Kriegsschiffen usw. gezeigt wird.

3. Reserve-Feuerschiff: Als Reserve-Feuerschiff für das auf der 1. Station liegende Elbfeuerschiff »Bürgermeister O'Swald« dient das auf der 5. Station liegende Feuerschiff »Bürgermeister Kirchenpauer«, welches 3 Masten — am mittelsten Mast einen Ball (s. Nr. 815) — hat. Das Feuerschiff führt dann die weiße Aufschrift: »Elbe I« an beiden Seiten und zwischen den Masten das Netz für die Funkspruchеinrichtung; es zeigt ein 8 Sm weit sichtbares Blk., Blink 8 s, Pause 12 s, Wiederkehr 20 s, Petr. Bei Nebel oder unsichtigem Wetter werden Signale mit einer Dampfsirene und einem Dampfhorn wie folgt gegeben: Ton mit der Sirene 9 s, kurze Pause 12 s, Ton mit dem Dampfhorn 9 s, lange Pause 1 m 20 s, Wiederkehr 1 m 50 s. Kann das vorstehende Signal aus irgendeinem Grunde oder bei plötzlich einsetzendem Nebel

Gestalt, Farbe des Leuchtfeuergebäudes oder Schiffes	Bemerkungen
Rotes, 52,8 m langes Schiff mit zwei Pfahlmasten und der weißen Aufschrift „Elbe I" an beiden Seiten. Zwischen beiden Masten steht ein gelber turmartiger Aufbau von 1m Durchmesser, der die mit einer Galerie und einem kegelförmigen Dach versehene Laterne von 2,15 m Durchmesser trägt. Die Laterne dient gleichzeitig als Tagmarke. Vom hinteren nach dem vorderen Mast erstreckt sich das Netz für die Funksprucheinrichtung. Über Flaggenführung siehe Fußnote S. 154.	Ankerlaterne am Bug und Heck. **Bei Nebel oder unsichtigem Wetter:** Signale mit einer *Preßluftsirene*, deren Schalltrichteröffnungen 4,9 m über Wasser liegen: Gruppe von 2 Tonreihen, wie folgt: eine Anzahl vibrierender Töne von 9 s Dauer, kurze Pause 12 s, eine Anzahl vibrierender Töne von 9 s Dauer, lange Pause 60 s, Wiederkehr 90 s. Kann dies Nebelsignal aus irgendeinem Grunde nicht abgegeben werden, so treten an seine Stelle zweimal kurz hintereinander je vier langtönende Glockenschläge, welche in Pausen von 1 m wiederholt werden. Ferner Signale mit *Unterwasserglocke:* Gruppe von 4 Schlägen, wie folgt: Schlag, Pause 3 s, Schlag, Pause 3 s, Schlag, Pause 3 s, Schlag, lange Pause 12 s. Wiederkehr 21 s. Über Unterwassersignale zur Übung siehe Fußnote S. 154. Das elektrische gelbe Blinkfeuer des Feuerschiffes „Elbe I" soll zunächst versuchsweise bei Nebel auch am Tage gezeigt werden, da Versuche ergeben haben, daß das Feuer bei nebligem Wetter auch am Tage mehrere Seemeilen weiter zu sehen ist als das Feuerschiff selbst. Wenn vertrieben: bei Tage eine große schwarze oder dunkle Flagge im Vortopp; bei Nacht kein Leuchtfeuer, nur das weiße Ankerlicht; bei Nebel nur die in der Seestraßenordnung vorgeschriebenen Glockensignale. Bei Eisgefahr: siehe Fußnote S. 154. Warnsignal: Schiffe mit gefährlichem Kurse werden durch Kanonenschüsse (Gruppen von 2 Schüssen in Pausen von 3 m) und internationales Flaggensignal gewarnt. Das Schiff liegt ohne Muring vor 240 m Kette. Eine Stationstonne liegt nicht aus. Untersteht dem Hamburger Staat.
Rotes, dreimastiges Schiff mit der weißen Aufschrift „Elbe II" an beiden Seiten; 2 schwarze Bälle übereinander im Großtopp. Über Flaggenführung siehe Fußnote S. 154.	Ankerlaterne. **Bei Nebel oder unsichtigem Wetter:** Signale mit *Glocke:* 3 Gruppen von je 3 Doppelschlägen, wie folgt: 2 kurze Schläge, 3 s Pause, 2 kurze Schläge, 3 s Pause, 2 kurze Schläge, 6 s Pause; 2 kurze Schläge, 3 s Pause, 2 kurze Schläge, 3 s Pause, 2 kurze Schläge, 6 s Pause; 2 kurze Schläge, 3 s Pause, 2 kurze Schläge, 3 s Pause, 2 kurze Schläge, 30 s Pause usw. (Vgl. Elbe III, IV und V.) Falls Lotsen ausgehender Schiffe nicht abgeholt werden können, wird bei Tage eine rote Flagge im Vortopp und bei Nacht 1 F. r. 1,5 m senkrecht über der Ankerlaterne gezeigt. Wenn vertrieben: bei Tage eine große schwarze oder dunkle Flagge im Vortopp, die Bälle werden niedergeholt; bei Nacht keine Leuchtfeuer, nur das weiße Ankerlicht; bei Nebel nur die in der Seestraßenordnung vorgeschriebenen Glockensignale. Bei Eisgefahr: s. Fußnote S. 154. Warnsignal: Schiffe mit gefährlichem Kurse werden durch Kanonenschüsse (Gruppen von 2 Schüssen in Pausen von 3 m) und internationales Flaggensignal gewarnt. Das Schiff liegt ohne Muring vor 220 m Kette. Eine Stationstonne liegt nicht aus. Untersteht dem Hamburger Staat.

Name und Örtlichkeit	Zahl, Farbe und Art der Feuer	Höhe des		Sm, in denen d. Feuer b. sichtigem Wetter zu sehen ist
		Feuers über Hochwasser	Turmes usw. über Erdboden	
		m	m	Sm
Elbe III (Bürgermeister Bartels), Feuerschiff auf 14 m Wassertiefe, etwa rw. N von der N-Bake auf Neuwerk. (Über das Reserve-Feuerschiff siehe Fußnote S. 154.)	**1 F.** am Großmast.	12,5	28	8
	1 F. r. am Besanmast. Petr.	17		4
Elbe IV (Senator Brockes), Feuerschiff auf 12 m Wassertiefe, ungefähr in der Deckpeilung O-Bake mit Roses-Hotel auf Neuwerk. (Über das Reserve-Feuerschiff siehe Fußnote S. 154.)	**2 F.** senkrecht übereinander am Großmast.	13,8 8	24,7	8
	1 F. gn. am Besanmast. Petr.	17,5		3
Neuwerk, im Dorfe auf dem S-Ende dieser Insel.	**1 F.w.&r.&gn.&Blz & Ubr. & Ubr. Grp.** von 3 Unterbrechg. Als Blz.: Blitz 1 s, Pause 2 s, Wiederkehr 3 s. Als Ubr.: Unterbrechung 1 s, Schein 2 s, Wiederkehr 3 s. Als Ubr. Grp.: Unterbrechung 1 s, kurzer Schein 2 s, Unterbrechung 1 s, kurzer Schein 2 s, Unterbrechung 1 s, langer Schein 5 s, Wiederkehr 12 s. Petr.-Glühlicht.	38,7	39	**w. 18** **r. 18** **gn 11** *w. 22*

nicht sofort abgegeben werden, so treten an seine Stelle zwei kurz aufeinanderfolgende Gruppen von je vier langtönenden Glockenschlägen, die in Pausen von 1 m wiederholt werden. Signale mit Unterwasserglocke wie auf dem Feuerschiff Bürgermeister O'Swald.

Als Reserve-Feuerschiff für die 2., 3. und 4. Station dient das dreimastige Feuerschiff »Gustav Heinrich«, sowie evtl. das zweimastige Feuerschiff »Secretair Hargraeves«, auf welchen beiden alsdann die für die betreffende Station vorgeschriebenen Kennzeichen angebracht werden.

Als Reserve-Feuerschiff für die 5. Station dient das dreimastige Feuerschiff »Neptun«, welches mit den Kennzeichen dieser Station versehen ist.

Gestalt, Farbe des Leuchtfeuergebäudes oder Schiffes	Bemerkungen
Rotes, dreimastiges Schiff mit der weißen Aufschrift „Elbe III" an beiden Seiten; roter Flügel im Großtopp. Über Flaggenführung siehe Fußnote S. 154.	Ankerlaterne. **Bei Nebel oder unsichtigem Wetter:** Signale mit *Glocke*, und zwar 3 kurze Schläge in derselben Art wie auf Feuerschiff „Elbe II". Solange Lotsen an Bord sind und abgegeben werden können, weht unter dem roten Flügel im Großtopp die hamburgische Admiralitätsflagge. Wenn vertrieben: bei Tage eine große schwarze oder dunkle Flagge im Vortopp, der rote Flügel im Großtopp wird beigeklappt; bei Nacht keine Leuchtfeuer, nur das weiße Ankerlicht; bei Nebel nur die in der Seestraßenordnung vorgeschriebenen Glockensignale. Bei Eisgefahr: siehe Fußnote S. 154. Warnsignal: Schiffe mit gefährlichem Kurse werden durch Kanonenschüsse (Gruppen von 2 Schüssen in Pausen von 3 m) und internationales Flaggensignal gewarnt. Das Schiff liegt ohne Muring vor 200 m Kette. Eine Stationstonne liegt nicht aus. Untersteht dem Hamburger Staat.
Rotes dreimastiges Schiff mit der weißen Aufschrift „Elbe IV" an beiden Seiten; zwei schwarze Bälle senkrecht übereinander am Großmast. Über Flaggenführung siehe Fußnote S. 154.	Ankerlaterne. **Bei Nebel oder unsichtigem Wetter:** Signale mit *Glocke*, und zwar 4 kurze Schläge in derselben Art wie auf Feuerschiff „Elbe II". Im Falle die Lotsen ausgehender Schiffe vom Feuerschiff II nicht abgeholt werden können, wird bei Tage im Vortopp eine rote Flagge und bei Nacht 1½ m senkrecht über der weißen Ankerlaterne ein **F. r.** gezeigt. Wenn vertrieben: bei Tage eine große schwarze oder dunkle Flagge im Vortopp, der schwarze Ball wird niedergeholt; bei Nacht keine Leuchtfeuer, nur das weiße Ankerlicht; bei Nebel nur die in der Seestraßenordnung vorgeschriebenen Glockensignale. Bei Eisgefahr: siehe Fußnote S. 154. Warnsignal: Schiffe mit gefährlichem Kurse werden durch Kanonenschüsse (Gruppen von 2 Schüssen in Pausen von 3 m) und internationales Flaggensignal gewarnt. Das Feuerschiff Elbe IV liegt ohne Muring vor 200 m Kette. Eine Stationstonne liegt nicht aus. Untersteht dem Hamburger Staat.
Vierseitiger Turm im Rohbau mit schwarz. Dach und runder Laterne.	Sichtbar: **F.** von rw. 343° über N und O bis rw. 152,5°, **F. r.** von rw. 152,5° bis rw. 172°, **F.** von rw. 172° über S bis rw. 197,5°, **F. gn.** von rw. 197,5° bis rw. 213,5°, **Blz.** von rw. 213,5° bis rw. 228°, **Ubr Grp.** von rw. 228° bis rw. 255°, **Ubr.** von rw. 255° bis rw. 259°, **F.** von rw. 259° über W bis rw. 321°. Die Peilung rw. 172° führt ungefähr über Feuerschiff „Elbe III", Die Peilung rw. 213,5° führt ungefähr über Feuerschiff „Elbe IV". Die Peilung rw. 228° führt ungefähr über die Bakentonne W mit Kreuztoppzeichen des Mittelgrundes. Die Peilung rw. 255° führt ungefähr über Feuerschiff „Elbe V". Die Peilung rw. 259° führt ungefähr über die schwarze, spitze Tonne Nr. 10. Untersteht dem Hamburger Staat.

Name und Örtlichkeit	Zahl, Farbe und Art der Feuer	Höhe des Feuers über Hochwasser	Höhe des Turmes usw. über Erdboden	Sm, in denen d. Feuer b. sichtigem Wetter zu sehen ist
		m	m	Sm
Elbe V (Bürgermeister Kirchenpauer), Feuerschiff auf 15 m Wassertiefe, an der N-Seite des Fahrwassers in der Richtlinie: katholische Kirche — Wasserturm von Cuxhaven. (Über das Reserve-Feuerschiff siehe Fußnote S. 154.)	1 **Blk.** am Großmast. Blink etwa 4 s, Pause 6 s, Wiederkehr etwa 10 s. Petr.	10,9	20,1	**6**
Duhnen, etwa 40 m O-lich vom Rettungsbootschuppen bei diesem Dorfe.	1 **F.** Petr.	6,4	4,8	**6**
	1 **F.** Petr.	6,4	4,8	**5**
Cuxhaven, hinter dem Deich, W-lich von der Einfahrt zum Alten Hafen. (Reservefeuer siehe S. 160.)	1 **F. w. & r. & gn. & Blz. Grp.** von 4 und 5 Blitzen. Als Blz. Grp. v. 4 Blitzen: Blitz 1 s, kurze Pause 2 s, Blitz 1 s, kurze Pause 2 s, Blitz 1 s, kurze Pause 2 s, Blitz 1 s, lange Pause 8 s, Wiederkehr 18 s. Als Blz. Grp. v. 5 Blitzen: Blitz 1 s, kurze Pause 2 s, Blitz 1 s, kurze Pause 2 s, Blitz 1 s, kurze Pause 2 s, Blitz 1 s, kurze Pause 2 s, Blitz 1 s, lange Pause 5 s, Wiederkehr 18 s. Gelbliches El. Flambogenlicht.	24	23	**15** *w. 25* *r. 20* *gn. 19*
Alter Hafen, auf dem Kopfe der N-Mole, der sogenannten Alten Liebe.	1 **F. w. & r** Petr.	7,1	3	**3**

Gestalt, Farbe des Leuchtfeuer-gebäudes oder Schiffes	Bemerkungen
Rotes, dreimastiges Schiff mit der weißen Aufschrift „Elbe V" an beiden Seiten; schwarzer Ball im Großtopp. Über Flaggenführung siehe Fußnote S. 154.	Ankerlaterne. **Bei Nebel oder unsichtigem Wetter:** Signale mit *Glocke*, und zwar 5 kurze Schläge in derselben Art wie auf Feuerschiff „Elbe II". Wenn vertrieben: bei Tage eine große schwarze oder dunkle Flagge, der schwarze Ball wird niedergeholt; bei Nacht kein Leuchtfeuer, nur das weiße Ankerlicht; bei Nebel nur die in der Seestraßenordnung vorgeschriebenen Glockensignale. Bei Eisgefahr eingezogen. Warnsignal: Schiffe mit gefährlichem Kurse werden durch Kanonenschüsse (Gruppen von 2 Schüssen in Pausen von 3 .) und internationales Flaggensignal gewarnt. Das Feuerschiff „Elbe V" liegt vor Muring. Eine Stationstonne liegt nicht aus. Untersteht dem Hamburger Staat.
Gelblich-weißes, vierseitiges Häuschen mit rotem Ziegeldach.	Änderung beabsichtigt. Sichtbar von rw. 144° über S bis rw. 194°. Das Feuer wird angezündet, wenn das Feuerschiff „Elbe V" eingezogen, sowie vom 1. Dezember bis Ende März.
In demselb. Häuschen.	Sichtbar von rw. 88° über O bis rw. 118°. Nur angezündet, wenn das Rettungsboot oder Fuhrwerke nach Eintritt der Dunkelheit sich auf dem Watt befinden. Untersteht dem Hamburger Staat.
Rotbrauner, runder, steinerner Turm mit runder Laterne und kupferner Kuppe.	Sichtbar als: **Blz. Grp.** von 5 Blitzen von rw. 142,5° bis rw. 157°, **F.** von rw. 157° bis rw. 169°, **Blz. Grp.** von 4 Blitzen von rw. 169° bis rw. 176°, **F. r.** von rw. 176° über S bis rw. 230° (wird im Winter von etwa rw. 209° bis rw. 217° durch ein. Schornstein verdeckt), **F. gn.** von rw. 230° über W bis rw. 291°, **Blz. Grp.** von 4 Blitzen von rw. 291° bis rw. 298,5°, **F.** von rw. 298,5 bis rw. 310°, **Blz. Grp.** von 5 Blitzen von rw. 310° bis rw. 318°. Das Feuer dient als Doppelleitfeuer in Verbindung mit den Richtfeuern Neufeld-Osterende Groden zum Befahren der Strecke zwischen dem Feuerschiff „Elbe V" und dem Zweiblitzfeuersektor des Neufeld-Feuers. Bei Betriebsstörungen der Lichtquelle wird ein Gasglühlichtfeuer mit gleichen Kennungen und Sektoren gezeigt, dessen weißes Feuer 8, rotes 6 und grünes 5,5 Sm weit sichtbar ist. Bei Störungen in den Otterblendapparaten werden die Blitzsektoren verdunkelt. Untersteht dem Hamburger Staat.
Weißes, rundes, turmähnliches Gebäude mit schwarzer Kuppe.	Sichtbar **r.** von rw. 134° über S und W bis rw. 337°; im übrigen **w.** nach der Landseite. **Bei Nebel oder unsichtigem Wetter:** Signale mit einer *Handsirene*, langer Ton von etwa 5 s Dauer mit folgenden 4 kurzen Tönen, sobald Nebelsignale passierender Schiffe gehört werden. Untersteht dem Hamburger Staat.

Name und Örtlichkeit	Zahl, Farbe und Art der Feuer	Höhe des Feuers über Hochwasser	Höhe des Turmes usw. über Erdboden	Sm, in denen d. Feuer b. sichtigem Wetter zu sehen ist
Cuxhaven (Fortsetzung):		m	m	Sm
Fischerhafen:				
W-Mole, auf dem Kopfe.	**1 F. gn. & w.** Petr.	7	5	3
O-Mole, auf dem Kopfe.	**1 F. r.** Petr.	7	5	3
Amerikahafen: **Westerhöft,** auf der O-Ecke.	**1 F. gn.**	17,5		4,5
	Ferner das Reservefeuer: **1 F. & Blz Grp.** von 4 und 5 Blitzen.	12	13 Mast: 15	11
	Als Blz. Grp. von 4 Blitzen: Blitz 1 s, kurze Pause 2 s, Blitz 1 s, kurze Pause 2 s, Blitz 1 s, kurze Pause 2 s, Blitz 1 s, lange Pause 8 s, Wiederkehr 18 s. Petr.			
	Als Blz. Grp. von 5 Blitzen: Blitz 1 s, kurze Pause 2 s, Blitz 1 s, kurze Pause 2 s, Blitz 1 s, kurze Pause 2 s, Blitz 1 s, kurze Pause 2 s, Blitz 1 s, lange Pause 5 s, Wiederkehr 18 s.			
Osterhöft, auf der W-Ecke.	**1 F. r.**	.	.	.
Groden, auf dem Kopfe der Landungsbrücke bei der Quarantäne-Anstalt.	**2 F.** in 25 m Abstand nebeneinander. Petr.	4	5	2

Gestalt, Farbe des Leuchtfeuergebäudes oder Schiffes	Bemerkungen.
Kleiner, weißer, vierseitiger Turm.	Sichtbar: **gn.** von rw. 151° über S und W bis rw. 314°, **w.** von rw. 314° über N und O bis rw. 151°.
Kleiner, weißer, vierseitiger Turm.	
Weißer, eiserner Aufzugsmast.	Ein weißes Licht, 1,5 m unter dem **F. gn.** bedeutet, die Hafeneinfahrt darf nur von Schiffen der Imperator-Klasse benutzt werden.
Heller, achtseitiger, hölzerner Turm mit dunklem Kupferdach.	Brennt nur, wenn der elbaufwärts gerichtete Leitsektor des Cuxhavener Feuers (S. 158) durch hohe, am neuen Landungshöft liegende Schiffe verdeckt wird. Sichtbar als: **Blz. Grp.** von 4 Blitzen von rw. 289,5° bis rw. 296,5°, **F.** von rw. 296,5° bis rw. 308,5°, **Blz. Gr.** von 5 Blitzen von rw. 308,5° bis rw. 315°.
	Vorläufig brennt hier noch eine rote Kugellaterne, da das Feuer noch nicht fertig.
Beide Kugellaternen hängen frei am Ende der Brücke.	Unbewacht.

Unterstehen dem Hamburger Staat.

Name und Örtlichkeit	Zahl, Farbe und Art der Feuer	Höhe des Feuers über Hochwasser	Höhe des Turmes usw. über Erdboden	Sm, in denen d. Feuer b. sichtigem Wetter zu sehen ist
		m	m	Sm
Neufeld, Unterfeuer, auf der NO-Ecke des Groden-Neufelder Deiches.	1 **F. w. & r. & gn. & Ubr. & Blz. Grp.** von 2 und 3 Blitzen. Als Ubr.: Unterbrech. 1 s, Schein 3 s, Wiederkehr 4 s. Als Blz. Grp. von 2 Blitzen: Blitz 1 s, kurze Pause 1 s, Blitz 1 s, lange Pause 5 s, Wiederkehr 8 s. Als Blz. Grp. von 3 Blitzen: Blitz 1 s, kurze Pause 1 s, Blitz 1 s, kurze Pause 1 s, Blitz 1 s, lange Pause 3 s, Wiederkehr 8 s. Petr.-Glühlicht.	14,8	12,4 über Deichkrone.	**12,5** *w. 19,5* *r. 15,5* *gn. 14*
Osterende Groden, Oberfeuer, etwa 1950 m rw. 152° von dem Unterfeuer Neufeld.	1 **F.** Petr.-Glühlicht.	34	36	**17**
Altenbruch Unterfeuer, 70 m SO-lich von der Altenbrucher Schleuse und 1050 m rw. 83° vom Oberfeuer.	1 **Ubr. & Blz. Grp.** von 4 und 5 Blitzen. Als Ubr. Unterbr. 1 s, Schein 3 s, Wiederkehr 4 s. Als Blz. Grp. von 4 Blitzen: Blitz 1 s, kurze Pause 1 s, Blitz 1 s, kurze Pause 1 s, Blitz 1 s, kurze Pause 1 s, Blitz 1 s, lange Pause 5 s, Wiederkehr 12 s. Als Blz. Grp. von 5 Blitzen: Blitz 1 s, kurze Pause 1 s, Blitz 1 s, kurze Pause 1 s, Blitz 1 s, kurze Pause 1 s, Blitz 1 s, kurze Pause 1 s, Blitz 1 s, lange Pause 3 s, Wiederkehr 12 s. Petr.-Glühlicht	11,8	8,5 über Deichkrone.	**11,7**
Otterndorf, auf einem Dalben etwa 3000 m O-lich vom Glameyer Stack in 4 m Wassertiefe bei Niedrigwasser.	1 **Ubr. w. & r. & gn.** Unterbrechung 2 s, Schein 4 s, Wiederkehr 6 s. Blaugas-Glühlicht.	11,8		**w. 11,5** **r. 8** **gn. 7**

Gestalt, Farbe des Leuchtfeuergebäudes oder Schiffes	Bemerkungen	
Rotbrauner, vierseitiger Turm.	Sichtbar als: **Blz.Grp.** v. 3 Blitzen v. rw. 144° bis rw. 149°, **Ubr.** von rw. 149° bis rw. 154,5°, **Blz. Grp.** von 2 Blitzen von rw. 154,5° bis rw. 160,5°, **F. r.** von rw. 160,5° über S bis rw. 225,5°, **F. gn.** von rw. 225,5° bis rw. 270°, **Blz. Grp.** v. 2 Blitz. v. rw. 270° bis rw. 275,5°, **F.** von rw. 275,5° bis rw. 290°, **Blz. Grp.** v. 3 Blitzen v. rw. 290° bis rw. 296°. Leitfeuer: dient in Verbindung mit dem Leitfeuer in Cuxhaven zum Befahren der Strecke zwischen den Richtlinien Osterende Groden—Neufeld und Osterende Groden—Altenbruch. Untersteht dem Hamburger Staat.	Richtfeuer; führen, in Linie in rw. 152°, vom Feuerschiff „Elbe V“ bis oberhalb von Cuxhaven.
Weißer, runder, eiserner Turm.	Sichtbar stromabwärts in der Richtlinie Osterende Groden—Neufeld rw. 152° und stromaufwärts in der Richtlinie Osterende Groden—Altenbruch rw. 263,5°. Die sichtbaren Bogen zu beiden Seiten der Richtlinien — je etwa 4° — sind nicht scharf begrenzt. Die Lichtstärke ist in der Richtlinie am größten. Untersteht dem Hamburger Staat.	
Ungestrichene vierseitige auf Pfählen stehende hölzerne Bake mit schwarzem Dach.	Hilfsfeuer bis zur beabsichtigten Änderung und Versetzung des richtigen Feuers in dem weißen, runden, eisernen Turm. Sichtbar als: **Blz. Grp.** v. 4 Blitzen v. rw. 256° bis rw. 262°, **Ubr.** von rw. 262° bis rw. 265,5° **Blz. Grp.** von 5 Blitzen von rw. 265,5° über W bis rw. 270,5° Untersteht dem Hamburger Staat.	Richtfeuer; führen, in Linie in rw. 263,5°, von der Tonne Nr. 18 bis zum Feuerschiff Oste-Riff
Dalben mit zwe Eisbrechern und rotem, eisernem Kessel mit Plattform.	Unbewacht: dient nur zur Erleichterung der Schiffahrt bei unsichtigem Wetter. Sichtbar: **w.** von etwa rw. 90° bis rw. 106°, **r.** von rw. 106° bis rw. 180°, **w.** von rw. 180° bis rw. 189°, **r.** von rw. 189° bis rw. 244°, **w.** von rw. 244° bis rw. 257°, **gn.** von rw. 257° über W und N bis rw. 90°. Der W-liche rote Sektor bezeichnet die zwischen den Tonnen 18 und Ostebank West gelegene Einfahrt in das Nebenfahrwasser von der Ostebank. Untersteht dem Hamburger Staat.	

Name und Örtlichkeit	Zahl, Farbe und Art der Feuer	Höhe des Feuers über Hochwasser	Höhe des Turmes usw. über Erdboden	Sm, in denen d. Feuer b. sichtigem Wetter zu sehen ist
		m	m	Sm
Belum, auf dem Belumer Außendeich.	1 **F. w. & r. & gn. & Blz. & Blz Grp.** von 2 Blitzen. Als Blz.: Blitz 1 s, Pause 2 s, Wiederkehr 3 s Als Blz. Grp. von 2 Blitzen: Blitz 1 s, kurze Pause 2 s, Blitz 1 s, lange Pause 5 s, Wiederkehr 9 s Petr.-Glühlicht.	14,5	16,7	**w. 12,5** **r. 12** **gn. 11** *w. 16*
Oste:				
Unterfeuer, am SW-lichen Ufer, auf dem Vorlande vor dem Belumer Außendeich.	1 **Ubr.** Unterbrechung 3 s Schein 3 s Wiederkehr 6 s Fettgas.	6,9	6,2	**6**
Oberfeuer, am inneren Fuße des Belumer Außendeichs.	1 **F.** Fettgas.	11,3	10,2	**6**
Osteriff, auf einem Dalben etwa 1700 m O-lich von der Oste-Mündung, in 4 m Wassertiefe bei Niedrigwasser.	1 **Ubr. w. & r. & gn** Unterbrechung 2 s Schein 6 s Wiederkehr 8 s Blaugas-Glühlicht.	11,8		**w. 11,5** **r. 8** **gn. 7**
Oste Riff. Feuerschiff auf 6 m Wassertiefe an der S-Seite der Oste-Bank, unfähr 0,9 Sm oberhalb der Oste-Mündung.	1 **F.** Petr.	12,4	21	**5**
Balje, auf dem Watt vor dem Hörner Außendeich.	1 **F. w. & r. & Blz. & Blz. Grp.** von 2 Blitzen. Als Blz.: Blitz 1 s, Pause 2 s, Wiederkehr 3 s, Als Blz. Grp. von 2 Blitzen: Blitz 1 s, kurze Pause 2 s, Blitz 1 s, lange Pause 5 s, Wiederkehr 9 s Petr.-Glühlicht.	14,5	16,7	**w. 13** **r. 11** *w. 16*

Gestalt, Farbe des Leuchtfeuergebäudes oder Schiffes	Bemerkungen
Runder Turm mit kegelförmigem, grauem Dach und einer Galerieplattform; oberer Teil des Turmes weiß, Sockel braun.	Sichtbar als: **F.** von rw. 91° bis rw. 105,5°, **F. r.** von rw. 105,5 über S bis rw. 186°, **F. gn.** von rw. 186° bis rw. 235°, **Blz. Grp.** von rw. 235° bis rw. 240,5°, **F.** von rw. 240,5° bis rw. 244,5°, **Blz.** von rw. 244,5° bis rw. 247°. Dient als Leitfeuer in Verbindung mit den Richtfeuern Sösmenhusen-Brunsbüttelkoog zum Befahren des Hauptfahrwassers SO-lich von der Oste-Bank. Untersteht dem Hamburger Staat.
Grüner, eiserner Mast, dahinter Gerüst mit rotem, wagerechtem Gaskessel. Roter, eiserner Mast.	Bei Betriebsstörung durch 1 **F. r.** ersetzt. Unbewachte Richtfeuer; bezeichnen, in Linie, die Einfahrt von der Elbe zur Oste. (Vergl. Nordsee-Handbuch.) Nur bei Ortskenntnis zu benutzen. Sichtbar je 45° nach beiden Seiten der Richtlinie. Gelöscht im Winter, solange das Fahrwasser der Oste zugefroren ist. Unterstehen der Regierung zu Stade.
Dalben mit zwei Eisbrechern und rotem, eisernem Kessel mit Plattform.	Unbewacht; dient nur zur Erleichterung der Schiffahrt bei unsichtigem Wetter. Sichtbar: **w.** von rw. 87° über O bis rw. 96°, **r.** von rw. 96° bis rw. 162°, **w.** von rw. 162° über S bis rw. 193°, **r.** von rw. 193° bis rw. 230,5°, **w.** von rw. 230,5 bis rw. 240°, **gn.** von rw. 240° über W und N bis rw. 87°. Untersteht dem Hamburger Staat.
Rotes, einmastiges Schiff mit der weißen Aufschrift „Oste Riff" an beiden Seiten. Schwarzer Ball im Topp. Über Flaggenführung siehe Fußnote S. 154.	Ankerlaterne. **Bei Nebel oder unsichtigem Wetter:** Signale mit einer *Handsirene;* ein langer Ton von etwa 5 s Dauer und darauf ein kurzer Ton. Kann das Signal mit der Handsirene aus irgendeinem Grunde nicht gegeben werden, so treten an dessen Stelle Gongschläge. Wenn vertrieben: bei Tage eine große schwarze oder dunkle Flagge an der Gaffel, der schwarze Ball wird niedergeholt; bei Nacht kein Leuchtfeuer, nur das weiße Ankerlicht; bei Nebel nur die in der Seestraßenordnung vorgeschriebenen Glockensignale. Bei Eisgefahr eingezogen; an seiner Stelle liegt alsdann eine schwarze, spitze Tonne mit der Aufschrift „Osteriff". Keine Warnsignale für Schiffe mit gefährlichem Kurse. Das Schiff liegt vor Muring. Eine Stationstonne liegt nicht aus. Untersteht dem Hamburger Staat.
Runder Turm mit kegelförmigem, grauem Dach und zwei Galerieplattformen; oberer Teil des Turmes weiß, Sockel braun.	Sichtbar als: **Blz.** von rw. 78,5° bis rw. 80,8°, **F.** von rw. 80,8° bis rw. 83,5°, **Blz. Grp.** von rw. 83,5° über O bis rw. 91,5°, **F. r.** von rw. 91,5° bis rw. 163°, **F.** von rw. 163° über S bis rw. 217°. Dient als Leitfeuer in Verbindung mit den Richtfeuern Osterende Groden-Altenbruch zum Befahren des Hauptfahrwassers S-lich von der Oste-Bank. Untersteht dem Hamburger Staat.

Name und Örtlichkeit	Zahl, Farbe und Art der Feuer	Höhe des Feuers über Hochwasser	Höhe des Turmes usw. über Erdboden	Sm, in denen d. Feuer b. sichtigem Wetter zu sehen ist
		m	m	Sm
Leuchttonne „b“ bei der O-Einfahrt des Fahrwassers S-lich von der Ostebank.	**1 Blz.** Blitz 1 s, Pause 4 s, Wiederkehr 5 s. Acetylen.	3		9
Sösmenhusen, Unterfeuer, am Elbdeich, W-lich von den Schleusen des Kaiser-Wilhelm-Kanals.	**1 F. & Ubr. & Blz. Grp.** von 2 und 3 Blitzen.	15,5	10 über d. Deichkrone	13 *17,5*
	Als Ubr.: Unterbrech. 1 s, Schein 3 s, Wiederkehr 4 s. Als Blz. Grp. von 2 Blitzen: Blitz 1 s, kurze Pause 1 s, Blitz 1 s, lange Pause 5 s, Wiederkehr 8 s.	Als Blz. Grp. von 3 Blitzen: Blitz 1 s, kurze Pause 1 s, Blitz 1 s, kurze Pause 1 s, Blitz 1 s, lange Pause 3 s, Wiederkehr 8 s. Petr.-Glühlicht		
Brunsbüttelkoog, Oberfeuer, 1130m rw. 58° vom Unterfeuer.	**1 F. w. & r. & gn.** Petr.-Glühlicht.	35	38,5	17 *elbabwärts* *w. 19* *r. 15* *elbaufwärts* *r. 10* *gn. 9*
Brunsbüttelhafen:				
Oberfeuer auf dem Deiche beim Hafen.	**1 F.** Petr.	20,2	15 über Deichkrone	3
Unterfeuer, auf dem Vorlande am Brunsbütteler Hafenpriel.	**1 F.** Petr.	20,2	15	3
Reede vor der Mündung des Kaiser-Wilhelm-Kanals: *Leuchttonne „A“* ungefähr im Schnittpunkte der W- und S.-Grenze der Reede.	**1 Ubr.** Unterbrech. 2,5 s, Schein 7,5 s, Wiederkehr 10 s. Fettgas.	2	.	2
Leuchttonne „B“ vor der Mündung des Kaiser-Wilhelm-Kanals.	**1 Ubr.** Unterbrech. 2,5 s, Schein 7,5 s, Wiederkehr 10 s. Fettgas	2	.	2
Leuchttonne „C“ im Schnittpunkte der O- und S.-Grenze der Reede.	**1 Ubr. r.** Unterbrech. 2,5 s, Schein 7,5 s, Wiederkehr 10 s, Fettgas.	2	.	2

<table>
<tr><th>Gestalt, Farbe des Leuchtfeuer-gebäudes oder Schiffes</th><th colspan="2">Bemerkungen</th></tr>
<tr><td>Rote Tonne.</td><td colspan="2">Bei Eisgefahr durch die rote Spierentonne „b“ ersetzt. Untersteht dem Hamburger Staat.</td></tr>
<tr><td>Weißer, vierseitiger, eiserner Turm.</td><td>Sichtbar als:
Blz. Grp. von 3 Blitzen von rw. 51° bis rw. 56°,
Ubr. von rw. 56° bis rw. 60,5°,
Blz. Grp. von 2 Blitzen von rw. 60,5° bis rw. 73,5°,
F. von rw. 73,5° bis rw. 76°, zur Bezeichnung des Nebenfahrwassers N-lich von der Oste-Bank,
Blz. Grp. von 3 Blitzen von rw. 76° bis rw. 82°.</td><td rowspan="2">Richtfeuer; führen, in Linie in rw. 58°, S-lich von der Ostebank aus der Richtlinie der Feuer Osterende Groden-Altenbruch und dem Leitsektor des Balje-Feuers in Verbindung mit dem weißen Festfeuersektor des Belum-Feuers in den des Scheelenkuhlen-Feuers. Unterstehen dem Hamburger Staat.</td></tr>
<tr><td>Roter, sechsseitiger Turm aus eisernem Fachwerk mit runder Laterne und kegelförmigem Dache.</td><td>Sichtbar:
r. v. rw. 282,5°, über den Scheelenkuhlen-Leuchtturm, bis rw. 330,5°,
gn. v. rw. 330,5°, über N bis rw. 19,5°,
r. von rw. 19,5° bis rw. 41,5° über den Balje-Leuchtturm,
w. von rw. 41,5° bis rw. 79,5°,
r. von rw. 79,5° bis rw. 86,5°.</td></tr>
<tr><td>Hellgrauer Mast mit Leiter.</td><td rowspan="2">Bezeichnen, in Linie rw. 21°, die W-Grenze der Reede vor dem Kaiser-Wilhelm-Kanal. Brennen nur dann, wenn die Leuchttonnen vor der Kanalmündung eingezogen sind.</td><td rowspan="5">Unterstehen der Kanalverwaltung.</td></tr>
<tr><td>Hellgrauer Mast mit Leiter.</td></tr>
<tr><td>Weiß und rot senkrecht gestreifte Tonne mit Aufschrift „A“.</td><td rowspan="3">Bezeichnen den Teil der Brunsbüttel-Reede vor der Mündung des Kaiser-Wilhelm-Kanals, der nur von Schiffen, die in diesen Kanal einlaufen wollen oder ihn verlassen, benutzt werden darf. Bei Eisgefahr eingezogen.</td></tr>
<tr><td>Weiß und rot senkrecht gestreifte Tonne mit Aufschrift „B“</td></tr>
<tr><td>Schwarze Tonne mit Aufschrift „C“.</td></tr>
</table>

Name und Örtlichkeit	Zahl, Farbe und Art der Feuer	Höhe des Feuers über Hochwasser	Höhe des Turmes usw. über Erdboden	Sm, in denen d. Feuer b. sichtigem Wetter zu sehen ist
		m	m	Sm
Brunsbüttelkoog:				
Unterfeuer, auf der O-Ecke der Ladebrücke der Zementfabrik „Saturn".	1 **F.** Petr.	18,2	13	3
Oberfeuer, auf dem Deiche O-lich von der Ladebrücke der Zementfabrik „Saturn".	1 **F.** Petr.	20,2	15 über Deichkrone.	3
Kaiser-Wilhelm-Kanal:				
Neue Einfahrt, auf dem Kopfe der N-Mole in der Einfahrt zum Kanal.	2 **F. r. & w.** 2,1 m nebeneinander. El.	14,8 12,7	12,3 10,2	**w. 9** **r. 6**
Neue Einfahrt, auf dem Kopfe der S-Mole in der Einfahrt zum Kanal.	2 **F. gn. & w.** 2,1 m nebeneinander. El.	14,8 12,7	12,3 10,2	**w. 9** **gn. 5**
Neue Einfahrt, auf der Nock des Mittelleitwerks im Vorhafen.	1 **F. r.** El.	6,2	4 ü. Leitwerk	1
Neue Einfahrt, auf der Nock des Mittelleitwerks im Binnenhafen.	1 **F. r.** El.	4,8	4 ü. Leitwerk	1
Alte Einfahrt, auf dem Kopfe der N-Mole in der Einfahrt zum Kanal.	1 **F. r. & w.** El.	13,5	11,4 Über Dammoberkante.	**w. 9** **r. 6**
Alte Einfahrt, auf dem Kopfe der S-Mole in der Einfahrt zum Kanal.	1 **F. gn. & w.** El.	13,5	11,4 Über Dammoberkante.	**w. 9** **gn. 5**
Alte Einfahrt, auf der O-Ufermauer, bei der S-Schleuse im Vorhafen.	1 **F.** El.	5,7	4 über Leitwerk.	1
Alte Einfahrt, auf der Nock des Mittelleitwerks im Vorhafen.	1 **F. r.** El.	6,2	4 über Leitwerk.	1
Alte Einfahrt, auf der Nock des O-lichen Leitwerks der N-Schleuse im Binnenhafen.	1 **F. r.** El.	5,5	4 über Leitwerk.	1
Alte Einfahrt, auf der Nock des W-lichen Leitwerks der N-Schleuse im Binnenhafen.	1 **F.** El.	5,5	4 über Leitwerk.	1

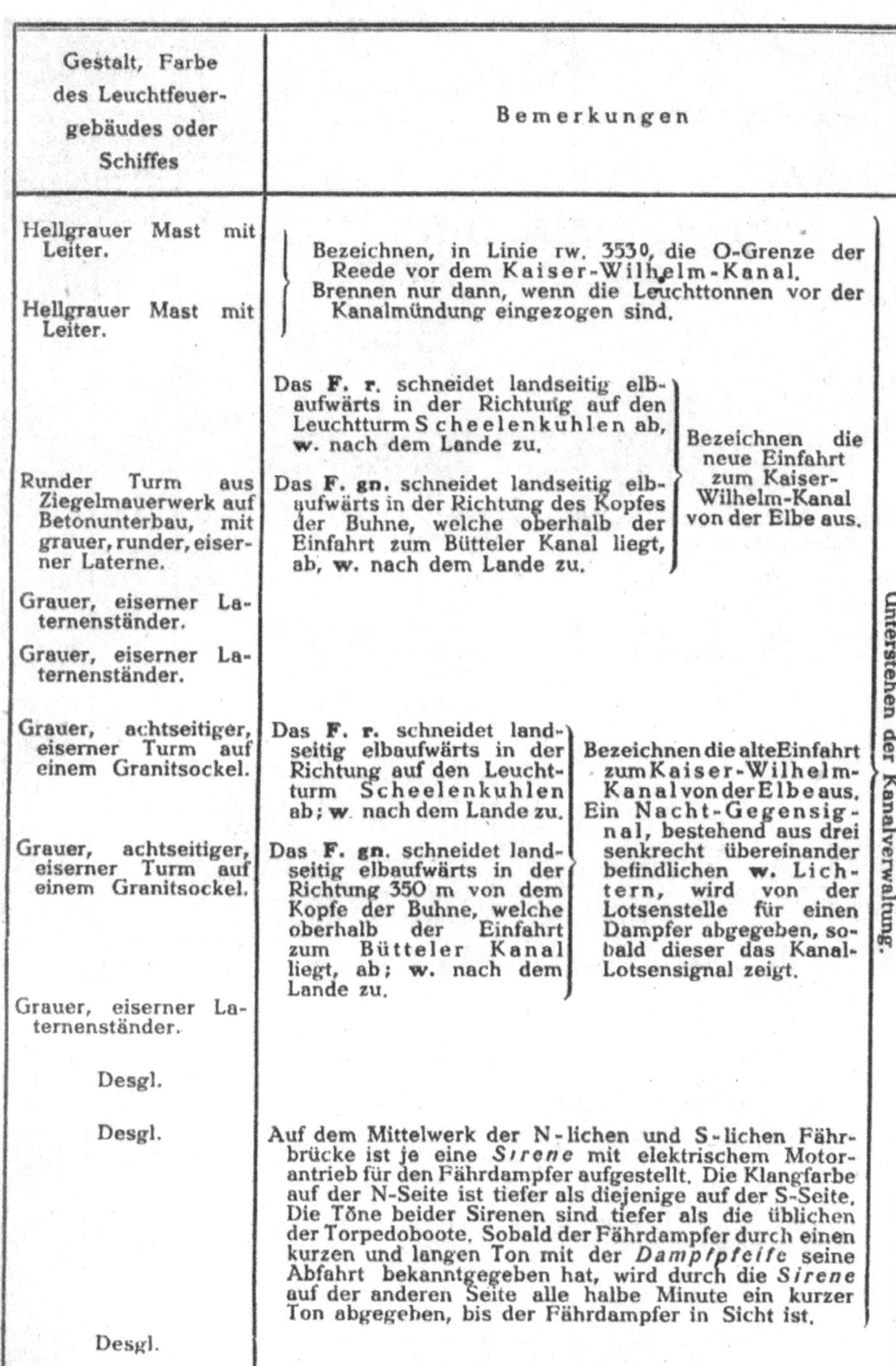

Gestalt, Farbe des Leuchtfeuergebäudes oder Schiffes	Bemerkungen		
Hellgrauer Mast mit Leiter.	Bezeichnen, in Linie rw. 353°, die O-Grenze der Reede vor dem Kaiser-Wilhelm-Kanal. Brennen nur dann, wenn die Leuchttonnen vor der Kanalmündung eingezogen sind.		Unterstehen der Kanalverwaltung.
Hellgrauer Mast mit Leiter.			
Runder Turm aus Ziegelmauerwerk auf Betonunterbau, mit grauer, runder, eiserner Laterne.	Das **F. r.** schneidet landseitig elbaufwärts in der Richtung auf den Leuchtturm Scheelenkuhlen ab, **w.** nach dem Lande zu. Das **F. gn.** schneidet landseitig elbaufwärts in der Richtung des Kopfes der Buhne, welche oberhalb der Einfahrt zum Bütteler Kanal liegt, ab, **w.** nach dem Lande zu.	Bezeichnen die neue Einfahrt zum Kaiser-Wilhelm-Kanal von der Elbe aus.	
Grauer, eiserner Laternenständer.			
Grauer, eiserner Laternenständer.			
Grauer, achtseitiger, eiserner Turm auf einem Granitsockel.	Das **F. r.** schneidet landseitig elbaufwärts in der Richtung auf den Leuchtturm Scheelenkuhlen ab; **w.** nach dem Lande zu.	Bezeichnen die alte Einfahrt zum Kaiser-Wilhelm-Kanal von der Elbe aus. Ein Nacht-Gegensignal, bestehend aus drei senkrecht übereinander befindlichen **w.** Lichtern, wird von der Lotsenstelle für einen Dampfer abgegeben, sobald dieser das Kanal-Lotsensignal zeigt.	
Grauer, achtseitiger, eiserner Turm auf einem Granitsockel.	Das **F. gn.** schneidet landseitig elbaufwärts in der Richtung 350 m von dem Kopfe der Buhne, welche oberhalb der Einfahrt zum Bütteler Kanal liegt, ab; **w.** nach dem Lande zu.		
Grauer, eiserner Laternenständer.			
Desgl.			
Desgl.	Auf dem Mittelwerk der N-lichen und S-lichen Fährbrücke ist je eine *Sirene* mit elektrischem Motorantrieb für den Fährdampfer aufgestellt. Die Klangfarbe auf der N-Seite ist tiefer als diejenige auf der S-Seite. Die Töne beider Sirenen sind tiefer als die üblichen der Torpedoboote. Sobald der Fährdampfer durch einen kurzen und langen Ton mit der *Dampfpfeife* seine Abfahrt bekanntgegeben hat, wird durch die *Sirene* auf der anderen Seite alle halbe Minute ein kurzer Ton abgegeben, bis der Fährdampfer in Sicht ist.		
Desgl.			

Name und Örtlichkeit	Zahl, Farbe und Art der Feuer	Höhe des Feuers über Hochwasser	Höhe des Turmes usw. über Erdboden	Sm, in denen d. Feuer b. sichtigem Wetter zu sehen ist
		m	m	Sm
Scheelenkuhlen, an der vorspringenden Deichecke bei diesem Ort.	1 **F. w. & r. & gn. & Blz. & Blz. Grp.** von 2 Blitzen. Als Blz.: Blitz 1 s, Pause 2 s, Wiederkehr 3 s. Als Blz. Grp.: Blitz 1 s, kurze Pause 2 s, Blitz 1 s, lange Pause 5 s, Wiederkehr 9 s, Petr.-Glühlicht.	14,5	10	8
Brokdorf, Oberfeuer, O-lich vom gleichnamigen Ort.	1 **F. w. & r.** Petr.-Glühlicht.	39,9	44,2	w. 18 r. 15 *w. 19*
Hollerwettern Unterfeuer, 2000 m rw. 160° vom Oberfeuer.	1 **F. & Blz. & Blz. Grp.** v. 2 Blitzen & **Blz. Grp. w. & gn.** von 3 Blitzen. Als Blz.: Blitz 1 s, Pause 1 s, Wiederkehr 2 s. Als Blz. Grp. von 2 Blitzen: Blitz 1 s, kurze Pause 1 s, Blitz 1 s, lange Pause 5 s, Wiederkehr 8 s. Als Blz. Grp. von 3 Blitzen: Blitz 1 s, kurze Pause 1 s, Blitz 1 s, kurze Pause 1 s, Blitz 1 s, lange Pause 3 s, Wiederkehr 8 s.	15	17,5	w. 13 gn. 13 *w. 18* 5
Störmündung:				
Stör-Unterfeuer, auf dem Vorlande.	1 **F. w. & r.** Petr.	7,5	6,2	w. 7 r. 5
Stör-Oberfeuer, am linken Flußufer nahe der Mündung, auf dem Deiche bei Ivenfleth.	1 **F. w. & r.** Petr.	12	13,4	w. 7 r. 5
Störort, am linken Ufer der Flußmündung.	1 **F. w. & r. & gn.** Petr.	9	10,4	w. 7 r. 5 gn. 4
Glückstadt, auf dem Kopfe der N-Mole dieses Hafens.	1 **F. w. & r. & gn.** El.	9,3	9,6	w. 11 r. 9,5 gn. 8,5 *w. 13*
Auf der Spitze des hölzernen Leitwerkes vor der N-Mole.	1 **F. w. & r.** El.	6	3,6	w. 7 r. 4,5

Gestalt, Farbe des Leuchtfeuergebäudes oder Schiffes	Bemerkungen	
Rotbrauner, runder Turm.	Sichtbar als: **Blz. Grp.** von rw. 306° bis rw. 310°, **F.** von rw. 310° bis rw. 315°, **Blz.** von rw. 315° bis rw. 319¾°, **F. gn.** von rw. 319¾° über N bis rw. 20½°, **F. r.** von rw. 20½° bis rw. 83¾°, **Blz.** von rw. 83¾° bis rw. 88½°, **F.** von rw. 88½° über O bis rw. 93½°, **Blz. Grp.** von rw. 93½° bis rw. 102°. Die N-Grenze des elbabwärts gerichteten F.-Sektors bezeichnet die S-Grenze der Brunsbütteler Reede. Untersteht dem Hamburger Staat.	
Weißer, sechsseitiger Turm aus eisernem Fachwerk mit runder Laterne.	Sichtbar: **w.** v. etwa rw. 331,5° bis rw. 343°, **r.** von rw. 343° über N bis rw. 7°, **w.** von rw. 7° über O bis rw. 110,5°, **r.** von rw. 110,5° bis rw. 114°.	Richtfeuer; führen, in Linie in rw. 340°, zwischen der Bank von Glückstadt und der Rhyn-Plate einerseits und dem Mittelgrunde anderseits in der Mitte des Fahrwassers aus dem festen Sektor des Scheelenkuhlen-Feuers in die Deckpeilung der Krautsand-Richtfeuer. Unterstehen dem Hamburger Staat.
Weißer, vierseitiger Turm mit runder Laterne an einem Wohnhaus mit rotem Dach.	Sichtbar als: **Blz. Grp.** von 2 Blitzen von etwa rw. 329° bis rw. 337,5°, **Blz.** von rw. 337,5° bis rw. 344,5°, **Blz. Grp.** von 3 Blitzen von rw. 344,5° bis rw. 0°, **Blz. Grp. gn.** von 3 Blitzen von rw. 0° bis rw. 47°, **Blz. Grp.** von 3 Blitzen von rw. 47° über O bis rw. 117°, **F.** von rw. 117° bis rw. 123°, **Blz. Grp.** von 2 Blitzen von rw. 123° bis etwa rw. 129°.	
Weiße Laterne auf der Plattform eines rund. Turmes (Ziegelrohbau).	Sichtbar: **w.** v. rw. 51° über O bis rw. 110,5°, **r.** v. rw. 110,5° über S bis rw. 224°, **w.** von rw. 224° bis rw. 230°.	Unbewachte Richtfeuer; führen, in Linie in rw. 96°, vom Fahrwasser der Elbe über die Barre der Stör-Mündung. Unterstehen der Regierung zu Schleswig.
Aufzugslaterne an einem weißen, eisernen Gittermast.	Sichtbar: **w.** v. rw. 34,5° über O bis rw. 151¼°, **r.** v. rw. 151¼° über S bis rw. 213,5°.	
Aufzugslaterne an einem weißen, eisernen Mast.	Unbewachtes Quermarkenfeuer. Sichtbar: **gn.** von rw. 54° bis rw. 82°, **r.** von rw. 82° über O bis rw. 110°, **w.** von rw. 110° über S bis rw. 224°.	
Weißer, vierseitiger, eiserner Gitterturm mit eisernem Turmhelm und Galerie auf einem Granitsockel.	Unbewacht. Sichtbar: **r.** von rw. 330° bis rw. 356°, **gn.** von rw. 356° über N und O bis rw. 145°, **w.** von rw. 145° bis rw. 150°, **r.** von rw. 150° bis rw. 170°.	
Graue, eiserne Säule.	Sichtbar: **w.** von rw. 291° über N und O bis rw. 151°, **r.** von rw. 151° bis rw. 177°.	

Name und Örtlichkeit	Zahl, Farbe und Art der Feuer	Höhe des Feuers über Hochwasser	Höhe des Turmes usw. über Erdboden	Sm, in denen d. Feuer b. sichtigem Wetter zu sehen ist
		m	m	Sm
Krautsand-Unterfeuer, auf der Insel gleichen Namens.	1 **Blz. & Blz. Grp. w. & r.** von 2 Blitzen **& Blz. Grp.** von 3 Blitzen. Als Blz. Blitz 1 s, Pause 1 s, Wiederkehr 2 s. Als Blz. Grp. von 2 Blitzen: Blitz 1 s, kurze Pause 1 s, Blitz 1 s, lange Pause 5 s, Wiederkehr 8 s. Als Blz. Grp. von 3 Blitzen: Blitz 1 s, kurze Pause 1 s, Blitz 1 s, kurze Pause 1 s, Blitz 1 s, lange Pause 3 s, Wiederkehr 8 s. Petr.-Glühlicht.	18	21	**w. 13** **r. 13** *w. 16*
Krautsand-Oberfeuer, ungefähr 985 m rw. 303° vom Unterfeuer.	1 **F.** Petr.-Glühlicht.	35,8	38	in der Richtlinie 18 sonst 12
Bielenberg, im Orte gleichen Namens, unmittelbar hinter dem Deich.	1 **Ubr. Grp. w. & r. & gn.** von 2 Unterbrechungen. Unterbrechung 1 s, kurzer Schein 2 s, Unterbrechung 1 s, langer Schein 5 s, Wiederkehr 9 s. Petr.	13,5	16	**w. 9** **r. 6** **gn. 5**
Steindeich-Eszfleth, unmittelbar am Elb-Deich, zwischen den Orten Kamperreihe und Bielenberg.	1 **F. w. & r. & gn.** Petr.	13,2	7	**w. 9** **r. 7** **gn. 6**
Krückau-Oberfeuer, am S-lichen Ufer dieses Flusses im Sommerkoog der Gemarkung Seestermühe.	1 **F.** Petr.	11,2	10,5	**10** *11*
Krückau-Unterfeuer, 130 m W-lich vom Oberfeuer.	1 **F. r.** Petr.	8	7,3	**2**
Krautsand, Leuchttonne auf etwa 6,5 m Wassertiefe an der W-Seite des Fahrwassers NW-lich vom N-Ende des Pagen-Sandes.	1 **Ubr.** Unterbrechg. 2,5 s, Schein 7,5 s, Wiederkehr 10 s. Fettgas.	3,5	.	**1**

<table>
<tr><th>Gestalt, Farbe des Leuchtfeuergebäudes oder Schiffes</th><th colspan="3">Bemerkungen</th></tr>
<tr><td>Weißer, achtseitiger Turm mit runder Laterne an einem Wohnhause mit schwarzem Dach.</td><td>Sichtbar als:
Blz. Grp. r. von 2 Blitzen von rw. 151° bis rw. 157°,
Blz. Gr. von 2 Blitzen von rw. 157° über S und W bis rw. 286°,
Blz. Grp. r. von rw. 286° bis rw. 292°, zur Bezeichnung des Wracks „Vandalia“,
Blz. Grp. von 2 Blitzen von rw. 292° bis rw. 300°,
Blz. von rw. 300° bis rw. 306°,
Blz. Grp. von 3 Blitzen von rw. 306° bis rw. 315°.</td><td rowspan="2" colspan="2">Richtfeuer; führen, in Linie in rw. 303°, aus der Richtlinie der Brokdorf-Hollerwettern-Feuer in die Richtlinie der Pagen-Sand-Feuer.
Unterstehen dem Hamburger Staat.</td></tr>
<tr><td>Weißer, sechsseitiger Turm aus eisernem Fachwerk mit runder Laterne.</td><td>Sichtbar von rw. 160° über S und W bis rw. 321°.</td></tr>
<tr><td>Weißer, vierseitiger Turm mit runder Laterne, an einem Wohnhause mit rotem Dach.</td><td colspan="3">Sichtbar:
gn. von rw. 334,5° über N bis rw. 48°,
w. von rw. 48° bis rw. 67°,
r. von rw. 67° über O bis rw. 105°.
Untersteht dem Hamburger Staat.</td></tr>
<tr><td>Weiße, vierseitige, eiserne Bake.</td><td colspan="3">Sichtbar:
gn. von rw. 294° bis rw. 320,5°,
w. von rw. 320,5° bis rw. 340°,
r. von rw. 340° bis rw. 360°,
w. von rw. 360° über O bis rw. 113°,
r. von rw. 113° bis rw. 130°.
Untersteht dem Hamburger Staat.</td></tr>
<tr><td>Weißer, eiserner Gittermast mit Aufzugslaterne.</td><td>Sichtbar von rw. 15,4° über O bis rw. 165,9°. Vom Fahrwasser der Elbe aus ist es durch Baumgruppen von rw. 15,4° bis rw. 40,7° teilweise verdeckt.</td><td rowspan="2">Unbewachte Richtfeuer; führen, in Linie in rw. 89,5°, von der Ansteuerungstonne Krückau bis querab von den festen Ufern.
Bei Stürmen, bei denen die kleine Schiffahrt auf der Elbe ruht, verlöschen die Feuer auf kurze Zeit.</td><td rowspan="2">Unterstehen d. Regierung z. Schlesw.</td></tr>
<tr><td>Brauner, hölzerner Mast mit Aufzugslaterne.</td><td>Sichtbar von rw. 287° über N, O und S bis rw. 255°.</td></tr>
<tr><td>Rote, runde Tonne mit Gerüst für die Laterne; keine Aufschrift.</td><td colspan="3">Bei Eisgefahr durch eine rote, zylindrische Tonne ersetzt.
Untersteht dem Hamburger Staat.</td></tr>
</table>

Name und Örtlichkeit	Zahl, Farbe und Art der Feuer	Höhe des Feuers über Hochwasser	Höhe des Turmes usw. über Erdboden	Sm, in denen d. Feuer b. sichtigem Wetter zu sehen ist
		m	m	Sm
Pagen Sand, auf dem N-Ende dieser Insel.	1 **F. w. & r. & gn.** Petr.	6,5	8,5	**w. 7** **r. 5** **gn. 4**
Pagen Sand-Oberfeuer, auf dem N-lichen Teil dieser Insel.	1 **F.** Petr.	35	34	9
Pagen Sand-Unterfeuer, 500 m rw. 314⁰ vom Oberfeuer.	1 **Ubr. w. & r. & gn.** Unterbrechung 3 s, Schein 7 s, Wiederkehr 10 s. Petr.	18,3	17,3	**w. 10** **r. 7** **gn. 4**
	Darunter: 1 **F. w. & r.** Petr.	13		9
Bützflethersand-Oberfeuer, auf diesem Sande außerhalb des Deiches.	1 **F. w. & r. & gn.** Petr.-Glühlicht.	33	35,5	in der Richtlinie **17**; sonst **w. 12** **r. 9** **gn. 8**
Bützflethersand-Unterfeuer, etwa 770 m rw. 128,5⁰ vom Oberfeuer.	1 **Bl. & Blz. Grp. w. & gn.** von 2 Blitzen **& Blz. Grp.** von 3 Blitzen. Als Blz.: Blitz 1 s, Pause 1 s, Wiederkehr 2 s. Als Blz. Grp. w. & gn. von 2 Blitzen: Blitz 1 s, kurze Pause 1 s, Blitz 1 s, lange Pause 5 s, Wiederkehr 8 s. Als Blz. Grp. von 3 Blitzen: Blitz 1 s, kurze Pause 1 s, Blitz 1 s, kurze Pause 1 s, Blitz 1 s, lange Pause 3 s, Wiederkehr 8 s. Petr.-Glühlicht.	13,5	15,7	**w. 12** **gn. 8** *in der Richtlinie w. 16*
Brunshausen, bei diesem Orte an der Schwinge-Mündung.	1 **F. w. & gn. & r.** Petr.	14,8	25	**w. 9** **r. 6** **gn. 4**

Gestalt, Farbe des Leuchtfeuergebäudes oder Schiffes	Bemerkungen	
Ungestrichene, fünfseitige hölzerne Bake mit schwarzem Dach.	Brennt nur, wenn die Krautsand-Leuchttonne verlischt oder eingezogen ist. Sichtbar: **gn.** von rw. 31° über O bis rw. 108°, **w.** von rw. 108° bis rw. 117°, dem Schnittpunkt der Pagen-Sand- und der Bassenfleth-Stadersand-Richtfeuer, **r.** von rw. 117° bis rw. 136°. Das Verschwinden des roten und das Insichtkommen des **w.** Sektors zeigt den in der Richtlinie der Pagen-Sand-Feuer aufwärtssteuernden Schiffsführern an, daß die Richtlinie der Bassenfleth-Stadersand-Feuer erreicht und der Kurs auf diese Richtfeuer hin zu ändern ist. Untersteht dem Hamburger Staat.	
Weißer, runder, eiserner Turm.	Sichtbar von rw. 124° bis rw. 140°.	Richtfeuer; führen, in Linie in rw. 134°, von der Richtlinie der Krautsand-Feuer bis zur Richtlinie der Bassenfleth-Stadersand-Feuer. Unterstehen dem Hamburger Staat.
Weißer, runder, eiserner Turm.	Sichtbar: **r.** von rw. 345° bis rw. 355°, **w.** von rw. 355° über N bis rw. 20°, **gn.** v. rw. 20° über O bis rw. 127,5°, **w.** von rw. 127,5° bis rw. 140°, **r.** von rw. 140° bis rw. 147°.	
Im selben Turme.	Sichtbar: **r.** von rw. 355° über N bis rw. 5°, **w.** von rw. 5° über O bis rw. 132°.	
Weißer, sechsseitiger Turm mit runder Laterne.	Sichtbar: **w.** v. rw. 172° über S bis rw. 181°, **r.** von rw. 181° bis rw. 189,5°, **w.** von rw. 189,5° bis rw. 233,5°, **gn.** von rw. 233,5° bis rw. 254°, **w.** v. rw. 254° über W bis rw. 322°.	Richtfeuer; führen, in Linie in rw. 308,5°, von Brunshausen-Reede bis oberhalb vom Juelssand in die Richtlinie d. Feuer Somfletherwisch-Mielstack. Unterstehen dem Hamburger Staat.
Weißer, vierseitiger Turm mit runder Laterne, angebaut an einem weißen Wohnhaus mit rotem Dach.	Sichtbar als: **Blz. Grp. gn.** von rw. 158,5° bis rw. 169°, **Blz. Grp.** von 2 Blitzen von rw. 169° über S und W bis rw. 306°, **Blz.** von rw. 306° bis rw. 312°, **Blz. Grp.** von 3 Blitzen von rw. 312° bis rw. 324,5°.	
Turm oben grünlich, unten aus Backsteinen mit einem hellgrünen, eisernen Gerüst für Wasserstandsignale.	Sichtbar: **gn.** von rw. 295° bis rw. 302°, **w.** von rw. 302° bis rw. 307°, **r.** von rw. 307° bis rw. 322°, **w.** von rw. 322° über N, O, S und W bis rw. 295°. Untersteht dem Hamburger Staat.	

Name und Örtlichkeit	Zahl, Farbe und Art der Feuer	Höhe des Feuers über Hochwasser	Höhe des Turmes usw. über Erdboden	Sm, in denen d. Feuer b. sichtigem Wetter zu sehen ist
		m	m	Sm
Stadersand, Unterfeuer, auf dem gleichnamigen Sande außerhalb des Deiches S-lich von der Schwinge-Mündung.	1 **Blz.** Blitz 1 s, Pause 1 s, Wiederkehr 2 s.	18	20	10
	Darunter: 1 **F. w. & r.** Petr.	15,2	20	**w. 8** **r. 6**
Bassenfleth, Oberfeuer, innerh. des Deiches beim gleichnamigen Orte, etwa 850 m rw. 165° v. Unterfeuer.	1 **F.** Petr.	35	37	**12**
Juelssand, an der NW-Seite des Juelssandes.	1 **Ubr. w. & r. & gn.** Unterbrechung 1 s, Schein 4 s, Wiederkehr 5 s. Petr.	11	13,2	**w. 9** **r. 6** **gn. 4**
Twielenfleth, am Deich bei diesem Orte.	1 **Ubr w. & r. & gn.** Unterbrechung 1 s, Schein 4 s, Wiederkehr 5 s. Petr.	13,2	7	**w. 6** **r. 4** **gn. 3**
Grünendeich-Oberfeuer, in dem Orte gleichen Namens.	1 **F. w. & gn.** Petr.-Glühlicht.	36	36,7	**w. 14** **gn. 9** *in der Richtlinie w. 19*
Lühe-Unterfeuer, W-lich von der Mündung dieses Flusses, hinter dem Elbdeich, etwa 1470 m rw. 98° vom Oberfeuer.	1 **F. r. & Blz. & Blz. Grp. w. & r.** von 4 Blitzen u. **Blz. Grp.** von 5 Blitzen. Als Blitz: Blitz 1 s, Pause 1 s, Wiederkehr 2 s. Als Blz. Grp. von 4 Blitzen: Blitz 1 s, kurze Pause 1 s, Blitz 1 s, kurze Pause 1 s, Blitz 1 s, kurze Pause 1 s, Blitz 1 s, lange Pause 5 s, Wiederk. 12 s. Als Blz. Grp. von 5 Blitzen: Blitz 1 s, kurze Pause 1 s, Blitz 1 s, kurze Pause 1 s, Blitz 1 s, kurze Pause 1 s, Blitz 1 s, kurze Pause 1 s, Blitz 1 s, lange Pause 3 s, Wiederk. 12 s. Petr.-Glühlicht.	14,9	17,2	**13** *w. 17* *r. 14*

Gestalt, Farbe des Leuchtfeuergebäudes oder Schiffes	Bemerkungen	
Weißes, steinernes Wohnhaus, an dem der weiße Turm mit schwarzer Kuppe angebaut ist.	Sichtbar nur stromabwärts in der Richtlinie. (Der Bogen ist nicht zu bestimmen, da eine Vorlinse eine genaue Abgrenzung nicht zuläßt.) Untersteht dem Hamburger Staat.	Richtfeuer; führen, in Linie in rw. 165°, von der Richtlinie der Pagen-Sand-Feuer bis zur Reede von Brunshausen.
Derselbe Turm.	Nebenfeuer; sichtbar: **w.** von rw. 180° bis rw. 192°, **r.** von rw. 192° bis rw. 215°, **w.** v. rw. 215° über W bis rw. 303°.	
Weißer, sechsseitiger, eiserner Turm mit runder Laterne.	Sichtbar von rw. 161° über S und W bis rw. 278°. Untersteht dem Hamburger Staat.	
Weiße, steinerne, vierseitige Bake mit schwarzer Kuppe.	Sichtbar: **gn.** von rw. 301° bis rw. 308°, **w.** von rw. 308° bis etwa rw. 321°, **r.** von etwa rw. 321° über N bis rw. 29°, **w.** von rw. 29° über O bis rw. 149°, **r.** von rw. 149° bis zum holsteinischen Ufer. Untersteht dem Hamburger Staat.	
Weiße, eiserne, vierseitige Leuchtbake.	Sichtbar: **w.** von rw. 132° bis rw. 144,5°, **r.** von rw. 144,5° über S und W bis rw. 282°, **w.** von rw. 282° bis rw. 288°, als Leitfeuer für den SOlichen Teil des Fahrwassers S-lich vom Juels-Mittelgrund, **gn.** von rw. 288° bis rw. 293°. Untersteht dem Hamburger Staat.	
Weißer, sechsseitiger, eiserner Turm mit runder Laterne.	Sichtbar: **w.** von rw. 146° über S bis rw. 234°, **gn.** von rw. 234° bis rw. 244,5°, **w.** v. rw. 244,5° über W bis rw. 289°. Untersteht dem Hamburger Staat.	Richtfeuer; führen, in Linie in rw. 278°, von querab von Mielstack bis zur Richtlinie der Tinsdahl-Wittenbergen-Feuer.
Weißer, vierseitiger Turm a. Backsteinen mit runder Laterne, an einem weißen Wohnhaus m. rotem Dach.	Sichtbar als: **Blz. Grp. r.** von 4 Blitzen von rw. 127° bis rw. 139,5°, **Blz. Grp.** von 4 Blitzen von rw. 139,5° über S bis rw. 197°, **F. r.** von rw. 197° bis rw. 232°, **Blz. Grp.** von 4 Blitzen von rw. 232° über W bis rw. 276°, **Blz.** von rw. 276° bis rw. 283°, **Blz. Grp.** von 5 Blitzen von rw. 283° bis rw. 291°. Untersteht dem Hamburger Staat.	

Name und Örtlichkeit	Zahl, Farbe und Art der Feuer	Höhe des Feuers über Hochwasser	Höhe des Turmes usw. über Erdboden	Sm, in denen d. Feuer b. sichtigem Wetter zu sehen ist
		m	m	Sm
Leuchttonne 19, oberhalb der Lühe-Mündung.	1 **Ubr.** Unterbrech. 2,5 s, Schein 7,5 s, Wiederkehr 10,0 s.	3,5		1
Mielstack, Unterfeuer, unmittelbar hinter dem Elbdeich und etwa 0,3 Sm oberhalb d. Lühe-Mündung.	1 **F. gn. & Blz. & Blz. Grp. w. & r.** von 2 Blitzen und **Blz. Grp.** von 3 Blitzen. Als Blitz: Blitz 1 s, Pause 1 s, Wiederkehr 2 s. Als Blz. Grp. von 2 Blitzen: Blitz 1 s, kurze Pause 1 s, Blitz 1 s, lange Pause 5 s, Wiederkehr 8 s. Als Blz. Grp. von 3 Blitzen: Blitz 1 s, kurze Pause 1 s, Blitz 1 s, kurze Pause 1 s, Blitz 1 s, lange Pause 3 s, Wiederkehr 8 s. Petr.-Glühlicht.	13,3	15,9	**w. 12** **r. 8** **gn. 7** *in der Richtlinie w. 16*
Somfletherwisch, Oberfeuer, in dem Orte gleichen Namens, ungefähr 740 m rw. 136,5° vom Unterfeuer.	1 **F. w. & r. & gn.** Petr.-Glühlicht.	31,8	35,3	**w. 12** **r. 9** **gn. 8** *in der Richtlinie w. 17*
Schulau, auf dem Kopfe der O-Mole.	1 **F.** Petr.	5	3,6	5
Billerbeck, Unterfeuer, am N-Ufer der Elbe, etwa 190 m oberhalb der Ladestelle der Pulverfabrik Tinsdahl.	1 **Blz.** Blitz 1 s, Pause 1 s, Wiederkehr 2 s. Petr.	30,5	30	11
Tinsdahl, Oberfeuer, auf dem hohen N-Ufer der Elbe bei diesem Orte, etwa 730 m rw. 91,5° vom Billerbeck-Feuer.	1 **F.** Petr.	55,4	38,7	15 bzw. 10
Wittenbergen, Unterfeuer, am N-Ufer der Elbe bei diesem Orte, etwa 800 m rw. 106° vom Tinsdahl-Feuer.	1 **Blz.** Blitz 1 s, Pause 1 s, Wiederkehr 2 s. Petr.	30,5	28,8	11

Gestalt, Farbe des Leuchtfeuergebäudes oder Schiffes	Bemerkungen
Schwarze, runde Tonne Nr. 19.	Bei Eisgefahr durch eine schwarze, spitze Tonne mit der Aufschrift „19" ersetzt. Untersteht dem Hamburger Staat.
Weißer, vierseitiger Turm aus Backsteinen mit runder Laterne, an einem weißen Wohnhaus mit rotem Dach.	Sichtbar als: **Blz. Grp.** von 3 Blitzen von rw. 126,5° bis rw. 133°, **Blz.** von rw. 133° bis rw. 140°, **Blz. Grp.** von 2 Blitzen von rw. 140° über S bis rw. 185°. **F. gn.** von rw. 185° bis rw. 217°, **Blz. Grp.** von 2 Blitzen von rw. 217° über W bis rw. 276°, **Blz. Grp. r.** von 2 Blitzen von rw. 276° bis rw. 282°. Richtfeuer; führen, in Linie in rw. 136,5°, aus der Richtlinie der Bützflethersand-Feuer bis querab von Grünendeich. Unterstehen dem Hamburger Staat.
Weißer, sechsseitiger, eiserner Turm mit runder Laterne.	Sichtbar: **gn.** von rw. 127,5° bis rw. 132,5°, **w.** v. rw. 132,5° üb. S bis rw. 189,5°, **r.** von rw. 189,5° bis rw. 206°, **w.** v. rw. 206° über W bis rw. 271°.
Brauner, hölzerner Pfahl hinter einer 2 m hohen viereckigen, hölzernen Bude.	Unbewacht. Untersteht der Regierung zu Schleswig.
Weißer, sechsseitiger, eiserner Turm mit runder Laterne.	Sichtbar nur in der Richtung elbabwärts von rw. 88° über O bis rw. 96°. Untersteht dem Hamburger Staat. Richtfeuer; bilden, in Linie in rw. 91,5°, die O-liche und S-liche Grenze des tiefen Fahrwassers.
Desgl.	Sichtbar über das ganze Elbfahrwasser v. rw. 282° über N und O bis rw. 94°. Untersteht dem Hamburger Staat. Richtfeuer; führen, in Linie in rw. 286°, von der Richtlinie der Grünendeich-Lühe-Feuer elbaufwärts in die Deckpeilung der roten Richtfeuer der Köhlfleth-Mündung.
Desgl.	Sichtbar nur in der Richtung elbaufwärts von rw. 282° bis rw. 289°. Untersteht dem Hamburger Staat.

Name und Örtlichkeit	Zahl, Farbe und Art der Feuer	Höhe des Feuers über Hochwasser	Höhe des Turmes usw. über Erdboden	Sm, in denen d. Feuer b. sichtigem Wetter zu sehen ist
		m	m	Sm
Leitdamm zwischen Lühe und Finkenwärder:				
Leitdamm, auf der W-Ecke des W-lichen Teils.	**1 Blz. w. & r.** Blitz 1 s, Pause 3 s, Wiederkehr 4 s.	.	.	.
Leitdamm, auf der W-Ecke des O-lichen Teils, an der O-Seite der Durchfahrt.	**1 Ubr. w. & r. & gn.** Unterbrechung 2 s, Schein 4 s, Wiederkehr 6 s.	.	.	.
Leitdamm, auf der Mitte des O-lichen Teils.	**1 Ubr. w. & gn.** Unterbrechung 2 s, Schein 6 s, Wiederkehr 8 s.	.	.	.
Leitdamm, auf der O-Ecke des O-lichen Teils.	**1 Blz. w. & gn.** Blitz 1 s, Pause 3 s, Wiederkehr 4 s.	.	.	.
Nebenfahrwasser beim Hahnöfer Sand:				
Hahnöfer Sand, am SW-Rande, an der N-Seite der Binnen-Elbe.	**1 Ubr. w. & r.** Unterbrechung 2 s, Schein 4 s, Wiederkehr 6 s.	.	.	.
Am N-Rande der Krümmung des Fahrwassers.	**1 Ubr. w. & r.** Unterbrechung 2 s, Schein 6 s, Wiederkehr 8 s.	.	.	.
Stoltenhörn, auf dem Deiche.	**1 F. w. & r. & gn.**	.	.	.
Cranz, im Wasser vor der Hohen Wiese.	**1 F. w. & r. & gn.**	.	.	.
Este, am O-Ufer der Mündung dieses Flusses.	**1 F. r.** Petr-Lampe.	7,3	4,9	**8**
Finkenwärder:				
Kanal d-Oberfeuer, hinter dem Elb-Deich.	**1 F. gn.** Petr.	12,5	9	**1**
Kanal d-Unterfeuer, etwa 100 m vom Oberfeuer.	**1 F.** Petr.	9,2	6	**3**
Kanal c-Oberfeuer, hinter dem Elb-Deich.	**1 F. r.** Petr.	17	14	**2**
Kanal c-Unterfeuer, etwa 126 m vom Oberfeuer; auf der Außendeichkante.	**1 F. gn.** Petr.	11	8	**1**

Gestalt, Farbe des Leuchtfeuergebäudes oder Schiffes	Bemerkungen	
	Beabsichtigt.	
	Beabsichtigt.	
	Beabsichtigt.	
	Beabsichtigt.	
	Beabsichtigt.	
	Beabsichtigt.	
	Beabsichtigt.	
	Beabsichtigt.	
Weiße, vierseitige, abgestumpft - pyramidenförmige, hölzerne Bake.	Unbewacht. Sichtbar von rw. 41° über O und S bis rw. 223°. Untersteht der Regierung zu Stade.	
Ungestrichener, hölzerner Mast.	Unbewachte Richtfeuer für Kanal d; führen, in Linie in rw. 148,5°, in der Mitte des Kanals einwärts.	Unterstehen dem Hamburger Staat.
Desgl.		
Desgl.	Unbewachte Richtfeuer für Kanal c; führen, in Linie in rw. 149°, in der Mitte des Kanals einwärts bis auf etwa 300 m Entfernung vom Deich.	
Desgl.		

Name und Örtlichkeit	Zahl, Farbe und Art der Feuer	Höhe des Feuers über Hochwasser	Höhe des Turmes usw. über Erdboden	Sm, in denen d. Feuer b. sichtigem Wetter zu sehen ist
		m	m	Sm
Finkenwärder (Fortsetzung): Kanal b-Oberfeuer, auf dem Elb-Deich.	1 **F. gn.** Petr.	12,5	9,5	1
Kanal b-Unterfeuer, auf dem Außendeichlande, etwa 70 m rw. 329° vom Oberfeuer.	1 **F. r.** Petr.	9,2	6	2
Kanal a-Oberfeuer, hinter dem Elb-Deich.	1 **F. gn.** Petr.	12,5	9,5	1
Kanal a-Unterfeuer, etwa 100 m vom Oberfeuer.	1 **F. gn.** Petr.	9,2	6	1
Köhlfleth-Oberfeuer, auf dem Tradenau Steert bei Finkenwärder.	1 **F. r.** Petr.	18	15	2
Köhlfleth-Unterfeuer, etwa 275 m rw. 327° vom Oberfeuer.	1 **F. r.** Petr.	9,5	6,5	2
Köhlfleth-Mündung, an der O-Seite, auf dem Landungssteg am Seemannshöft.	1 **Blk. w. & gn.** Blink 2 s, Pause 5 s, Wiederkehr 7 s. Bl.	9,9	5,5	w. 11,2 gn. 9 w. *13,4*
Jachthafen, an der W-Seite der Einfahrt.	1 **F. gn.**	7,3	3	2
Jachthafen, an der O-Seite der Einfahrt.	1 **F. r.**	7,3	3	2
Athabasca, Wrack außerhalb des Fahrwassers.	1 **Blk.** Blink 2 s, Pause 3 s, Wiederkehr 5 s. Erdgas.	12		4

Gestalt, Farbe des Leuchtfeuergebäudes oder Schiffes	Bemerkungen	
Ungestrichener, hölzerner Mast.	Unbewachte Richtfeuer für Kanal b; führen, in Linie in rw. 149°, in der Mitte des Kanals einwärts bis zu seinem innern Ende.	
Desgl.		
Desgl.	Unbewachte Richtfeuer für Kanal a; führen, in Linie in rw. 149°, in der Mitte des Kanals einwärts.	
Desgl.		
Desgl.	Unbewachte Richtfeuer; bezeichnen, in Linie in rw. 147°, das Köhlfleth-Fahrwasser von seiner Mündung bis zum Finkenwärder Fährdamm.	Unterstehen dem Hamburger Staat.
Desgl.		
Weißes, hölzernes Gerüst.	Sichtbar: gn. von rw. 33,5° über O bis rw. 106,5°, w. von rw. 106,5° über S bis rw. 268,5°, gn. von rw. 268,5° über W bis rw. 272,5°. Die Peilung rw. 106,5° führt eben frei von den roten Tonnen H, J und K an der S-Seite des Fahrwassers zwischen Wittenbergen und Finkenwärder. Die Peilung rw. 268,5° führt 20 m N-lich frei von der roten Tonne B gegenüber Neumühlen.	
Ungestrichene, hölzerne Gerüste.		
Ungestrichene, hölzerne Gerüste.		
Hölzerner Aufbau auf der Back des Wracks, auf welchem der rote Kessel mit Gitterwerk.	Das Feuer ist so abgeblendet, daß die S-liche Grenze des Fahrwassers nicht beschienen wird.	Unbewacht. Unterstehen dem Hamburger Staat.

Name und Örtlichkeit	Zahl, Farbe und Art der Feuer	Höhe des Feuers über Hochwasser	Höhe des Turmes usw. über Erdboden	Sm, in denen d. Feuer b. sichtigem Wetter zu sehen ist
		m	m	Sm
Altona: Neumühlen-Kai, auf dem W-lichsten Dalben, am W-Ende der Landungsbrücke.	1 **F. r. & gn.** El.	4,8	4 über H-Wss.	**r. 2** **gn. 1**
Neumühlen-Kai, auf dem O-lichsten Dalben.	1 **F. r. & gn.** El.	4,8	4 über H-Wss.	**r. 2** **gn. 1**
Leitdamm vor der Stadt, W-Ende.	1 **F. r.** Erdgas.	12	4 über H-Wss.	**2**
Leitdamm vor der Stadt, O-Ende.	1 **F. r.** Erdgas.	12	4 über H-Wss.	**2**
Köhlbrand und Süder-Elbe: **Köhlbrandhöft**, auf dem N-Ende des Köhlbranddeiches, an der O-Seite der Einfahrt in den neuen Köhlbrand.	1 **Ubr. w. & r. & gn.** Unterbrechung 1 s, Schein 3 s, Wiederkehr 4 s, El.	10,3	7	**w. 11** **r. 9** **gn. 8** *w. 12*
Leuchttonne an der W-Seite der tiefen Fahrrinne.	1 **Blz.** Blitz 1 s, Pause 3 s, Wiederkehr 4 s.	.	.	.
O-liches Kabelhaus, etwa in der Mitte des Köhlbranddeiches.	1 **Ubr Grp. w. & r. & gn.** von 2 Unterbrechungen. Unterbrechung 1 s, kurzer Schein 3 s, Unterbrechung 1 s, langer Schein 7 s, Wiederkehr 12 s, El.	8,8	11,7	**w. 11** **r. 9** **gn. 8** *w. 12*
Altenwerder-Unterfeuer, unmittelbar an der Landungsbrücke.	1 **F. w. & r. & gn. & Ubr.** Unterbrechg. 1,3 s, Schein 3 7 s, Wiederkehr 5,0 s. El.	10,5	12,7 über H-Wss.	**11** *Ubr. 16,1* *F. 14*
Oberfeuer, auf dem Außendeichsvorland oberhalb des Altenwerder Hafens.	1 **Ubr.** Unterbrechg. 1,3 s, Schein 3,7 s, Wiederkehr 5,0 s. El.	18,8	21 über H-Wss.	**13,5** *16,1*
Altenwerder-Unterfeuer, unmittelbar am Parallelwerk oberhalb des Ufereinschnitts bei dem Sägewerk Holst.	1 **Ubr.** Unterbrechg. 1,3 s, Schein 3,7 s, Wiederkehr 5,0 s. El.	11,8	14 über H-Wss.	**12** *16,1*

Gestalt, Farbe des Leuchtfeuergebäudes oder Schiffes	Bemerkungen	
Ungestrichener Dalben.	Sichtbar **r.** elbabwärts, **gn.** elbaufwärts.	Unbewacht. Unterstehen dem Altonaer Hafenamt.
Ungestrichener Dalben.	Sichtbar **r.** elbabwärts, **gn.** elbaufwärts.	Unbewacht. Unterstehen dem Altonaer Hafenamt.
Dalben, auf welchem ein Kessel mit Gitterwerk. Anstrich schw.	Die Feuer brennen in Abständen von etwa 50 bzw. 20 m von dem W- bzw. O Ende des Leitdammes in dessen Richtung.	Unbewacht. Unterstehen dem Hamburger Staat.
Desgl.	Die Feuer brennen in Abständen von etwa 50 bzw. 20 m von dem W- bzw. O Ende des Leitdammes in dessen Richtung.	Unbewacht. Unterstehen dem Hamburger Staat.
Roter, sechsseitiger, eiserner Turm mit kegelförmigem Dach.	Sichtbar: **w.** von rw. 336,5° bis rw. 342,5°, **gn.** von rw. 342,5° über N und O bis rw. 95,5°, **w.** von rw. 95,5° bis rw. 180°, **r.** von rw. 180° über W bis rw. 336,5°.	Unbewacht. Unterstehen dem Hamburger Staat.
Tonne.	**Beabsichtigt.**	Unbewacht. Unterstehen dem Hamburger Staat.
Rotbrauner, vierseitiger, steinerner Turm mit kupfernem Dach.	Sichtbar: **r.** von rw. 350° über N bis rw. 4°, **w.** von rw. 4° über O bis rw. 95°, **gn.** von rw. 95° bis rw. 141,5°, **w.** von rw. 141,5° bis rw. 148°, **r.** von rw. 148° bis rw. 170,5°.	Unbewacht. Unterstehen dem Hamburger Staat.
Roter, dreiseitiger, eiserner Gittermast auf Betonunterbau.	Sichtbar als: **F r.** von rw. 277° bis rw. 332,2°, **F.** von rw 332,2° bis rw. 337,6° **F. gn.** von rw. 337,6° bis rw. 349°, **Ubr.** in der Richtlinie. Richtfeuer; bezeichnen, in Linie in rw. 183°, das Fahrwasser von Tonne c bis zum Köhlfleth.	Unbewacht. Unterstehen der Regierung in Lüneburg
Schwarzer, dreiseitiger, eiserner Gittermast auf Betonunterbau.	Richtfeuer; bezeichnen, in Linie in rw. 183°, das Fahrwasser von Tonne c bis zum Köhlfleth. Richtfeuer; bezeichnen, in Linie in rw. 120°, das Fahrwasser von Tonne d bis Tonne 3.	Unbewacht. Unterstehen der Regierung in Lüneburg
Schwarzer, dreiseitiger, eiserner Gittermast auf Betonunterbau.	Richtfeuer; bezeichnen, in Linie in rw. 120°, das Fahrwasser von Tonne d bis Tonne 3.	Unbewacht. Unterstehen der Regierung in Lüneburg

Name und Örtlichkeit	Zahl, Farbe und Art der Feuer	Höhe des Feuers über Hochwasser	Höhe des Turmes usw. über Erdboden	Sm, in denen d. Feuer b. sichtigem Wetter zu sehen ist
		m	m	Sm
Altenwerder, Unterfeuer, dicht am Parallelwerk am oberen Ende Altenwerders.	**1 Ubr. r.** Unterbrechg. 1,3 s, Schein 3,7 s, Wiederkehr 5,0 s. El.	10	12,2 über H-Wss.	**11,2** *14,5*
Ellerholz, Oberfeuer, auf dem Sommerdeich des hamburgischen Ellerholzes.	**1 Ubr. r.** Unterbrechg. 1,3 s, Schein 3,7 s, Wiederkehr 5,0 s. El.	16,3	18,5 über H-Wss.	**13** *14,5*
Moorburg, Unterfeuer, dicht am Parallelwerk bei der hamburgisch-preußischen Grenze oberhalb Moorburg.	**1 F. w. & gn.** El.	5,8	6,3 über H-Wss.	**9,5** *14,8*
Harburger Seehafen III, Oberfeuer, dicht am Parallelwerk, unterhalb des Hafens.	**1 Ubr.** Unterbrechg. 1,3 s, Schein 3,7 s, Wiederkehr 5,0 s. El.	10,8	13 über H-Wss.	**11,5** *16,6*
Harburger Seehafen II, auf dem aufgehöhten Hafengelände.	**1 Ubr.** Unterbrechg. 1,3 s, Schein 3,7 s, Wiederkehr 5,0 s. El.	18,8	21 über H-Wss.	**13,5** *16,6*

In den Ruinen Wysby's auf Gotland.

Gestalt, Farbe des Leuchtfeuergebäudes oder Schiffes	Bemerkungen	
Roter, dreiseitiger, eiserner Gittermast auf Betonunterbau.	Richtfeuer; bezeichnen, in Linie in rw. 1750, das Fahrwasser vom Köhlfleth bis Altenwerder.	Unbewacht. Unterstehen der Regierung in Lüneburg.
Roter, dreiseitiger, eiserner Gittermast auf Betonunterbau.		
Rote, eiserne Säule auf Steinkegel.	Richtfeuer; bezeichnen, in Linie in rw. 135,50, das Fahrwasser von Tonne 3 bis 4.	
Roter, dreiseitiger, eiserner Gittermast auf Betonunterbau.		
Roter, dreiseitiger, eiserner Gittermast.		

Imatrawasserfall (Finnland).

Vom Knoten und Splissen.

Das Knotenschlingen ist durchaus keine so einfache Handlung als der Laie denkt — im Knoten steckt Kunst, Wissenschaft und Geheimnis, um nicht zu sagen: Mystik Eine einfache Drehung, die einem Tau beim Schlingen eines Knotens gegeben wird, ruft ein völlig verändertes mathematisches Bild hervor. Das Schürzen von Knoten galt seit dem grauen Altertum als eine Kunst, die hier und da vom Mantel des Geheimnisses bedeckt wurde. Bei primitiven Völkern gibt es Knotensprachen. Jeder Knoten in einer Schnur hat seine Bedeutung, und auf diese Weise können lange Mitteilungen, nur denen verständlich, die diese Knoten aufzulösen verstehen, über weite Strecken hinweggegeben werden. Goethe spielt hierauf an, wenn er das Ränzel, in welchem sich der Kopf Lampes befindet, durch einen geheimen Knoten schließen läßt. Die bedeutendste Rolle spielt das Knotenschürzen bis in die Gegenwart hinein in der Schiffahrt und hier dient es einem praktischen Zweck, so daß es aus seiner alten Funktion nicht verdrängt werden kann. Die Seefahrer sind in der Kunst des Knotenschürzens, vielleicht schon durch Vererbung, ganz besonders geübt. Hier handelt es sich durchaus nicht um einfache Knoten, wie sie jeder ohne weiteres zustande bringt, sondern vielfach um komplizierte Gebilde, durch Herkommen geheiligt, die erlernt sein wollen. Und jeder Segler muß sie erlernen, überhaupt jeder Wassersportler, weil schlecht geknotete Taue schon häufig die Ursachen unglücklicher Zufälle geworden sind.

Wenn ich nun die einzelnen Knoten vorführe, so folge ich darin einer ausgezeichneten Darstellung von Fritz Hansen, der sie ungefähr in der Reihenfolge des einfachen zum schwierigen vorführt, aber wichtig sind sie alle.

Nr. 1. **Der doppelte,** oder wie ihn die Seeleute wegwerfend nennen, der **Altweiber-Knoten.** Man legt zwei Tauenden zusammen, macht eine Schleife und zieht die beiden Enden durch. Sehr leicht zu machen. Allein dieser Knoten ist unvollkommen, er zieht sich entweder auf oder so fest zusammen, daß er schwer zu lösen ist.

Nr. 2. **Der Trompetenstich.** Wird angewandt, wenn ein Tau sich als zu lang erweist; der Schiffer wird es nicht zerschneiden, sondern diesen Knoten schürzen. Das Tau wird mit beiden Händen an dem Ende, um das es zu kürzen ist, gefaßt, beide Hände werden wieder zusammengebracht, wieder auseinandergezogen, die Schlinge festgebunden, und der Trompetenstich ist fertig. Dieser Knoten besitzt eine große Festigkeit und je kräftiger an dem Seile gezogen wird, desto besser hält der Knoten.

Nr. 3. **Der Reffstich oder Kreuzknoten.** Dieser Knoten hält, ohne sich jemals aufzuziehen.

Nr. 4. **Der Paalsteek.** Dieser Schlingenknoten hat den Vorzug, daß er sich nicht wie ein gewöhnlicher Schifferknoten zusammenzieht, so daß man ihn auch zur Verfrachtung von Tieren benutzen kann, ohne diese zu gefährden.

Nr. 5. **Der doppelte Paalsteek.** Ganz besonders sicher. Mit ihm kann man besinnungslose Personen aus oberen Stockwerken herunterlassen, man kann ihn als hängenden Stuhl verwenden, ohne befürchten zu müssen, daß die Schlinge sich zuzieht.

Nr. 6. **Der doppelte Schottsteek oder doppelte Kreuzknoten.** Wird gemacht, wenn man einen sehr großen Knoten als Handhabe braucht.

Nr. 7. **Der Steek oder Knoten.** Dies die einfachste Form, um zwei Tauenden miteinander zu verknoten. Sehr einfach zu machen und außerordentlich haltbar.

Nr. 8. **Der Doppelsteek oder Doppelknoten.** Ebenso wie der vorige, hat aber noch den Vorzug, eine außerordentliche Spannung auszuhalten.

Nr. 9. **Der glatte Knoten.** Dient dazu, ein Segel zu handhaben oder einzulieken; bewährt sich vorzüglich, obgleich er nicht besonders fest aussieht.

Nr. 10. **Die Verknüpfung zweier Taue** zu vorübergehendem Zweck. Man legt die Taue Seite an Seite und schlingt eine Leine ungefähr zwölfmal im Zickzack um beide.

Nr. 11. **Der Rollstich.** Findet Anwendung, wenn besondere Stärke notwendig ist. Ein dünnes Tau wird mit einem dickeren durch den abgebildeten Knoten verbunden, der jedoch auseinanderfällt, sobald die Spannung vorbei ist.

Nr. 12. **Laufender Paalsteek.** Allgemein als laufender Knoten bekannt.

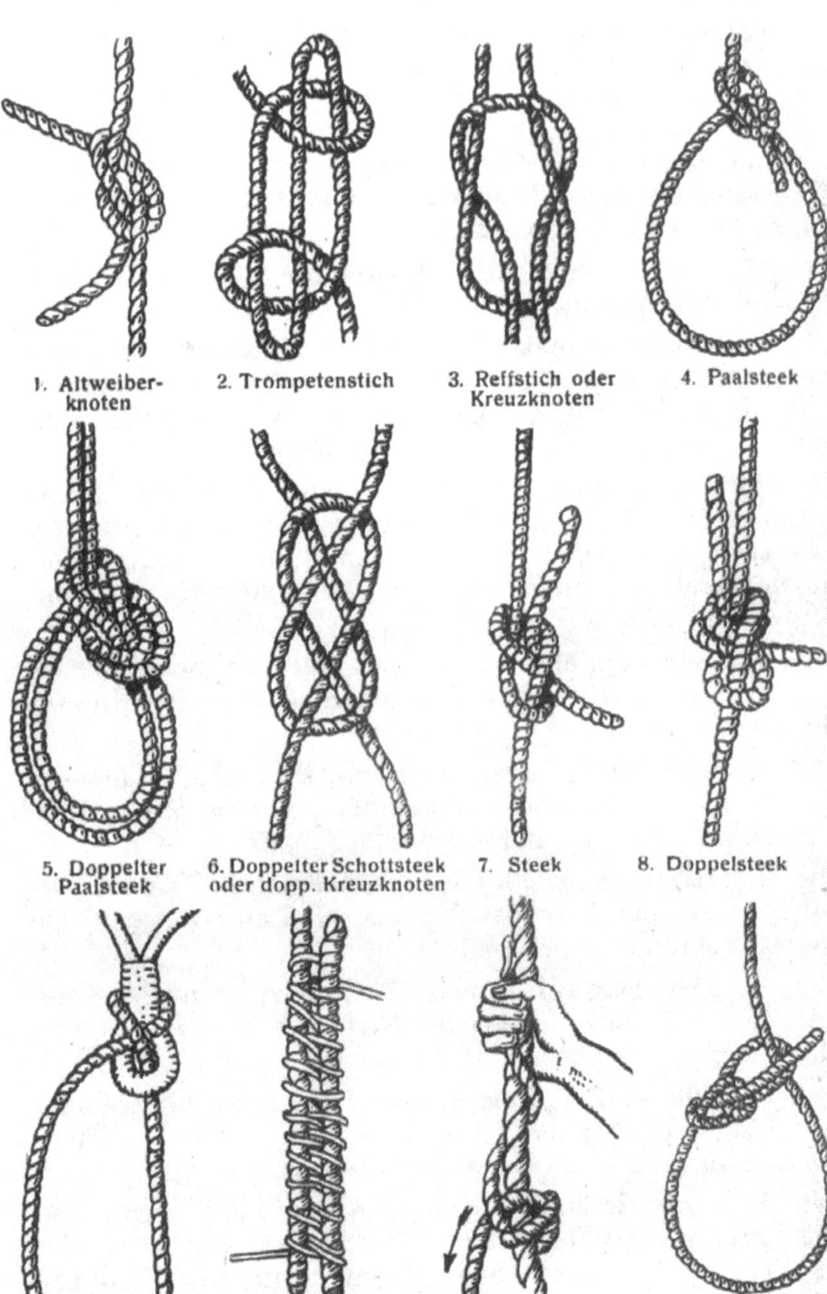

1. Altweiberknoten
2. Trompetenstich
3. Reffstich oder Kreuzknoten
4. Paalsteek
5. Doppelter Paalsteek
6. Doppelter Schottsteek oder dopp. Kreuzknoten
7. Steek
8. Doppelsteek
9. Glatter Knoten
10. Verknüpfung zweier Taue
11. Rollstich
12. Laufender Paalsteek

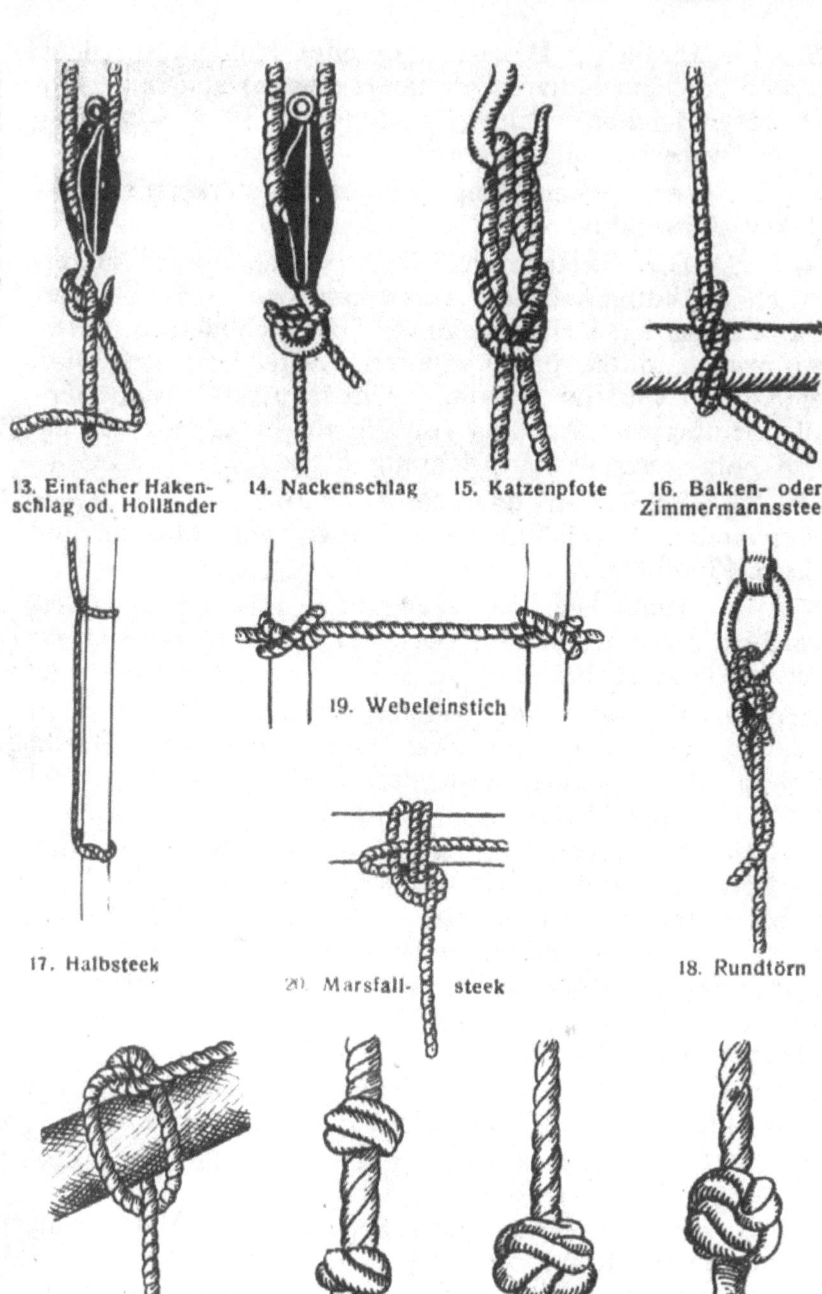

13. Einfacher Hakenschlag od. Holländer
14. Nackenschlag
15. Katzenpfote
16. Balken- oder Zimmermannssteek
17. Halbsteek
18. Rundtörn
19. Webeleinstich
20. Marsfallsteek
21. Marspfriemstich
22. 23. 24. Schifferknoten als Geschicklichkeitsproben

Nr. 13. **Einfacher Hakenschlag oder Holländer.** Dient, um Lasten hochzuwinden oder einen Gegenstand an einem andern festzumachen. Schlag, Stich oder Steek wird jede derartige Tauverbindung genannt.

Nr. 14. **Der Nackenschlag.** Findet bei stärker gerundeten Haken Anwendung.

Nr. 15. **Die Katzenpfote.** Wird wegen seiner außerordentlichen Haltbarkeit und Festigkeit besonders oft verwendet. Es handelt sich um eine endlose Schlinge, die beim Hissen von Tonnen oder anderen Lasten benutzt wird. Dieser Knoten wird hergestellt, indem man mit beiden Händen die Schlinge im Abstand von einem Meter faßt und sie dann in entgegengesetzter Richtung dreht.

Nr. 16. **Der Balken- oder Zimmermannssteek.** Ebenfalls viel verwendet, besonders beim Heben von Masten und sonstigen Rundhölzern.

Nr. 17. **Halbsteek.** In Verbindung mit dem Zimmermannssteek dient der Halbsteek dazu, Rundhölzer in aufrechter Stellung zu halten.

Nr. 18. **Rundtörn oder runder Schlag.** Wird an Bord sehr viel in Verbindung mit zwei Steeks verwendet. Dieser Knoten ist auch besonders geeignet, um Boote festzumachen oder ein Tier anzubinden.

Nr. 19. **Webeleinstich.** Wenn es sich darum handelt, Strickleitern herzustellen, so benutzt man dazu den Webeleinstich, so genannt, weil in der Schiffersprache die Strickleitern als Webeleinen bezeichnet werden. Der Vorzug dieses Knotens besteht darin, daß er an beiden Seiten die Spannung gut aushält.

Nr. 20. **Der Marsfallsteek.** Eignet sich besonders zum Heben von Rüstbäumen, wird aber seit Einführung der Drahttakelung bei der Marine nicht mehr benutzt.

Nr. 21. **Marspfriemstich.** Ist es notwendig, besondere Hebekraft anzuwenden, zum Beispiel eine schwere Lucke zu öffnen, so verwendet man diesen Knoten in Verbindung mit einem kurzen Rundholz.

Nr. 22/24. **Geschicklichkeitsproben im Knüpfen von Knoten.** Diese Knoten finden in der Praxis keine Verwendung. Es sind gewissermaßen Schmuckknoten.

Behandlung scheinbar Ertrunkener.*)

1. Schicke vor allem sofort nach dem Arzt, sowie nach Decken und trockener Kleidung.

2. Entferne alle Kleidung vom Oberkörper bis zum Gürtel und löse diesen.

3. Lege den Scheintoten zuerst auf den Bauch über deine Knie oder über zusammengerollte Kleider, so daß Kopf und Brust etwas nach abwärts hängen und das Wasser aus Magen und Lungen abfließen kann. Durch Druck auf den Rücken kann man das Ausfließen befördern. (Nicht auf den Kopf stellen!) Dann öffne den Mund, reinige ihn und die Nase von Schlamm, ziehe die Zunge hervor und binde sie mit einem Tuch auf dem Kinn fest.

4. Lege den Körper auf den Rücken, reibe Brust und Gesicht mit Tüchern trocken und siehe zu, ob die Brust atmet, d. h. sich abwechselnd hebt und senkt.

5. Ist dies nicht der Fall, so beginne sofort mit den künstlichen Atmungsbewegungen und setze dieselben unverdrossen selbst viele Stunden lang fort, bis das Atmen wieder in Gang kommt oder bis ein Arzt erklärt, daß das Leben ganz erloschen ist.

6. Um die Atmungsbewegungen nachzuahmen, muß der Brustkasten abwechselnd ausgedehnt und wieder zusammengepreßt werden.

7. Zu dem Zwecke mache ein Polster aus Kleidungsstücken und schiebe es unter den Rücken des Ertrunkenen.

8. Fasse die Arme oberhalb der Ellbogen, erhebe sie bis über den Kopf, langsam 1, 2 zählend, dann senke sie wieder und presse die Oberarme, langsam 3, 4 zählend, sanft aber fest gegen die vordere Fläche des Brustkastens.

9. Sind zwei Helfer zur Hand, so stelle sich einer an jede Seite und mache dieselbe Bewegung in gleichem Zeitmaß.

10. Dies Auf- und Abbewegen der Arme wiederhole ruhig und taktmäßig, 15mal in der Minute, bis der Scheintote wieder selbständig zu atmen beginnt.

11. Dann erst suche die Körperwärme herzustellen durch Reiben der Haut des ganzen Körpers mit warmen Decken, durch Bedecken mit warmen Kleidern, durch warme Betten, warme Flaschen, und wenn das Schlucken wieder möglich geworden, durch Trinkenlassen von warmen Flüssigkeiten (Wasser, Tee, Grog, Wein; erst nur teelöffelweise).

---

*) Nach den Angaben der Deutschen Gesellschaft zur Rettung Schiffbrüchiger.

Erste Hilfeleistung

bei Unglücks- und plötzlichen Erkrankungsfällen bis zur Ankunft des Arztes.

Verletzungen.

Regeln für Blutstillung und Wundbehandlung.

1. Jedes blutende Glied muß möglichst hoch gelagert werden.

2. Blutungen, bei denen das Blut nicht im Strahl hervorspritzt, können durch einen Druckverband und Hochlagerung gestillt werden.

3. Wenn bei Blutungen schneller Tod durch Verblutung droht, so ist das Glied zu umschnüren, und zwar bei Blutungen aus Schlagadern (hellrotes Blut) oberhalb, bei Blutungen aus Blutadern (dunkles Blut) unterhalb der blutenden Stelle.

4. Alles was mit einer Wunde in Berührung kommt (Finger des Hilfeleistenden, Verbandstoffe, Wasser usw.), muß vollständig rein bzw. neu sein. Schwämme dürfen nie angewendet werden.

5. Das erste Wundverfahren besteht in folgendem:

a) Blutstillung durch Hochlagerung und Aufdrücken eines in kalte Karbol-, Lysol- oder Essigsaure-Tonerde-Lösung getauchten Wattebausches (evtl. durch Umschnürung),

b) Desinfizierung der Wunde durch Abspülen oder Abtupfen mit Karbol-, Lysol-, Essigsaure-Tonerde-, Borsäure-Lösung,

c) Auflegen einer dicken Schicht Wundwatte und darüber eines Stückes Guttaperchapapiers oder Leinewand,

d) Fester Verband mit Binde oder dreieckigem Tuch,

e) Lagerung des verletzten Gliedes so, daß es Ruhe und eine erhöhte gleichmäßige Lage hat (bei Knochenbrüchen in Schienen u. ä.).

Bluthusten und Blutbrechen.

a) Ruhige Lagerung des Kranken und Lösung aller beengenden Kleidungsstücke,

b) Langsames Schlucken von kaltem Wasser oder Eisstückchen,

c) Kalte Umschläge auf Brust und Magengegend.

Knochenbrüche.

Glied *ruhig lagern*, am besten Ankunft des Arztes oder der gelernten Hilfskraft abwarten. Beim Transport Glied durch Schienen festlegen.

Ohnmacht.

Gesicht *blaſz*, bewuſztlos, Atmung kaum bemerkbar. Rückenlage, Kopf *tief*. Öffnen der Kleider, Hautreize, Reiben und Bürsten der Hände und Füſze, starker Kaffee, Tee, Wein.

Schlaganfall.

Gesicht *gerötet*, Öffnen der Kleider, Lagerung, Kopf hoch, Senfteige auf Brust, *Kälte* auf den Kopf.

Krämpfe.

Gute Lagerung des Befallenen. Entfernung von Gegenständen, durch die der Kranke sich verletzen kann, aus der Umgebung.

Hitzschlag.

Sonnenstich. Kleider öffnen evtl. entfernen, den Erkrankten an kühlen Ort bringen, Kopf hoch lagern, Eisumschläge, kaltes Wasser zum Trinken geben.

Verbrennungen.

1. *Durch Feuer*: Bei *brennenden Kleidern* Ersticken der Flammen durch Decken, Teppiche, Betten usw. Bei verbrannten Hautstellen: Blasen nicht öffnen, bedecken mit Fetten (ungesalzen), reiner Watte, antisept. Pulver, Bismut, Dermatol.

2. *Verbrennungen mit Ätzkalk*: Groſze Mengen Wasser mit etwas Essig- oder Zitronensäure.

3. *Verbrennungen mit Säuren*: Kalkwasser-, Seifenwasser-, Sodawasser-, Wasser-Spülungen.

Erfrierungen.

Den Erfrorenen nie in *geheizte* Räume bringen. Reibungen mit Schnee, kalten, nassen Tüchern, vorsichtige künstliche Atmung. Siehe Beh. scheinb. Ertrunkener.

Bei allen

Augenverletzungen,

auch scheinbar unbedeutender Art, unterlasse man die Anwendung irgendwelcher Geheimmittel und ziehe sofort einen Arzt zu Rate.

Literatur.

Belitz, Georg, Seglers Taschenbuch, Berlin.
Bortels, A., Lotsenfreund, Cuxhaven.
Bolte, Prof. Dr. F., Elementare Schiffkunde, Hamburg.
Bolte, Prof. Dr. F., Neues Handbuch der Schiffkunde, Hamburg.
Conström, Paul, Auf Havel und Spree, Elbe und See, Hamburg.
Deutscher Kreuzeryachtverband, Berlin.
Eckardt & Messtorff, Hamburg, Reichsverordnungen.
Fock, Gorch, Seefahrt ist Not.
Fluß und See, Beilage zum Wassersport, Berlin.
Gabain, Franz, Wanderbuch durch die Lüneburger Heide und Grenzgebiete.
Hamburger Segelverein, Jahrbücher.
Kreuzerverband des Deutschen Segler-Verbandes, Berlin.
Linde, Prof. Dr. Rich., Die Niederelbe.
Nordseehandbuch, Südlicher Teil, Reichsmarineamt, Berlin.
do. Östlicher Teil, Reichsmarineamt, Berlin.
Norddeutscher Regattaverein, Hamburg, Jahrbücher.
Scheibert, J. W. & Fr., Der Segelsport, Berlin.
Wassersport, Der, Berlin.
Yacht, Die, Berlin.

Für Anregungen und Mitteilungen verschiedenster Art ist der Verfasser Fräulein Martha Albrecht, Hamburg, Herrn Prof. Dr. Bolte, Hamburg, Herrn Kurt Broschek, Hamburg, Herrn Herbst, Wasserbauamt Neuhaus (Oste), Herrn Baurat Koslowski, Wasserbauamt Stade, Herrn A. Meyerdiercks, Vorsitzender vom Weseryachtclub, Blumenthal (Hannover), Herrn Kapitän J. Messtorff, in Firma Eckardt & Messtorff, Hamburg, Herrn Kapitän Heinr. Martens, Elblotse, Hamburg, Herrn Th. Nagel, Architekt, Hamburg, und vielen andern dankbar.

Inhaltsverzeichnis.

Die Elbe bis Tinsdahl

Seite 55 bis 66.

Die Elbe von Tinsdahl bis Brunshausen

Seite 67 bis 77.

Die Elbe von Brunshausen bis Krautsand

Seite 79 bis 90.

Die Elbe von Krautsand bis Brunsbüttel

Seite 91 bis 102.

Die Elbe von Brunsbüttel bis Cuxhaven

Seite 103 bis 122.

Von Cuxhaven bis zur Elbmündung
Die Küste bis Borkum und Sylt

Seite 127 bis 143.

Kupfertiefdruck von Broschek & Co., Hamburg.

ANHANG.

Einleitung.

Das Buch „Der Segler auf der Niederelbe" entstand in der politisch und wirtschaftlich bewegten Zeit des Winters 1918/1919. Seit seinem Erscheinen bis heute hat es über Erwarten große Verbreitung, Anerkennung und — angesichts des verantwortlichen und vielseitigen Materials — auch Vertrauen gefunden. Da ein Neudruck des Textes und der Karten infolge der hohen Kosten zurzeit ausgeschlossen ist, wir aber trotzdem den Inhalt auf zeitgemäßer Höhe zu erhalten wünschen, haben wir jetzt zu Beginn der Saison 1922 dem Buch einen Anhang angegliedert.

Weiter sei festgestellt, daß vorliegendes Buch nicht allein in Segler-, sondern auch in Motorboot-, Ruder-, Kanu- usw. Kreisen weit verbreitet ist. — Wir stellen daher den Titel auf breitere Grundlage und vervollständigen ihn — vorerst vermittels eines einfachen Papierumschlags — unter dem Namen:

„Einziges Fachbuch
für Wassersportler auf der Niederelbe und Umgebung".

Um sodann recht viele — möglichst kritische — Meinungen über Verbesserungen, Wünsche usw. zu hören, haben wir uns mit den führenden Persönlichkeiten in Verbindung gesetzt, die uns zum Teil mit dankenswerten Anregungen an Hand gingen, die, soweit der knappe Platz es zuläßt, im vorliegenden Anhang veröffentlicht werden.

Verbilligung des Sports.

Seit Aufhören des Krieges hat sich unsere Jugend in erfreulichem Maße dem Sport hingegeben, um dadurch gleichsam einen Ersatz zu schaffen für die zurzeit leider verlorengegangene allgemeine Wehrpflicht. Energie und Tüchtigkeit bleiben sonach auch voraussichtlich für die Folge Gemeingut unseres deutschen Volkes. Unser Wassersport — besonders auf der Elbe und Umgebung — hat seit Beendigung des Krieges sehr viele neue Anhänger gefunden. Diese nicht allein zu erhalten, sondern zu vermehren, sollten die einflußreichen und maßgebenden Stellen alles tun, was möglich ist, insbesondere das Anschaffen und Halten von Sportfahrzeugen erträglich zu gestalten sich bemühen und nicht kurzsichtig durch harte Belastung diesen, den gesunden

Geist und den Wagemut ausbildenden Sport abwürgen. Besonders dem meist nicht begüterten jungen Segler, der auf sein kleines, anspruchsloses Fahrzeug angewiesen ist, das er mit den billigsten und geringsten Mitteln erhält, sei hier wärmstens das Wort geredet, damit nicht diese sportbegeisterten jungen Leute, die jeden erübrigten Pfennig ihrem Sport opfern, durch harte Mehrbelastung erbittert, der Schraube ohne Ende weichen.

Verbilligt sollte der Sport auch werden durch erträgliche Vereinsbeiträge, Liegegelder, ehrenamtliche (nicht bezahlte) Bewachung der Fahrzeuge z. B. im Jachthafen, auf der Alster, in Blankenese usw., ferner durch Einrichtung einer Zentrale zur Vermittlung von Mannschaften. Suchen doch bekanntlich viele Bootsbesitzer oft Mitsegler, und vielen Mitseglern ist es oft nicht leicht, passenden Anschluß an ein Boot zu finden. Ferner sollen in nachstehendem einige kurze Winke gegeben werden, kleine Boote möglichst vorteilhaft und erträglich unter Berücksichtigung der Teuerung instand zu halten.

Wie unterhalten wir nun ein Sportfahrzeug?

Um unser Boot dauernd in gutem Zustande zu erhalten, hierzu gehört außer großer Liebe auch Erfahrung, welche sich jeder rechte junge Sportsmann durch Lernen mit der Zeit erwirbt.

Haben wir unserm Boot nebst Zubehör während der Winterpause genügend Aufmerksamkeit geschenkt, daß zum Beispiel Feuchtigkeit, Ratten, Mäuse (zwei- und vierbeinige) usw. dem Material keinen Schaden zufügten, so gehen wir im Frühjahr rechtzeitig daran, alles zu überholen. Das laufende Gut wird meistens schon an den langen Winterabenden vorgenommen; die Blöcke sind zu säubern, zu ölen und zu lackieren. Schadhaftes Tauwerk ist zum Teil zu erneuern, zu spleißen, hier und da ein Takling oder eine Kausche anzubringen. Die Segel sind lufttrocken zu halten, und es ist dafür zu sorgen, daß keine Spakflecke sich bilden. Die Persennige sind auf ihre Dichtigkeit hin zu untersuchen. Ist das Tuch nicht mehr recht auf der Höhe, so gibt es einen preiswerten Persennigfirnis, mit dem wir das Tuch auf lange hinaus dicht, widerstandsfähig und elastisch erhalten können. Das stehende Gut (Mast und sonstige Spieren) ist zu schrapen oder mit heißem Sodawasser abzuschrubben und rein nachzuspülen. Bei warmem Wetter ölen wir dann die Hölzer und lackieren sie zum Schluß mit Bootslack, am besten während der warmen, sonnigen Tageszeit. Der jetzt teure Bootslack ist am zweckmäßigsten mit bestem Terpentinersatz zu verdünnen und eventuell zweimal aufzutragen. — Wir wenden uns nun unserem Bootskörper zu. Sind Reparaturen nötig, so disponiere man r e c h t z e i t i g diesetwegen mit dem Bootsbauer, denn mit der höher steigenden Sonne im Frühjahr wächst auch die Beanspruchung an die Werft. Jeder will dann zuerst bedient sein. Sodann kommt das Außenschiff an die Reihe. Ist das Überwasserschiff naturlackiert, so schrubbe man tüchtig mit heißem Soda- und Seifenwasser die schmutzigen Stellen, spüle gut nach, dann ebenso ölen und lackieren, wie oben gesagt. Bei zweimaligem dünnen Lacküberzug bekommen die Teile dann einen glasharten Schutz. Ist das Oberwasserschiff nicht natur gehalten, sondern farbig gemalt, so werden die lockeren Fugen sauber mit einem scharfen Eisen abgezogen, eventuell mit der Stahlbürste gesäubert, dann gespachtelt und mit Schmirgel geschliffen, hierauf wird die entsprechende Lackfarbe aufgetragen. Dem Unterwasserschiff müssen wir große Sorgfalt zuwenden. Vor allem müssen wir alle Holz- und Metallteile sorgsam säubern. Letztere können wir mit einem Gemisch von Mennige und Teerlacköl (Black varnish) gut vorstreichen, auch etwa offene Bolzenlöcher usw. hiermit dichten. Zum Schluß malen wir das Unterwasserschiff mit möglichst heißem Teerlacköl, dem wir etwas Schweinfurtergrün zusetzen, um Muscheln oder sonstigen Anwuchs abzuhalten. Selbstverständlich können wir auch braune, grüne oder blaue sogenannte Patentfarbe zum Unterwasserschiff nehmen, die aber um vieles teurer ist, ohne dafür entsprechende Vorteile zu bieten. Den Boden unseres Bootes müssen wir auch während der Saison häufiger reinigen. Auch der Bilge und dem etwaigen Schwertkasten müssen wir vor dem Zuwasserlassen unsere Aufmerksamkeit zuwenden. Wir schützen diese Teile, an die später kaum Luft und Licht kommt, am besten durch Carbolineum oder schwedischen Holzteer (heiß aufgetragen, um in die Holzmaserung einzudringen). Der Schwertkasten über den Fußbrettern ist mit Leinöl und Lack, das Holzschwert mit Carbolineum, ein Metallschwert mit Mennige zu behandeln, Löcher und Fugen sind zu dichten usw. Wir könnten diesen Ausführungen noch viel hinzufügen, wenn der Platz dafür vorhanden wäre. Es sollen mit vorstehendem eben nur dem, der nicht über einen gefüllten Geldbeutel verfügt, kurze Fingerzeige gegeben werden, sich mit erträglichen Mitteln den heutigen Verhältnissen anzupassen.

Über kleine Kreuzerjachten.

Von Dr. Ing. Max Oertz, Hamburg.

Für Tagesfahrten, wie sie im Gebiet der Niederelbe so häufig vorkommen, bedarf es vielfach keiner so großen und kostspieligen Kreuzerjacht, sondern es genügt schon ein kleineres Fahrzeug, wenn es zweckmäßig konstruiert ist.

Gewiß bietet eine größere Jacht mehr Bequemlichkeit unter und auf Deck, aber die hohen Anschaffungs- und Erhaltungskosten sprechen heute ein gewichtiges Wort mit, kostet doch ein bezahlter Bootsmann im Jahr so viel wie früher die Anschaffung einer ganz ansehnlichen Kreuzerjacht mit allem Inventar. Die kleinere Jacht kann von begeisterten Amateuren leicht bedient und in Ordnung gehalten werden, ermöglicht das Aufsuchen von Gegenden, die der größeren Jacht oft nur bei sehr günstigen Tideverhältnissen zugänglich sind, gestattet beim Kreuzen ein längeres Aushalten der Schläge unter Land und kann, falls sie einmal festkommt, durch schnelles Trimmen und Überkreuzen vielfach wieder abgebracht werden, ohne die nächste Tide abwarten zu müssen. Anzustreben ist bei der Konstruktion einer solchen Jacht nur, daß sie trotz ihrer geringen Größe ein möglichst hohes Maß von Sicherheit und Seetüchtigkeit hat, dabei leidlich bequem und schnell ist und ästhetisch wie eine „Jacht“ wirkt, nicht aber wie eine Wohnung auf irgend einem „schwimmenden Untersatz“.

„Was man nicht definieren kann, das sieht man als 'nen Kreuzer an.“ Derartige undefinierbare Fahrzeuge sieht man leider ziemlich häufig, ja, manche stehen als „Kreuzer“ in um so höherem Ansehen, je langsamer, plumper und häßlicher sie sind.

Ein sehr schweres, massiges Boot wird immer ein verhältnismäßig großes Segelareal erfordern, um bei den durchschnittlich leichten Winden noch leidlich schnell zu sein. Eine große Segelfläche mit ihren entsprechend schweren Spieren ist aber in der Bedienung unhandlich und paßt nicht zu der Gemütlichkeit, die das Merkmal eines guten Kreuzers sein sollte.

Es folgt daraus, daß man mit der „Dicke“ und Schwere des Rumpfes nicht zu weit gehen, sondern die natürliche Stabilität, die auch bei kleinerem Deplacement durch eine gute Breite erzeugt wird, ausnutzen soll. Ein solches in maßvollen Grenzen gehaltenes Fahrzeug kommt dann mit einer kleineren und handlicheren Besegelung aus und, was wichtig ist, auch mit einem kleineren Tiefgang.

Durch zu großen Tiefgang wird überhaupt viel gesündigt. Bei richtiger Wahl der Verhältnisse und Lage der Schwerpunkte kann man auch mit einem weniger tiefen Boot vorzüglich kreuzen, bekommt aber eine größere Lebendigkeit und namentlich erheblich bessere Geschwindigkeit auf allen neueren Kursen. Gerade bei kleinen Booten sollte auf gutes Raum-Laufen besonderer Wert gelegt werden, damit sie sich bei zunehmender Brise nicht „festbuddeln“ und Seen von achtern übernehmen. Das Geheimnis der Seetüchtigkeit der primitiven kleinen offenen Fischerboote der Ostseeküste liegt in ihren guten Raumschoots-Eigenschaften, die durch den geringen Tiefgang, ausfallende Spanten und ein im Vergleich zu der geringen Verdrängung gutes Reservedeplacement erzielt werden. Sie stellen in dieser Hinsicht ein Extrem dar, dem keinesfalls das Wort geredet werden soll; anderseits aber bekommen dicke, gedrungene und tiefe Boote, womöglich mit einem schweren Mast in der Nase, bei See ein starkes, längsgerichtetes Pendelmoment, von dem man nicht voraussetzen darf, daß es mit der jeweiligen Wellenperiode immer harmoniert. Sie werden dann Schaukelpferde. Das brauchbare Kompromiß für eine gute Kreuzerjacht liegt etwa in der Mitte zwischen diesen beiden Extremen.

Bei einer Wasserlinienlänge von ca. 6 m kann man einen für die Niederelbe noch sehr gut brauchbaren Kreuzer mit ca. 1 m Tiefgang schaffen. Eine größte Breite an Deck von ca. 2,15 m bei einer Gesamtverdrängung (beladen) von ca. 2,5 cbm ergibt reichliche Stabilität, um ca. 35 qm Segelareal zu tragen. Bei einer Breite in der Wasserlinie von ca. 1,95 m erhalten die Mittschiffsspanten eine gute Ausladung, um ein trockenes und mackliges Boot zu gewährleisten. Bei nicht zu vollen vorderen Linien sollte der Überhang von 1,20 m nicht überschritten werden, während der hintere Überhang, falls die Hecklinien nicht allzu flach verlaufen, ruhig 1,50 m lang sein kann, um den Großbaum besser bearbeiten zu können. Aus diesem Grunde ist von einem Spitzgatt bei einem so kleinen Boot besser abzusehen. Ein geringster Freibord von 55—60 cm sichert bei nicht zu großem Sprung noch ein schnittig aussehendes Fahrzeug, das mit einer sehr bequemen Sitzkajüte ausgestattet werden kann und außer Schränken 2 schöne Schlafgelegenheiten und im Vorschiff eine „Hundekoje“ besitzt.

Ein derartig stabiles und mit großem Reservedeplacement versehenes Boot wird im Hinblick auf seine Raumschoots-Eigenschaften kaum der Gefahr ausgesetzt sein, durch eine See von achtern überrannt zu werden. Ein bequemes, offenes, tiefes Kockpit, das 5—6 Menschen behergen kann, bietet daher kaum eine ernstliche Gefahrenquelle, einem wasserdichten Kockpit gegenüber aber den Vorteil des geringeren Windfangs der Insassen und eines behaglichen, trockenen und sicheren Aufenthalts. Probatum est.

Bei den Tagestouren, um die es sich auf der Elbe meistens handeln wird, ist das Kockpit der begehrteste Raum, der denn auch bequem und praktisch ausgestattet werden sollte. Steife Glieder brauchen nicht immer Begleiterscheinungen einer längeren Segelfahrt zu sein; sonst könnte der Begriff „Kreuzer“ von dem lahmen Kreuz der Insassen abgeleitet erscheinen.

Elb- und Seekarten

über Veränderungen, die etwa seit Ausgabe des Buches stattgefunden haben, ferner über Anregungen und Wünsche aus Seglerkreisen.

Elb- und Seekarten sind heute fast unerschwinglich, kostet doch ein Satz neuer Elbkarten (6 Stück) **etwa 600 Mark**, während die Elbkarten, die diesem Buche beigefügt sind, **gratis mitgeliefert** werden. Von geschätzter Seite aus Hamburg erhalten wir hierüber einige Wünsche und Anregungen dahingehend, daß die an und für sich tadellosen Karten durch farbigen Druck und farbige Wiedergabe der Befeurung usw. viel gewinnen würden. Wir schließen uns diesen Anregungen selbstverständlich an, doch muß die Ausführung in puncto Kosten stabileren Zeiten vorbehalten bleiben. Wir wollen bei dieser Gelegenheit nicht unerwähnt lassen, daß der lange Flußlauf von Hamburg bis zur See stetigen Veränderungen unterworfen ist. Karten, die z. B. noch im Frühjahr der Gegenwart entsprechen, bedürfen schon nach mehr oder weniger Zeit oftmals der Berichtigung. Um daher den Seglern eine Handhabe zu bieten, das vorhandene Kartenmaterial mit erträglichen Mitteln auf zuverlässiger Höhe zu halten, seien hier zwei Wege angegeben.

I. Im Seglerheim im Jachthafen sollen Elb- und Seekarten den Seglern zugängig gemacht werden. Diese sollen stets in berichtigtem Zustande gehalten sein, so daß jeder Elbsegler über Veränderungen des Fahrwassers durch Verschiebung von Sänden infolge Eisstauungen, orkanartiger Stürme usw., sowie über Veränderung von Bojen, Baken, Leuchtfeuern, Wracks usw. (siehe auch Nachrichten für Seefahrer) sich schnellstens informieren und diese in seine Karten selbst einzeichnen kann.

II. Das Deutsche Seekarten-Berichtigungsinstitut teilt uns das Folgende im Wortlaut mit:

„Vor Beginn der Segelsaison wird den Jachten empfohlen, ihre Seekarten und nautischen Bücher dem Deutschen Seekarten-Berichtigungsinstitut zwecks Berichtigung nach den Nachrichten für Seefahrer zu übergeben. In den meisten Fällen werden durch eine derartige Berichtigung die Seekarten und Bücher, sofern sie nicht inzwischen durch Neuausgabe ersetzt sind, wieder vollgültige navigatorische Hilfsmittel. Die Neubeschaffung der teuren Seekarten wird dadurch hinfällig. Die Geschäftsstelle des Instituts befindet sich Hamburg 4, im Seemannshaus, Zimmer 35, Fernsprecher: Hansa 4847; Filiale Altona, Fischmarkt 21, Fernsprecher: Hansa 3490 N. 1."

Neuregelung der Sturmwarnungssignale der Deutschen Seewarte Hamburg.

Ab 1. April werden, dem Wunsche der Schiffahrtskreise folgend, seitens der Deutschen Seewarte die Sturmwarnungen wieder wie früher erlassen, wenn mindestens Stärke 8 zu erwarten ist; das bisherige Signal für die atmosphärische Störung „Signalball" fällt als Sturmwarnung fort.

Als Warnung vor einem Sturm, dessen Richtung nicht angebbar ist, wird das Signal „zwei Kegel mit der Basis gegeneinander gekehrt" neu eingeführt.

Da die Kleinschiffahrt und Fischerei jedoch großen Wert darauf legen, auch weiterhin schon vor Winden von der Stärke 6 bis 7 gewarnt zu werden, wird der bisher für die atmosphärische Störung benutzte Signalball als „Windwarnung" gesetzt, wenn ein Auffrischen des Windes auf Stärke 6 bis 7 — gleichviel, aus welcher Richtung — zu erwarten ist. Ein Nachtsignal als Windwarnung wird nicht gezeigt.

Das am 1. April 1922 in Kraft tretende Sturmwarnungssignalsystem gestaltet sich danach wie folgt:

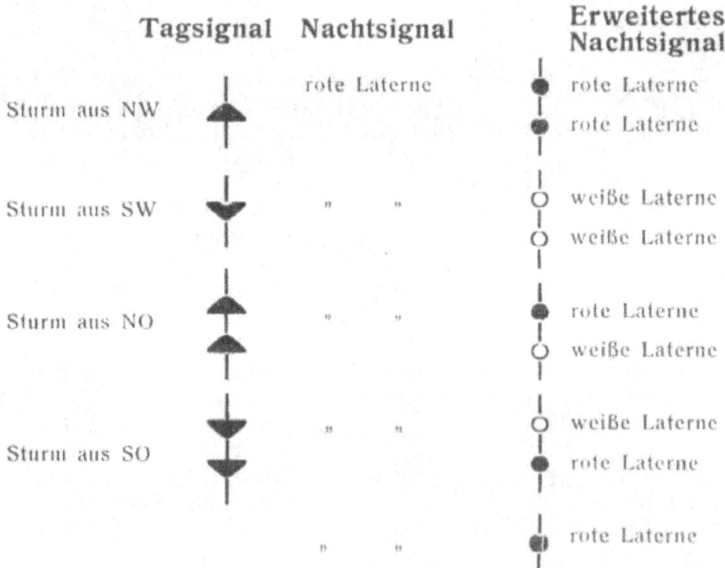

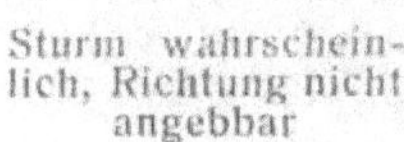

Sturm wahrscheinlich, Richtung nicht angebbar

oder

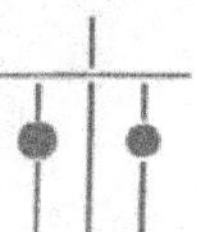

2 rote Laternen wagerecht nebeneinander auf Helgoland, Marienleuchte, Arkona

Zusatzsignal zu den Kegelsignalen, um die mutmaßliche Drehung des Windes anzuzeigen:

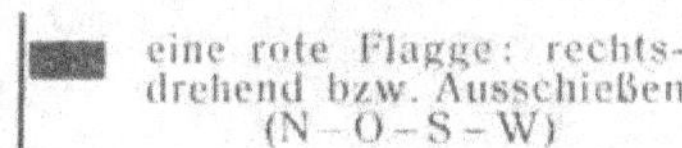

eine rote Flagge: rechtsdrehend bzw. Ausschießen (N – O – S – W)

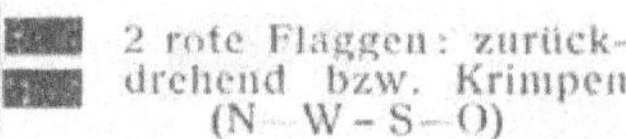

2 rote Flaggen: zurückdrehend bzw. Krimpen (N – W – S – O)

Windwarnungssignal für Stärke 6 bis 7:

tags ● Signalball nachts kein Signal

Die den Sturmwarnungsstellen zugehenden Sturmwarnungstelegramme werden in Zukunft in Fällen, wo die Richtung des Sturmes nicht angegeben werden kann, für das zu setzende Signal „zwei Kegel mit der Basis gegeneinander" die Bezeichnung „Sturmsignal" und für eine Windwarnung die Bezeichnung „Signalball" enthalten.

Die Windwarnungen werden für die Nordsee und die westliche Ostsee von der Deutschen Seewarte, für die mittlere Ostsee bis zum polnischen Korridor von der Wetterwarte Swinemünde und für die ostpreußische Küste und den Memelgau von der Wetterwarte Königsberg erlassen. Die Sturmwarnungen erfolgen für die Nordsee und die Ostsee bis zum polnischen Korridor von der Deutschen Seewarte, für die ostpreußische Küste und den Memelgau von der Wetterwarte Königsberg.

Über Nautik und Befähigungsnachweis.

Herr Prof. Dr. Bolte, Direktor der Seefahrtsschule in Hamburg, schreibt uns zu diesem Thema den folgenden Nachtrag zu Seite 27 unseres Buches:

„Leider hat sich die Hoffnung, daß der Weg für die Zulassung der Sportsegler für Küstenschifferprüfung frei werden würde, nicht erfüllt, da die Reichsregierung, trotz wiederholter Anträge der beteiligten Vereine, diese Zulassung aus gründsätzlichen Erwägungen bisher noch nicht gestatten zu sollen glaubt.

Es darf als ein erfreuliches Zeichen für den rührigen Geist, der unsere Sportsegler beseelt, gewertet werden, daß eine, wie es scheint, stetig wachsende Anzahl derselben sich der Mühe der Vorbereitung auf die Prüfung zum Schiffer auf kleiner Fahrt unterzieht, obgleich die Anforderungen dieser Prüfung in mehrfacher Beziehung über die Bedürfnisse des Segelsports hinausgehen. Aber hierdurch wird nichts an der Tatsache geändert, daß die Küstenschifferprüfung den Ansprüchen des maritimen Segelsports in erheblich allgemeinerem Maße entspricht, und daher würde es mit Freuden zu begrüßen sein, wenn mit dem bisher ablehnenden Standpunkte der Reichsregierung das letzte Wort noch nicht gesprochen wäre, um auch denjenigen die Ablegung der Prüfung zu ermöglichen, deren berufliche Inanspruchnahme die Vorbereitung auf die erheblich umfangreichere Prüfung zum Schiffer auf kleiner Fahrt nicht gestattet."

*

Diese vorstehenden Punkte, als die wichtigeren, vorweggenommen, sei hier auch noch auf weitere Anregungen kurz eingegangen. Gewünscht wird u. a., der „Segler usw." solle erweitert auch den Helgoland-, Sylt- usw. Reisenden dienen. Diesem Wunsch können wir nicht zustimmen, denn naturgemäß soll es in erster Linie an die Sportsegler usw. und nicht an die Vergnügungsreisenden auf Dampfern gerichtet sein. — Beachtenswert jedoch ist z. B., Ankerplätze, die für die Segler in Frage kommen, etwa mit einem Anker in die Karte einzutragen, Hafenorten später möglichst genaue Skizzen beizufügen, weitere Mitteilungen und Erfahrungen über Unterkünfte zu sammeln und bekanntzugeben. So wird z. B. von geschätzer Seite bemerkt, daß im idyllischen Kasenort (Stör-Oberlauf) der Wirt Rudolf Runk den Seglern besonders entgegenkomme. Besuchen wir die Süderelbe (Kehdingen), so erwähnen wir in Wischhafen das Fährhaus von August Krooß, in Dornbusch die Wirtschaft von Peter Stüven (Fischdampfer-Kapitän), beide haben Telephon.

Auch zweier (unwesentlicher) Berichtigungen sei gedacht.

Die in den Beschreibungen des Buches angegebenen Kurse sind mißweisend, also übereinstimmend mit den Kursen der Rose auf den Karten.

Ferner wird auf Seite 10 gesagt, die Takelung der Finkenwärder Fahrzeuge sei die einer Jawl. Für dies Wort, das beim Drucklegen nicht mehr zu ändern war, muß stehen das Wort „Anderthalbmaster".

Nach der Umfrage bei den führenden Vereinen und Persönlichkeiten haben wir aus der Fülle der Eingänge nur das Hauptsächlichste hier erwähnen können. Manche Anregungen und Wünsche müssen wir auf später zurückstellen. — Indessen sei hier allen Helfern für die rege Mitarbeit Dank gesagt und die Bitte ausgesprochen, auch ferner an der Vervollständigung des vorliegenden Buches mitzuwirken.

Zu Anfang dieses Buches sagten wir bereits, wir Hamburger hätten ein ideales Segelgelände sozusagen vor der Tür liegen. Doch nicht still dürfen wir hier auf Erfolgen ausruhen. Rastlos vorwärts, nach Hanseatenart müssen wir vorwärts streben. — Wir denken an dieser Stelle an unsere rührigen Nachbarn an der Weser. Zu ihnen müssen wir versuchen, eine Brücke zu schlagen: durch gemeinschaftliche, jedes Jahr sich wiederholende Veranstaltungen, um gegenseitig den Gesichtskreis zu erweitern, durch verständigen Wagemut Geist und Körper zu ertüchtigen. Denn, Deutsche, Hamburger und Hanseaten, „kiekt nich int Muslok, kiekt in de Sün'n!"

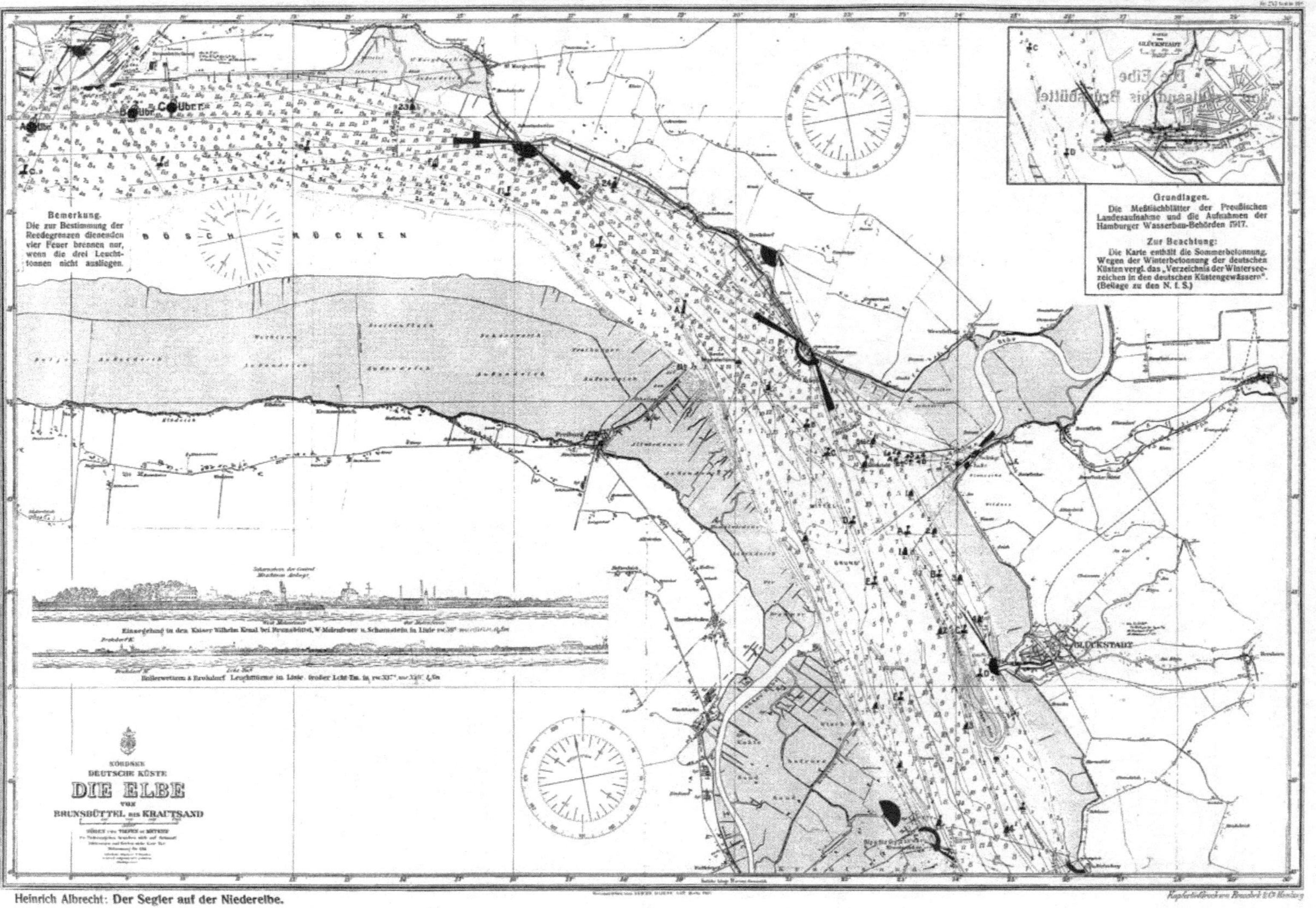

Heinrich Albrecht: Der Segler auf der Niederelbe.

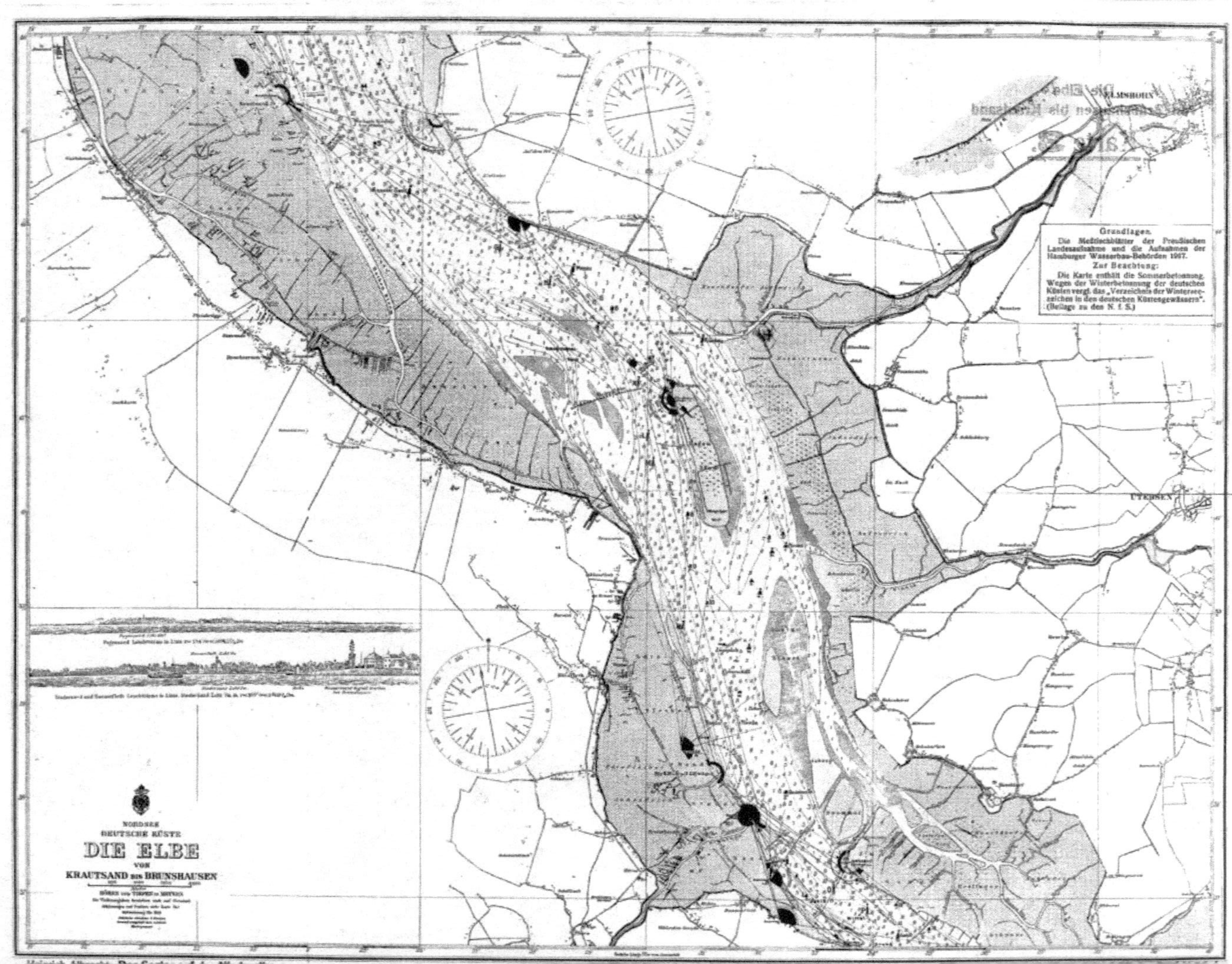

Grundlagen.
Die Meßtischblätter der Preußischen Landesaufnahme und die Aufnahmen der Hamburger Wasserbau-Behörden 1907.
Zur Beachtung:
Die Karte enthält die Sommerbetonnung. Wegen der Winterbetonnung der deutschen Küsten vergl. das „Verzeichnis der Winterseezeichen in den deutschen Küstengewässern". (Beilage zu den N. f. S.)
ELMSHORN
UETERSEN
NORDSEE
DEUTSCHE KÜSTE
DIE ELBE
VON
KRAUTSAND BIS BRUNSHAUSEN

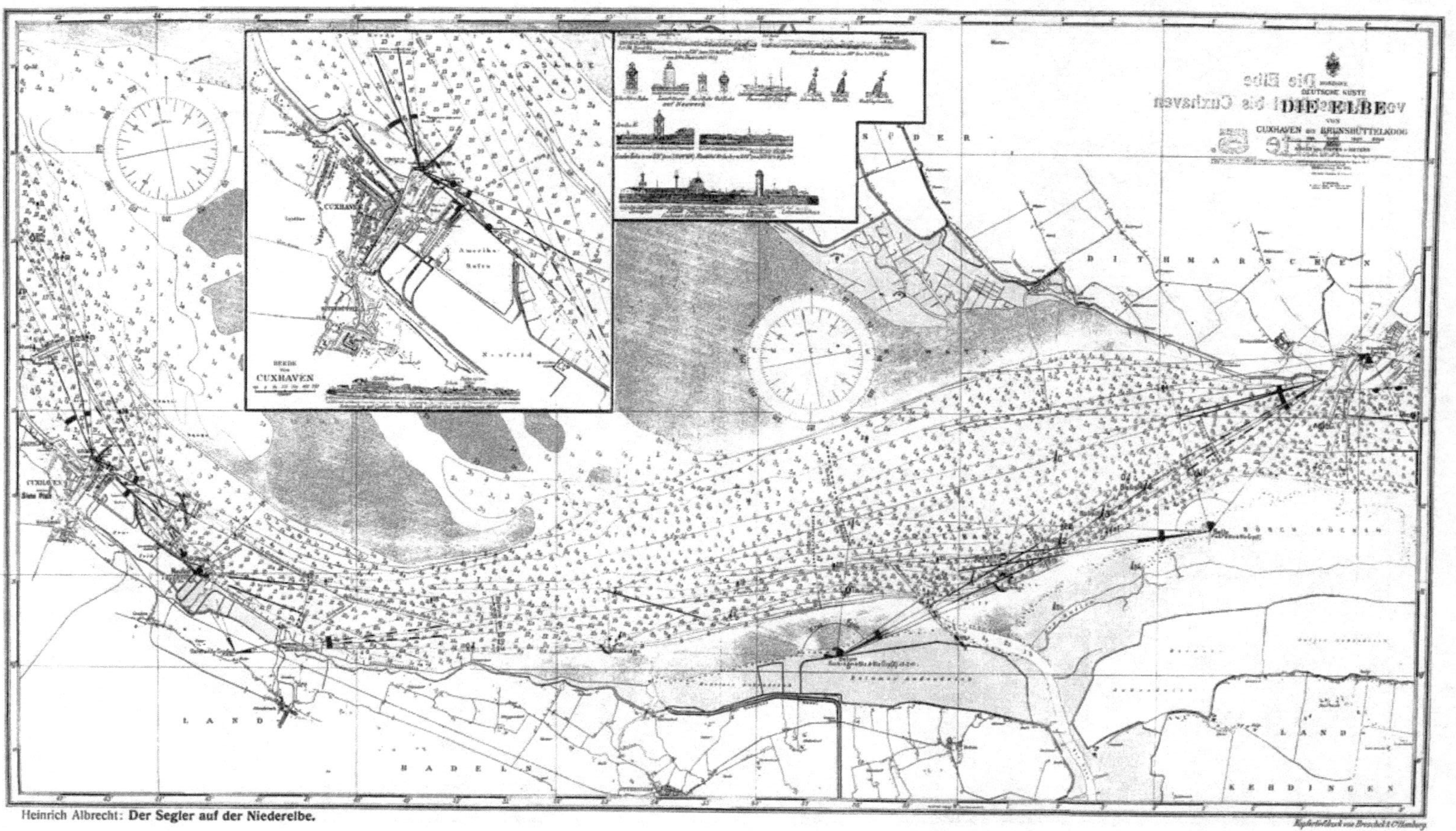

Heinrich Albrecht: **Der Segler auf der Niederelbe.**

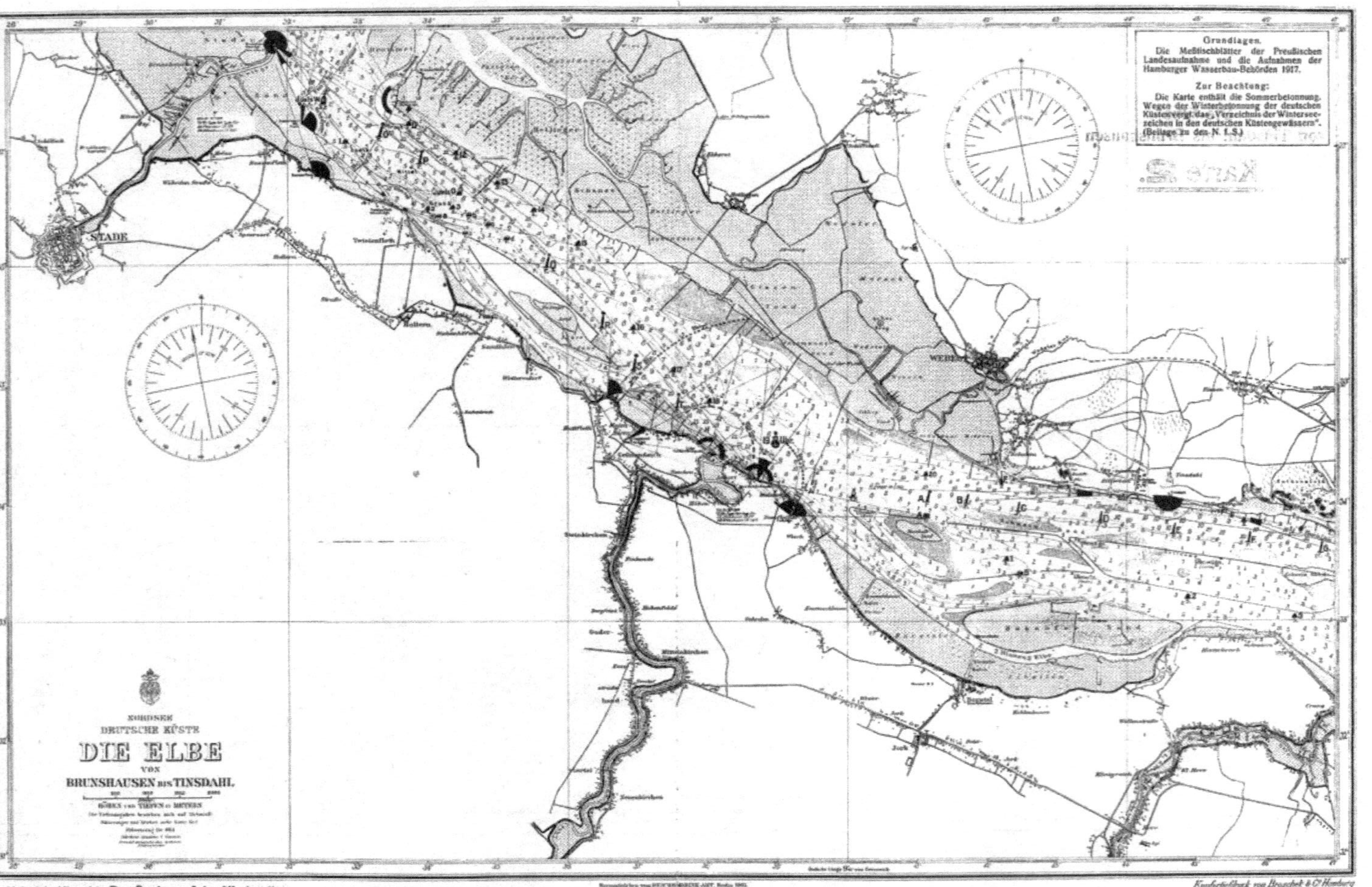

Heinrich Albrecht: **Der Segler auf der Niederelbe.**

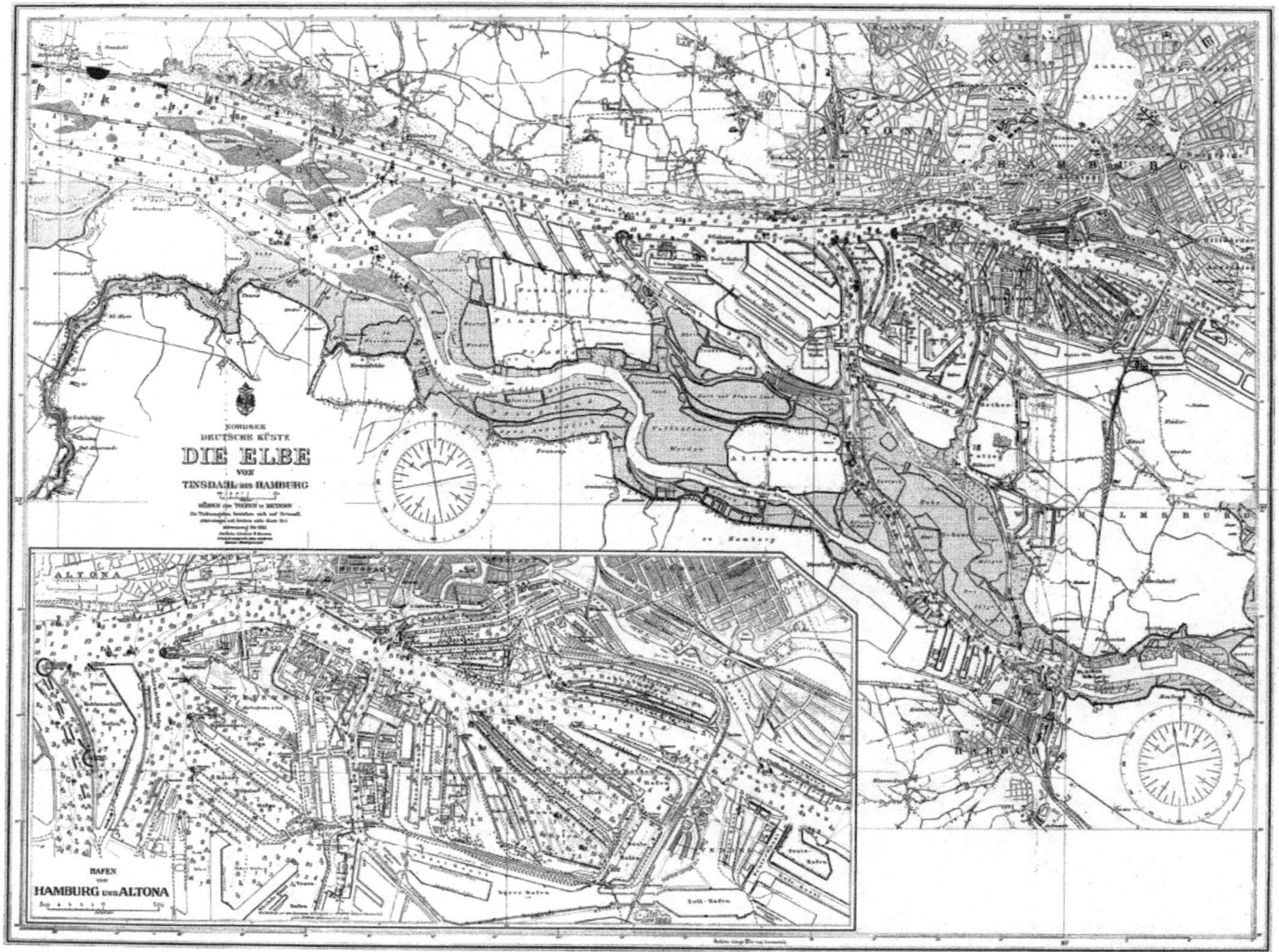
NORDSEE
DEUTSCHE KÜSTE
DIE ELBE
VON
TINSDAHL BIS HAMBURG
ALTONA
HAMBURG
HARBURG
HAFEN
VON
HAMBURG UND ALTONA
Zoll-Hafen

Zeitfracht Medien GmbH
Ferdinand-Jühlke-Straße 7
99095 Erfurt, Deutschland
produktsicherheit@kolibri360.de